U0552544

这就是OKR

让谷歌、亚马逊实现爆炸性增长的工作法

Measure What Matters

How Google, Bono, and the Gates Foundation Rock the World with OKRs

［美］约翰·杜尔（John Doerr）著

曹仰锋 王永贵 译

中信出版集团·北京

图书在版编目（CIP）数据

这就是OKR：让谷歌、亚马逊实现爆炸性增长的工作法 /（美）约翰·杜尔著；曹仰锋，王永贵译. -- 北京：中信出版社，2018.12（2024.1重印）
书名原文：Measure What Matters
ISBN 978-7-5086-9688-1

Ⅰ.①这… Ⅱ.①约…②曹…③王… Ⅲ.①企业管理－经验 Ⅳ.①F272

中国版本图书馆CIP数据核字（2018）第244483号

Measure What Matters : How Google, Bono, and the Gates Foundation Rock the World with OKRs
By John Doerr
Copyright © 2018 by Bennett Group, LLC
All rights reserved including the right of reproduction in whole or in part in any form.
This edition published by arrangement with Portfolio, an imprint of Penguin Publishing Group, a division of Penguin Random House LLC.
Simplified Chinese translation copyright © 2018 by CITIC Press Corporation
本书仅限中国大陆地区发行销售

这就是OKR——让谷歌、亚马逊实现爆炸性增长的工作法
著者： ［美］约翰·杜尔
译者： 曹仰锋 王永贵
出版发行：中信出版集团股份有限公司
（北京市朝阳区东三环北路27号嘉铭中心 邮编 100020）
承印者： 北京通州皇家印刷厂

开本：880mm×1230mm 1/32 印张：12.25 字数：258千字
版次：2018年12月第1版 印次：2024年1月第27次印刷
京权图字：01-2018-7220 书号：ISBN 978-7-5086-9688-1
定价：68.00元

版权所有·侵权必究
如有印刷、装订问题，本公司负责调换。
服务热线：400-600-8099
投稿邮箱：author@citicpub.com

献给安、玛丽和埃丝特,感谢她们以无条件的爱创造出奇迹。

硅谷的高管们怎么看

我向那些有志于成为优秀管理者的人推荐约翰这本书。

——比尔·盖茨（Bill Gates）

微软创始人

无论你是经验丰富的首席执行官还是初出茅庐的创业者，都会在《这就是OKR》这本书中找到宝贵的经验、方法和灵感。我很高兴约翰花时间向世人分享这些想法。

——里德·霍夫曼（Reid Hoffman）

领英联合创始人

约翰·杜尔告诉一代企业家和慈善家们，执行力就是一切。《这就是OKR》展示了企业或团队怎样确定更高的目标，快速行动并实现超越。

——谢丽尔·桑德伯格（Sheryl Sandberg）

脸书首席运营官、《向前一步》作者

约翰·杜尔是硅谷的传奇人物。他解释了如何透明地设定目标和定义关键结果，从而使组织保持一致并激发高绩效。

——乔纳森·莱文（Jonathan Levin）

斯坦福大学商学院院长

《这就是OKR》是给每一位希望拥有更透明、更负责、更有效团队的领导或企业家的一份礼物。它鼓励那些可以改变一个组织的果敢行动。

——约翰·钱伯斯（John Chambers）

思科公司首席执行官

《这就是OKR》值得所有行业中的每一个对工作负责的人所拥有。约翰·杜尔使安迪·格鲁夫成为我们所有人的导师。如果每个团队、领导和个人严谨而富有创意地运用OKR，那么社会的各个领域都会见证生产率和创新的指数级增长。

——吉姆·柯林斯（Jim Collins）

《从优秀到卓越》作者

《这就是OKR》带你领略创建英特尔强大的OKR系统的幕后故事，该系统是安迪·格鲁夫最伟大的遗产之一。

——戈登·摩尔（Gordon Moore）

英特尔联合创始人

在这本书中，这个时代重要的风险投资家揭示了商业创新和成功的关键。这本简洁而丰富多彩的书通过结合引人入胜的案例研究和富有洞察力的个人故事，展示了OKR如何为各种规模的组织增加魔力。

——沃尔特·艾萨克森（Walter Isaacson）

《史蒂夫·乔布斯传》作者

我信服约翰·杜尔简单而有效的OKR系统——我亲眼目睹了它的运作！我鼓励每一位商业领袖阅读《这就是OKR》，以便学习一些真正和实用的成功秘诀。

——安妮·沃西基（Anne Wojcicki）

23andMe创始人兼首席执行官

约翰·杜尔一直是硅谷诸多最具标志性公司的管理魔力的源泉，这些公司后来改变了世界。《这就是OKR》是志在改善组织之人的案头书。

——阿尔·戈尔（Al Gore）

美国前副总统

《这就是OKR》会改变你为自己和公司设定目标的方法。约翰·杜尔敦促每位领导者深入思考如何创建一个重点突出、目的导向的商业环境。

——米勒迪·霍布森（Mellody Hobson）

阿里尔投资公司总裁

除了是一段了不起的硅谷个人科技史外，《这就是OKR》是一本针对所有规模组织的重要手册，其中描述的方法必将带来极大的执行力。

——戴安·格林（Diane Greene）

谷歌云首席执行官

目 录

推荐序　OKR：约翰·杜尔为谷歌送上的大礼 / IX

上　篇　OKR的基本特征与实践

第 1 章　当谷歌遇见OKR / 3

第 2 章　OKR之父 / 25
目标管理的先驱 / 32
量化产出 / 34
英特尔的命脉 / 36
格鲁夫：OKR的实践者 / 38
格鲁夫留给我们的 / 41

第 3 章　"粉碎行动"——英特尔公司的故事 / 45
英特尔公司如何应对突发事件 / 52

这就是OKR

II

转瞬之间 / 55

更高的目标 / 58

第 4 章　利器 1：对优先事项的聚焦和承诺 / 61

开始的时候…… / 63

清晰沟通 / 65

关键结果：关心和支持 / 66

做什么、如何做和何时做 / 67

匹配关键结果 / 68

完美与优秀 / 70

少即是多 / 71

第 5 章　聚焦：Remind 的故事 / 75

推特教育 / 79

利用种子资金扩大规模 / 82

成长目标 / 85

OKR 留给我们的 / 87

第 6 章　承诺：Nuna 医疗科技的故事 / 89

第 7 章　利器 2：团队工作的协同和联系 / 99

保持协同 / 102

伟大的层级与关联 / 103

沙滩独角兽公司：梦幻橄榄球队 / 104

激活基层 / 109

跨职能协调 / 112

第 8 章　协同：减肥宝的故事 / 115

跨团队融合 / 121

未确认的依赖和增强 / 125

对准北极星 / 127

第 9 章　连接：财捷集团的故事 / 131

来自云端的实时数据 / 139

全球协作工具 / 141

横向连接 / 142

第 10 章　利器 3：责任追踪 / 145

启　动 / 147

OKR 导师 / 149

时时追踪 / 151

总结：清零与重复 / 155

这就是OKR

IV

第 11 章　跟踪：盖茨基金会的故事 / 161

使目标具体化 / 166

第 12 章　利器 4：挑战不可能 / 171

我们需要挑战 / 176

"10 倍速"原则 / 179

挑战性目标的调整 / 181

第 13 章　延展：谷歌浏览器的故事 / 185

新的应用平台 / 189

重新定位浏览器 / 190

升级目标 / 191

深度发掘 / 193

尝试失败，尝试成功 / 195

下一个前沿 / 196

第 14 章　延展：YouTube 的故事 / 199

当你不能打败他们时…… / 205

巨石理论 / 207

更好的衡量标准 / 208

"观看时长"是最重要的衡量标准 / 209

制定不可思议的"数字"目标 / 211

设置挑战性目标的规则 / 212

加快进度 / 213

相互支持 / 216

学会宏观思考 / 219

下 篇　OKR引领组织变革

第15章　持续性绩效管理：OKR和CFR / 223

重塑人力资源管理 / 227

"友好"分手 / 230

对　话 / 232

反　馈 / 235

认　可 / 237

第16章　抛弃年度绩效评估：Adobe的故事 / 239

第17章　每天烘焙得更好一点：Zume比萨的故事 / 249

设定能够实现的目标 / 255

更严肃的纪律 / 256

更积极地参与 / 258

更高的透明度 / 261

更团结的队伍 / 261

更优质的对话 / 263

更开放的文化 / 264

更卓越的领导者 / 266

第 18 章　文化 / 267

第 19 章　文化变革：Lumeris 的故事 / 281

人力资源变革 / 286

OKR 的"复活" / 287

透明度是"毋庸置疑"的 / 289

"推销"未完成的目标 / 291

第 20 章　文化变革：波诺的"ONE 运动" / 295

向自己挑战 / 300

与 OKR 一同成长 / 302

以客户为中心 / 303

衡量热情 / 305

OKR 是一种思维方式 / 307

第 21 章　未来的目标 / 309

致　敬 / 313
资源 1　谷歌公司的内部 OKR 模板 / 323
资源 2　典型的 OKR 周期 / 333
资源 3　沟通：绩效对话 / 335
资源 4　总结 / 339
资源 5　延伸阅读 / 347

致　谢 / 349
注　释 / 355
译后记 / 365

推荐序

OKR：约翰·杜尔为谷歌送上的大礼

拉里·佩奇
Alphabet公司首席执行官、谷歌联合创始人

我真希望自己能够在19年前看到这本书，那时，我们刚刚创办了谷歌。若是能够再早一些看到这本书就更好了，我就会更好地进行自我管理了。我一向讨厌固定和僵化的流程，我认为"好主意"再加上"卓越的执行"，就一定可以创造奇迹，而这正是OKR（目标与关键结果，Objectives and Key Results）管理模式的奥妙所在，它可以让好的想法得以实现。

1999年的某一天，约翰·杜尔给我们上了一堂课，详细介绍了OKR的相关知识。我们期望能够借鉴他在英特尔的经验更好地运作公司业务。我们知道英特尔的管理方法一直处于业内领先水平，而约翰的介绍让我们有了更直观的感受，于是我们决定试一试。我相信OKR管理方法可以帮助我们取得更好的业绩。

OKR方法简单易行，非常容易实施，它可以帮助各行各业的企业取得进步，不断发展壮大。多年以来，我们已经适应了OKR

的整套流程，我们会把所期望达到的关键结果描绘成清晰的蓝图，然后将其分解成可以逐步实施的计划。

对领导者来说，OKR可以帮助他们更加清晰地看到企业内部发生的变化，因为OKR可以让企业内部的很多事情变得"可视化"。同时，OKR也可以作为逆向思考问题的有效方法，例如，你可能会问："用户为什么不能立即在YouTube（优兔）上加载视频？这一目标难道不比下一个季度的其他目标更重要吗？"

我很荣幸参加了比尔·坎贝尔（Bill Campbell）的追思会，约翰在这本书中对比尔·坎贝尔的贡献给予了恰如其分的评价。比尔是一个非常热情的人，拥有敏锐的直觉判断力。他从不忌讳告诉别人，他们做的事情是多么愚蠢。即便如此，还是有很多人愿意追随他。我很怀念比尔每周一次的"高谈阔论"。愿所有人在自己的人生道路上都有一个比尔·坎贝尔作为精神导师，或者能

拉里·佩奇（左）与本书作者约翰·杜尔（右），2014年

努力成为一个像比尔·坎贝尔那样的优秀教练!

　　我很少给作者写推荐序。这次,我之所以答应给本书写一篇推荐序,是因为约翰在多年前给谷歌送上了一份"大礼"。OKR帮助我们实现了10倍速增长,帮助我们把"整合全球信息"这一伟大使命变得触手可及。OKR让我和公司的其他成员总是能够把时间和精力聚焦在最重要的任务上。因此,我想让更多的人了解和使用OKR管理方法。

上 篇

OKR的基本特征与实践

第1章

当谷歌遇见OKR

如果你不知道目的地在哪里,你可能永远无法到达。
——尤吉·贝拉(美国著名棒球运动员、教练)

1999年秋天，我来到硅谷中心地带101高速公路旁的一栋两层楼高的L形建筑，这是谷歌公司早期的总部。我准备了一份礼物。

两个月前，谷歌公司租用了这栋建筑物，并在帕洛阿尔托市中心的一家冰激凌店上方扩建了一处空间。在此之前的两个月，作为风险投资人，我押下了19年来最大的赌注——投资1 180万美元，为从斯坦福大学辍学的两个学生创办的公司提供了12%的投资。之后，我加入了谷歌公司董事会，不论是在经济上，还是在情感上，都竭尽所能帮助谷歌公司取得成功。

在成立不到一年的时候，谷歌公司就明确了它的使命："整合全球信息，使人人皆可访问并从中受益。"这听起来可能很宏大，但我对拉里·佩奇和谢尔盖·布林充满信心。他们很自信，甚至有些自负，但好奇心十足，凡事都会深思熟虑。他们愿意倾听，也愿意传播自己的思想。

谢尔盖精力充沛、机智灵活，并且很有主见，能轻而易举地跨越知识间的鸿沟。作为苏联出生的移民，谢尔盖是一位精明而富有创造力的谈判者，也是一位有原则的领导者。他不安于现状，总是努力争取更多，甚至还会在会议期间趴在地板上做一组俯卧撑。

拉里则是工程师中的工程师，他的父亲是计算机科学的先驱。他说话温和，但不墨守成规，是一位有10倍理由叛逆的人：他想让互联网的相关性呈现指数级增长。谢尔盖打造了基于技术的商业模式，拉里则努力研发产品，并尝试探索前所未有的新想法。拉里是一位既仰望星空又脚踏实地的思想家。

那年年初，当谢尔盖和拉里到我办公室推销他们的产品时，他们只展示了17张幻灯片，并且仅有2张幻灯片带有数字（他们在其中加了3幅动画，只是为了让幻灯片看起来更加充实）。尽管谷歌公司与《华盛顿邮报》达成了一项小协议，但它当时并没有展示出投放关键字广告的价值。作为市场上第18个出现的网络搜索引擎，谷歌的起步有些晚了。放弃先发制人的优势通常是致命的，尤其是在技术领域的竞争中。①

但这一切都没能够阻止拉里向我讲述市场上搜索质量低下的问题，这些问题可以在多大程度上得到改进，未来的搜索引擎市场会有多大，等等。尽管当时他们连商业计划都没有，但他和谢尔盖都非常确信他们能够突破上述这些问题。即使是在产品的公开测试阶段，他们的网页排名算法也比竞争对手更好。

我问他们："你们认为这个算法的市值能有多大？"彼时，我在心里已经大致计算了一下：如果一切正常，谷歌公司的市值

---

① 少数的例外都是真正的搅局者，iPod（苹果数字多媒体播放器）在初入市场时落后于至少9款其他商家生产的数字音频播放器。但不到三年的时间，iPod就占据了70%的市场份额。

拉里·佩奇和谢尔盖·布林在谷歌公司的诞生地——位于门洛帕克市圣玛格丽塔大街 232 号的车库，1999 年

可能会达到 10 亿美元。不过，我还是想看看他们的梦想到底有多大。

拉里回答说："100 亿美元。"

为了确认我没有听错，我说："你是指市值，对吧？"

拉里回答说："不，不是市值。我指的是收入。"

我惊呆了。按照一家赢利的科技公司的正常成长速度，100 亿美元的收入意味着 1 000 亿美元的市值。这是微软、IBM（国际商业机器公司）和英特尔三家公司市值的总和，这显然是一个比独角兽公司更稀有的存在。但对拉里而言，他并没有吹牛，他只是经过了冷静判断和深思熟虑。这真的让我印象深刻，我没有再与其争论。他和谢尔盖决心改变世界，我相信他们有这个能力。

早在Gmail邮箱、安卓操作系统和Chrome浏览器诞生之前，谷歌公司就有很多远大的理想。它的创始人们都是典型的远见卓识者，具有极强的创业精神。他们所缺乏的是管理经验。[①]对于谷歌公司来说，要产生真正的影响力，甚至让这种影响力达到顶峰，创始人就必须学会做出艰难的选择，让他们的团队走上正轨。考虑到谷歌公司的高风险偏好，他们需要停止对失败者的投入——快速结束那些失败的项目。[②]

不仅如此，他们还需要及时、相关的数据，以便有效地跟踪项目进展，衡量真正重要的结果。

因此，在山景城那个温暖的日子里，我带着我的礼物来到谷歌公司。这个礼物是一个在世界范围内都非常有效的执行工具，我第一次使用它是在20世纪70年代，那时我正在英特尔公司担任工程师。彼时，安迪·格鲁夫是最伟大的管理者，正管理着我所见过的最好的公司。自从加入了门洛帕克市的风险投资公司克莱纳–珀金斯–考菲尔德–拜尔斯（Kleiner Perkins Caufield & Byers，简称KPCB）之后，我已经把格鲁夫的理念传播给了50多家企业。

[①] 2001年，根据我的建议，谷歌公司的创始人聘请了我在太阳微系统公司的老同事埃里克·施密特担任首席执行官。埃里克把公司运营得非常好，使其在很多方面都有所突破。之后，我介绍了比尔·坎贝尔来指导埃里克、拉里和谢尔盖三人。

[②] 我个人在20世纪70年代就在英特尔公司学到了这个方法。戈登·摩尔在安迪·格鲁夫之前就出任了英特尔公司的首席执行官，是一位传奇人物。他曾经指出："我把今年的失败看作明年再次尝试的机会。"

显然，我对企业家怀有极大的崇敬之情。作为一个资深的技术人员，我非常崇尚创新，也目睹了太多的初创企业在业务增长、公司规模及目标达成之间的挣扎。所以我总结出了一个哲学道理，也就是我的口头禅：想法很容易，执行最重要。

20世纪80年代初，我从KPCB公司休了14个月的长假之后，来到了太阳微系统公司，并担任台式计算机部门的领导。突然间，我发现自己管理着数百人的团队，心中非常忐忑。但安迪·格鲁夫提到的这个系统就像风暴中的城堡，帮助我在每次会议中都能清晰地表达自己的想法。它为我的执行团队赋予了力量，并使整个团队紧密地团结在一起。当然，在这个过程中我们犯过错误，但同时也取得了惊人的成就，包括提出新的RISC（精简指令集计算机）微处理器架构，这从根本上确保了太阳微系统公司在工作站市场上处于领先地位。这么多年过去了，我认为这套管理系统是我带给谷歌公司最重要的礼物。

在英特尔公司的管理实践，对我在太阳微系统公司的工作帮助颇大，而且至今仍能给我很多启发。这种管理方法就是"目标与关键结果法"（Objectives and Key Results，简称OKR）。这是一种由公司、团队和个人协同制定目标的方法。目前，OKR并不是万能的，它不能代替正确的判断、强有力的领导和创造性的企业文化。但是，如果这些基本要素能够到位的话，OKR就能引导个人和团队走向顶峰。

那天，几乎整个谷歌公司的人都聚集在一起，听我讲授OKR，包括拉里、谢尔盖，以及玛丽莎·梅耶尔（Marissa

Mayer）、苏珊·沃西基（Susan Wojcicki）、萨拉尔·卡曼加（Salar Kamangar）和一些其他人，总计30多人。他们站在乒乓球桌周围（这张桌子是他们会议桌的两倍），或像在宿舍里一样躺在变形椅上。我在第一张幻灯片上就明确了OKR的概念："OKR是确保将整个组织的力量都聚焦于完成对所有人都同样重要的事项的一套管理方法。"

我解释说，简单来说，目标就是你想要实现的东西，不要将其夸大或缩小。根据定义，目标应该是重要的、具体的、具有行动导向并且能鼓舞人心的。如果设计合理并且实施得当，目标能够有效地防止思维和执行过程中出现模糊不清的情况。

关键结果是检查和监控我们如何达到目标的标准。有效的关键结果应该是具体的、有时限的且具有挑战性的，但又必须是能够实现的。最重要的是，它们必须是可衡量、可验证的。正如玛丽莎·梅耶尔所说的那样："如果没有一个具体数字可以衡量这些结果，那么它就不能算是一个关键结果。"[1]要么达到关键结果的要求，要么达不到这一要求，这中间没有任何灰色地带，也没有任何怀疑的余地。在既定的考核周期结束时，通常是一个季度，我们将考核关键结果是否已经实现。如果目标是长期的，比如一年或更长时间，那么就要随着工作的进展而对关键结果进行相应调整。一旦关键结果全部完成，目标的实现就是水到渠成的了。（如果目标没有实现，那说明最初OKR的设计可能存在问题。）

那天，我告诉这群年轻的谷歌公司员工，我的目标是为他们的公司建立一个规划,可通过3个关键结果来衡量。

关键结果1:我将按时完成我的演讲。

关键结果2:我们将为谷歌公司创建一套以季度为周期的OKR样板。

关键结果3:我将获得为期3个月的OKR试运行管理权限。

为了举例说明,我描述了两个OKR情境。第一个情境是一支虚构的橄榄球队,球队的总经理通过组织结构图将一个顶层目标层层传达下去;第二个情境是一部现实生活中的戏剧——粉碎行动(Operation Crush),其目标是恢复英特尔公司在微处理器市场的统治地位,我在其中扮演了一个次要角色。(在稍后的章节中,我们将详细讨论这两个问题。)

在演讲的最后,我重新回顾了如今依旧受人关注的价值主张。OKR体现的是公司最主要的目标,能引导员工共同努力和协作,将不同的业务联系在一起,为整个组织提供明确的目标和凝聚力。

我在90分钟内停止了讲话,时间刚刚好。下面就看谷歌公司的了。

2009年,哈佛商学院发表了一篇名为《疯狂目标》(Goals Gone Wild)的论文。[2] 文章用一系列例子解释了"过度追求目标

的破坏性"：福特平托（Pinto）汽车油箱爆炸、西尔斯汽车维修中心的漫天要价、安然公司疯狂膨胀的销售目标，以及1996年造成8人死亡的珠穆朗玛峰灾难。作者提醒说：目标就像是"一种需要谨慎使用和严密监管的处方药"。作者甚至还提出这样的警告："由于聚焦过度、出现不道德行为、冒险行为增多，以及合作意愿和工作积极性下降等原因，目标会在组织内部引发系统性问题。"目标设定的坏处可能会抵消其所带来的好处，这就是这篇论文的观点。

> ⚠ 警告！
>
> 由于聚焦过度、出现不道德行为、冒险行为增多，以及合作意愿和工作积极性下降等原因，目标会在组织内部引发系统性问题。
>
> 在组织中设定目标时，要格外小心。

这篇论文引起了人们的共鸣，并被广泛引用。它的警告不无道理。与任何管理系统一样，OKR的实施效果可能很好也可能很差，而本书的目的正是帮助读者好好地运用OKR。毫无疑问，对于那些在工作场所追求高绩效的人来说，目标是非常必要的。

1968年，在英特尔公司创立的同一年，马里兰大学的一位心理学教授埃德温·洛克（Edwin Locke）提出了一个理论，对安迪·格鲁夫产生了很大的影响。埃德温·洛克指出：首先，"困难目标"往往比简单目标更能有效提升绩效；其次，具体的、困难的目标往往比含糊其词的目标"带来更高的产出"。[3]

在随后的半个世纪里，超过1 000项研究证实了洛克的发现，并认为"这是整个管理理论中最经得住检验的观点之一"。[4]在该领域的实验中，90%的结果都表明：明确的、具有挑战性的目标确实能够提升生产效率。

年复一年的盖洛普调查证实了"世界范围的员工敬业度危机"，只有不到1/3的美国员工对自己的工作是投入、充满热情和全身心付出的。[5]而剩下的数百万员工中，超过一半的人会为了不到20%的加薪而离开公司。在科技行业，有2/3的员工认为他们能够在两个月内找到一份更好的工作。[6]

在商业中，离心离德不是一个抽象的哲学问题，它会对利润产生极为不利的影响。高参与度的工作团队往往能够以更低的消耗创造更多的利润。[7]管理和领导力咨询公司德勤的一项调查结果显示："留住员工和提升员工敬业度是公司领导者第二关心的问题，其重要性仅次于如何迎接构建全球领导力的挑战。"[8]

但是，怎样才能使员工保持理想的敬业度呢？德勤公司进行的一项为期两年的研究发现，没有哪一个因素比"明确定义的、被记录下来且能够自由分享的目标"更重要了。目标可以确保一致性、清晰性，并提升工作满意度。[9]

目标设定并不是万无一失的，"如果目标的优先级有冲突、不明确、毫无意义或被随意改变，那么员工就会变得沮丧、愤世嫉俗，并失去动力"。[10] 有效的目标管理系统——OKR系统将目标与团队更宏大的使命结合起来。它在适应环境的同时，也重视目标和最后期限。OKR系统提倡反馈，并为员工取得的大大小小的成果进行庆祝。最为重要的是，它拓展了我们的极限，推动我们去努力争取那些看似遥不可及的东西。

就连《疯狂目标》一文也指出，目标"能够激励员工并提高业绩"。[11] 简而言之，这就是我给拉里、谢尔盖和谷歌公司带来的"礼物"。

在提问环节开始时，听众们似乎很感兴趣。尽管无法预见他们有多大决心，但我猜测他们其实很想尝试一下OKR。谢尔盖说："嗯，我们确实需要一些组织原则，但目前我们还没有，也许可以试试OKR。"谷歌公司和OKR的联姻绝非偶然，而是天作之合，就像一个基因无缝转录到了谷歌公司的mRNA（信使核糖核酸）上一样。OKR是一种弹性的、数据驱动的方法，适用于自由的、崇尚数据的企业。① 同时，OKR能够为开放源码、系统及网络的团队提供透明的信息。OKR鼓励"有益的失败"，这正是两位当时最大胆的思想家的勇气之源。

谷歌公司遇见OKR，这是一种完美的组合。

尽管拉里和谢尔盖对经营企业没有先入之见，但两人都明

---

① 正如史蒂芬·列维（Steven Levy）在《在丛中》（In the Plex）一书中所写："杜尔让谷歌公司有了量化指标。"

白：只有目标明确，才能实现目标。①他们喜欢把最重要的东西简明地列在一两页纸上，并对谷歌公司所有员工予以公开。他们凭着直觉掌握了如何利用OKR在激烈的竞争或曲棍式成长曲线的波动中保证组织按照既定的目标向前发展。

　　跟两年后成为谷歌公司首席执行官的埃里克·施密特一样，拉里和谢尔盖最初在使用OKR时也会固执己见，甚至有所抵触。正如埃里克对作家史蒂芬·列维所说的："谷歌公司的目标是成为规模化的系统创新者。"[12] 其中，创新意味着新的事物，而规模化则意味着大规模、大体量，强调以系统观来看待可以重复使用的任务完成方式。这三位巨头共同为OKR的成功奠定了决定性的基础，勾勒出了OKR的关键成功要素：信念和高层的支持。

　　作为投资者，我在OKR上也花费了很多时间。随着谷歌公司和英特尔公司的员工对OKR的口口相传和身体力行，数以百计各种类型、各种规模的企业都纷纷开展了结构化的目标设定。OKR就像瑞士军刀，在任何环境中都相当有效，是一种放之四海而皆准的方法体系。目前，OKR已经在科技领域得到了最为广泛的应用，而灵活性和团队合作在这类企业中是绝对必要的。除了本书所列举的公司以外，采用OKR的企业还有美国在线（AOL）、多

---

① 一开始，谷歌公司通过三四行的"状态报告"了解每位员工的工作状况。

宝箱（Dropbox）、领英、甲骨文、Slack、声田（Spotify）和推特等。同时，这种方法体系也得到了硅谷之外的诸多家喻户晓的企业的青睐，包括安海斯–布希（Anheuser-Busch）、宝马、迪士尼、埃克森和三星等。在当前的经济环境中，变化才是常态。我们不能简单地固守以往奏效的方法，并希望产生最好的结果。我们更需要一种可信任的工具，能够在曲折的前进道路上为我们指明方向，带我们走向创新。

在规模比较小的初创企业中，员工需要朝着共同的方向努力。对这些企业而言，OKR是一种生存工具。尤其是在科技行业，年轻的企业必须迅速成长。只有这样，才能在资本枯竭之前获得足够的后续发展资金。显然，结构化的目标可以给投资人提供一个衡量成功的标准：我们计划生产这款产品，并通过跟25位客户的沟通进一步明确了目标市场，同时也调研了他们愿意支付的价格。

在中等规模和快速扩张的组织中，OKR则是通用的执行语言。OKR明确了预期：需要（尽快）做什么，以及具体谁来执行。OKR让员工的垂直目标和水平目标都能够保持一致。

在大型企业中，OKR就像闪烁的路标，能够在不同部门的员工之间建立联系，赋予一线员工特定的自主权，让他们能够提出新的解决方案。而且，OKR也能帮助最为成功的组织建立起更为远大的目标。

此外，OKR在非营利领域也能带来同样的益处。比尔及梅琳达·盖茨基金会是一家价值200亿美元的初创企业。OKR能够为比尔·盖茨提供所需的实时数据，帮助他考虑如何对抗疟疾、脊髓灰质炎和艾滋病等。基金会的员工西尔维亚·马修斯·伯维尔（Sylvia Mathews Burwell）还把其整个运作过程成功复制到了美国白宫预算办公室及美国卫生与公众服务部，进而帮助美国政府抗击埃博拉病毒。

但是，也许没有任何一个组织，哪怕是英特尔公司，能够在全面推广OKR方面比谷歌公司做得更为有效。尽管概念很简单，但格鲁夫的OKR实践需要严谨、投入、清晰的思维和积极的沟通。我们不只是做一些列表，然后检查两遍，而是在锻炼能力和设定目标。不劳而获是不存在的，只有在经历一些痛苦之后，才能得到有意义的收获。在这方面，谷歌公司的领导层从未动摇过，他们对学习和进步的渴望是永无止境的。

正如埃里克·施密特和乔纳森·罗森伯格（Jonathan Rosenberg）在《重新定义公司：谷歌是如何运营的》[①]一书中所指出的，OKR是一种能将"公司创始人的'往大处想'加以制度化的简单工具"。[13] 在谷歌公司成立的早期，拉里·佩奇每季度都会专门留出两天时间，亲自检查每一位软件工程师的OKR。我会旁听其中的一些评论，而拉里的分析技巧——在眼花缭乱、不断变化的项目中找出共性的天赋——着实令我难以忘怀。随着公司的扩张，拉里每个季度也都会安排一场马拉松式的辩论，针对他所领导的团队的目标进行深入讨论。

---

① 此书中文版由中信出版社于2015年出版。——编者注

今天，距离那次乒乓球桌上的幻灯片展示已经将近20年了，OKR仍然是谷歌公司日常工作的一部分。随着公司的成长壮大及由此而来的复杂性，领导层很可能会滋生官僚主义习气，或因拥护最新管理潮流而放弃OKR。但事实上，谷歌公司一直都在坚持应用OKR这一方法体系，而且使用得很好。可以说，OKR为谷歌公司标志性产品的成功运营提供了基本框架，包括7类各自拥有10亿或更多用户的产品：谷歌搜索引擎、Chrome浏览器、安卓手机操作系统、谷歌地图、YouTube视频网站、Google Play应用程序商店和Gmail邮箱。2008年，谷歌公司制定了全公司范围的OKR方法体系，旨在齐心协力，携手应对"黄色代码"（Code Yellow）之战——对抗从"云"中获取数据的滞后效应。[14]从下至上的OKR应用，再加上谷歌公司的"20%时间"制度（即允许基层工程师随意用20%的时间把精力投入他们认为有希望的项目中去），两者共同致力于谷歌公司的发展。

许多公司都有所谓的"7人原则"，即向上级直接汇报的下级人数最多不超过7人。在某些情况下，谷歌公司将这一规则变为向上级直接汇报的下级最少为7人。当乔纳森·罗森伯格领导谷歌公司的产品团队时，直接向他汇报的下级多达20位。[15]这个数字越高，组织结构就越扁平——这意味着自上而下的监督层级会更少，一线员工的自主权也就更大，也就有着更适于培育重大突破的创新土壤。实际上，正是OKR的应用，才使这一切成为可能。

2018年10月，谷歌公司的首席执行官带领整个公司评估其最高层目标和关键结果的进展，在过去连续 75 个季度中，谷歌公司都是这么做的。11 月和 12 月，各个团队和产品部门都会分别制订未来一年的计划，并将其凝练为 OKR。次年 1 月，正如首席执行官桑达尔·皮查伊（Sundar Pichai）告诉我的那样："我们将回过头来反思，并在公司层面明确这就是我们的最高战略，下面则是我们为今年制定的 OKR。"① 按照公司传统，高管团队还会对公司的 OKR 进行评分，进而明确找到那些没有达标的部分。

在接下来几周甚至几个月的时间里，成千上万的谷歌公司员工将会制定、讨论、修改团队和个人的 OKR，并对其进行评分。员工拥有浏览公司内部网站的权限，以便于他们了解其他团队如何衡量成败。他们也可以追踪自己的工作是如何与他人的工作联系在一起的——如何融入公司的整体战略。

将近 20 年之后，拉里当年的惊人预测现在看起来可能显得有些保守。在本书付印的时候，谷歌公司的母公司 Alphabet 集团的市值已经超过了 7 000 亿美元，成为全球市值第二的公司。2017 年，谷歌公司连续 6 年名列《财富》杂志"最佳公司"排行榜第一名。[16] 这种巨大的成功源于强大而稳定的领导力、丰富的

---

① 谷歌公司最初使用季度 OKR，之后增加了年度 OKR，从而形成了双轨并行态势。自从接替拉里·佩奇出任首席执行官以来，桑达尔·皮查伊就把公司的 OKR 转变成年度 OKR 单轨运行。为了使在 OKR 实施过程中至关重要的、有时限的目标走上正轨，每个部门在每季度都需要报告一次进展情况，有时每六周报告一次——事实上，这就是关键结果。拉里现在是 Alphabet 集团的首席执行官，他希望 OKR 能够被母公司的其他子公司所采用，他现在仍然每个季度都在编写自己的 OKR。

技术资源、以价值为基础的透明文化、团队合作文化和不屈不挠的创新文化。其中，OKR也起到了至关重要的作用。我无法想象没有实施OKR的谷歌公司会怎么样，无法想象没有应用OKR的拉里和谢尔盖会怎么样。

在本书后续内容中，目标和关键结果会推动目标的清晰化、责任制化及对卓越的不懈追求。下面的内容代表着埃里克·施密特的观点："OKR永远地改变了谷歌公司的发展历程。"

———•·•·•———

几十年来，我一直是OKR的积极传播者，尽我最大的努力用20张幻灯片和真诚的建议来传播格鲁夫的天才想法。但我常常觉得自己只是停留在OKR的表面，没有深入其本质。几年前，我决定再试一次——以书的形式，足够深入地研究这一主题。本书及配套网站whatmatters.com，是我向读者们热情推荐OKR的最好载体，希望这本书对读者有所裨益。我可以告诉诸位读者，这本书彻底改变了我的生活。

我把OKR系统介绍给了世界上最雄心勃勃的非营利组织和一位偶像级的爱尔兰摇滚明星。在本书后续章节，读者会直接读到他们对OKR的看法。我见证了无数人利用目标和关键结果，使自身的思维变得更加训练有素，沟通变得更加清晰，行动变得更富目的性。如果这本书就是OKR的话，我认为它具有一个宏大的目标：让人们的生活更加充实。

格鲁夫一直走在时代的前列。明确的聚焦、开放式的分享、精确的衡量、达到最高目标的通行证等，都是现代目标科学的标志。当OKR扎根企业之后，业绩就超越了资历，管理者则成为教练、导师和设计者，行动和数据胜于言语。

总而言之，目标和关键结果是一种已被证实了的能够实现卓越的强大工具——对谷歌公司如此，对读者和读者所在的组织又何尝不是如此呢？

就像OKR本身一样，本书是由两个相互补充的部分构成的。其中，上篇主要探讨OKR系统的基本特征，以及该系统如何将好的想法转化为卓越的执行力和工作满意度。我们将从英特尔公司启动OKR的故事开始讲起，然后阐述OKR的四大"利器"：聚焦、协同、追踪和延展。

利器1——对优先事项的聚焦和承诺（第4章、第5章和第6章）：高绩效组织应该聚焦重要的工作，同时清楚什么是不重要的。领导层面临艰难抉择时，OKR可推动其做出选择。对于部门、团队和个人来说，OKR是一种精准沟通的工具，能消除困惑，让我们进一步明确目标，聚焦到关键的成功要素上。

利器2——团队工作的协同和联系（第7章、第8章和第9章）：OKR具有透明性，上自首席执行官，下至一般员工，每个人的目标都是公开的。每个员工都将个人目标与公司计划紧密地联系起来，进而明确两者之间的依赖关系，并与其他团队展开通力协作。这种自上而下的协同，将个人贡献与组织成功联系起来，为工作赋予了特定的意义。自下而上的OKR，则通过加深员工的主人翁意识，促进了个人的参与和创新。

利器3——责任追踪（第10章和第11章）：OKR是由数据驱动的。定期检查、目标评分和持续的重新评估可以让OKR充满生机——所有这一切都是基于客观、负责的精神。危险的关键结果会引发某些行动，应使其回到正轨，或者在必要时对其进行修改或替换。

利器4——充分延展进而挑战不可能（第12章、第13章和第14章）：OKR激励我们不断超越之前设定的各种可能，甚至超出我们的想象力。通过挑战极限和允许失败，OKR能够促使我们释放出最具创造力和雄心的自我。

本书下篇主要介绍OKR的应用及其对实践工作的意义。

CFR（第15章和第16章）：年度绩效评估的失败催生了一种强有力的替代品——持续性绩效管理。这部分将重点介绍OKR的近亲——CFR，即对话（Conversation）、反馈（Feedback）和认可（Recognation），以及如何将OKR和CFR结合起来，从而让领导者、员工和组织提升到全新的水平。

持续改进（第17章）：作为结构化目标设定和持续性绩效管理的案例之一，本部分将研究一家由机器人制作比萨的公司如何在企业运营的各个方面部署和应用OKR，其中涉及从厨房生产到市场营销、销售等一系列环节。

文化的重要性（第18章、第19章和第20章）：主要探讨OKR对实践工作的影响，以及如何简化和加速组织文化变革。

在本书中，我们将作为幕后观察者，去了解十几家完全不同的组织应用OKR和CFR的情况。从摇滚巨星波诺（Bono）在非洲发起的"ONE（一体）运动"，到YouTube及其对10倍速增长的追求，这些故事共同展示了结构化目标设定和持续性绩效管理的作用范围和潜力，同时也展示了它们是如何改变我们的工作方式的。

第 2 章
OKR之父

尽管很多人都很努力地工作,但他们却没能取得什么成就。
——安迪·格鲁夫

故事起源于我尽全力重获前女友安的芳心。在跟我分手之后,安开始在硅谷工作,而那时我根本不知道硅谷在哪里。1975年夏天,哈佛商学院的暑假期间,我驱车穿越优胜美地国家公园来到硅谷,既没有工作,也没有落脚的地方。尽管前途未卜,但好在我懂得计算机编程。早前在莱斯大学攻读电机工程硕士学位期间,我就以联合创始人的身份成立了一家公司,专门为伯勒斯公司(Burroughs)编写图形软件。那时,伯勒斯公司是与IBM公司争夺市场份额的"七个小矮人"之一。我当时非常喜欢这份工作。

那时,我希望能在硅谷找到一份风险投资公司的实习工作,可惜没人愿意聘用我。有一家风投公司建议我试一试该公司在圣克拉拉投资的一家芯片公司:英特尔公司。尽管不认识对方,我还是通过电话联系到了当时能够接触到的英特尔公司最高级别的领导比尔·达维多(Bill Davidow)。比尔是微型计算机部门的领导,知道我会写基准程序之后,邀请我到公司跟他见面沟通。不同于传统意义上的陈腐设计,英特尔公司在圣克拉拉的总部是一片没有墙壁的低矮隔间。在简单寒暄过后,比尔将我介绍给了市场营销经理吉姆·拉利(Jim Lally),之后吉姆又将我介绍给了他的下级。到下午5点的时候，我终于得到了英特尔公司——当时的科技公司翘楚的实习生职位。碰巧的是，我的前女友也在英特尔公司工作，就在走廊的另一边。她见到我，并不怎么高兴。（不过，劳动节之前，我们俩就已经和好了。）

入职培训期间，比尔把我带到一边说："约翰，我需要跟你说明一件事情，公司负责业务的是安迪·格鲁夫。"格鲁夫是公司的执行副总裁，12年后接替戈登·摩尔担任公司的首席执行官。他既是公司的沟通官，也是卓越的运营官和首席任务官，大家都知道他是公司的实际负责人。

按资历，格鲁夫是最不可能成为掌管英特尔公司30多年的三位核心元老之一的人。戈登·摩尔是一位腼腆但受人尊敬的思想家，他提出了著名的摩尔定律，奠定了技术按指数升级的基础：计算机处理能力每18个月增加一倍。罗伯特·诺伊斯（Robert Noyce）属于魅力型领导，是集成电路（即微芯片）的共同发明者之一，也是半导体行业的代表人物，他生性洒脱，在国会听证会上也能谈笑风生，与在家和购物时别无二致（半导体行业的人特别喜欢聚会狂欢）。

安迪·格鲁夫是匈牙利难民，20岁时历尽艰辛，逃离纳粹，到了美国。刚来美国时，他身无分文，几乎不懂英语，而且听力还严重受损。他个子不高，身材瘦削，一头卷发，开车疯狂。凭借顽强的毅力和过人的智慧，他一举进入硅谷最受尊敬的公司英特尔的最高领导层，并带领英特尔公司取得了非凡的成就。在格鲁夫出任首席执行官执掌英特尔公司的12年里，公司每年返还给投资者的回报率超过 40%，与摩尔定律曲线持平。

安迪·格鲁夫，1983 年

英特尔公司就是格鲁夫的管理创新实验室。他非常热衷于教学，这也让整个公司都受益。[①]工作几天之后，我收到了一封期待已久的邀请信，信中邀请我参加"英特尔的组织、哲学和经济学"（Intel's Organization，Philosophy，and Economics，简称 iOPEC）课程的学习。这门课是有关英特尔公司的战略和运营的研讨会，课程常任教授就是安迪·格鲁夫博士。

---

① 在斯坦福大学也是如此，他每年都会为 60 名商学院研究生讲 100 个小时的课。

在一小时的时间里，格鲁夫追溯了英特尔公司的发展史。他总结了英特尔公司的核心目标：使利润率达到行业标准的两倍，已进入市场的所有产品线都居于市场领导地位，为员工提供"有挑战性的工作"和"成长机会"。[1] 我心想，说得真好，尽管我在商学院已经学过他所讲授的那些内容。

他之后说的话更是给我留下了深刻的印象。他提到了以前工作过的仙童半导体公司。在那里，格鲁夫第一次见到了诺伊斯和摩尔，并开始在硅片研究领域开疆拓土。仙童半导体公司是业界的黄金标准，但它也有一个致命缺陷：缺少"成就导向"。

格鲁夫解释说："仙童半导体公司非常重视专业知识，这也是选聘和提拔员工的标准。不过，员工在将知识转化为实际结果方面却不尽如人意。"他继续说道："在英特尔公司，我们采取完全相反的做法，你知道什么几乎完全不重要。如何对待你知道的、能学到的及已有业绩才是英特尔所看重的。"因此，公司的口号就是："英特尔说到做到。"

"你知道什么几乎并不重要。"知识是次要的，执行才是最重要的——好吧，在哈佛我还真没学过这些。这种提法让人耳目一新，是真实世界对成就（而非证书）的肯定。但格鲁夫还没说完，他把最精彩的内容留到了最后。在课程的最后几分钟里，他描绘了1971年启动的OKR系统，当时英特尔公司成立刚满3年。这是我第一次接触正式目标设定的艺术，它令我深深着迷。

---

[1] 有关格鲁夫研讨会的视频，可在以下网址查阅：www.whatmatters.com/gove.

以下摘录直接节选自OKR之父。

> 现在,有两个关键词……目标和关键结果。它们与我们要实现的两个目的相吻合。其中,目标意味着方向:"我们要在中距微型计算机组件业务上占据主导地位。"这是我们努力要实现的。本季度的关键结果"为8085型号处理器做出10个新型设计"是关键结果之一,也是一个里程碑。目标和结果不一样……
>
> 关键结果必须是可以衡量的,最终是可以看到的,而且令人毫无疑问:我做到了,还是没做到?是还是否?非常简单,无须费力去判断。
>
> 现在,我们是否在中距微型计算机业务上占据了主导地位?未来几年我们可以就此进行争论,但下一个季度我们就会知道自己是否做出了10个新的设计。

格鲁夫说这是一个"非常非常简单的系统",而简单是工程师们最喜欢的。从表面上看,这个概念似乎合乎逻辑、符合常识且鼓舞人心。与当时陈旧的正统管理理念不同,格鲁夫提出了一些新鲜且具有原创性的东西。严格来说,他的"目标和关键结果"并非凭空想象而来,而是有一定基础的。在此过程中,格鲁夫追寻着一位在维也纳出生的传奇人物的脚步,他就是首位伟大的现代商业管理思想家——彼得·德鲁克。

目标管理的先驱

20世纪初期的管理理论先驱,特别是弗雷德里克·温斯洛·泰勒(Frederick Winslow Taylor)和亨利·福特,是第一批系统地量化产出并分析如何增加产出的人。他们认为最富有效率、最有利可图的组织,应该是独裁式的。[①]泰勒写道:科学管理包括"确切地知道你希望人们做什么,并检查其是否以最佳、最经济的方式做到了"。[1] 格鲁夫注意到,结果是"明确的、分层次的:有人发出命令,有人则接受和执行命令"。[2]

在半个世纪之后,作为教授、记者和历史学家的彼得·德鲁克彻底否定了泰勒–福特模型,构想出一种新的管理理念:具有人文主义的结果驱动型管理。他写道,公司应该"建立在对员工信任和尊重的基础上——而不仅仅是作为获得利润的机器",还敦促公司应该针对目标征询下属的意见。与传统的危机管理不同,德鲁克提出利用数据和员工间的经常性沟通,来实现公司长期计划与短期计划之间的平衡。

德鲁克的目标是制定出"充分发挥个人能力和责任感的管理原则,同时树立共同的愿景和努力方向,建立团队合作精神,协

[①] 马萨诸塞州一位名叫玛丽·帕克·福莱特(Mary Parker Follett)的社会工作者提出了一种更为进步的模式,当时被大多数人忽视了。她在文章《下达命令》(The Giving of Orders,1926)中提出:"管理者和员工之间的权力分享和协作决策能够带来更好的商业解决方案。"泰勒和福特看到等级制度的时候,福莱特则看到了网络。

调个人和共同目标的和谐一致"。[3] 他发现了人性的一个基本特点，即当人们为行动路线的选择做出了贡献时，就更希望看到它顺利实现。1954年，德鲁克在其名著《管理的实践》一书中将这一原则定义为"目标管理和自我控制"。这就是安迪·格鲁夫管理理念的基础，也是现在所说的OKR的起源。

到了20世纪60年代，不少具备前瞻性思维的公司都采用了目标管理（management by objectives，MBO）。其中，最为突出的是惠普公司。时至今日，目标管理已成为著名的"惠普之道"的重要组成部分。当这些企业把注意力集中到少数几件优先事项上时，取得的结果也相当令人震撼。对70项研究的荟萃分析结果显示：有效实施目标管理可以把生产率提高56%，反之则只能提高6%。[4]

最终，目标管理的缺陷也日益显露。在许多企业内部，目标是通过顶层规划后，再层层缓慢传达下来的。而在一些企业，由于缺少经常性的更新，目标长期不变，或扔在一边无人问津，或退化为关键绩效指标（key performance indicators，KPI），最终成为没有灵魂或意义的数字。最可怕的是，目标管理经常会同员工的工资和奖金挂钩。如果冒险可能受到处罚，员工为什么还非要冒险呢？到了20世纪90年代，目标管理系统逐渐走向衰落，连德鲁克也对其嗤之以鼻。他指出，目标管理"不过是另一个工具而已"，而"并非治理效率低下的良方"。[5]

量化产出

格鲁夫的重大贡献，就是把制造业的生产原则应用到了"软性职业"中，如行政管理、专业化管理和经理人职业。他试图"创造出一种重视和强调产出的环境",[6] 并避免德鲁克所谓的"活动陷阱"："产出的提高是生产力提高的关键，而努力增加生产活动的结果可能会适得其反。"在装配线上，我们很容易将员工的产出与生产活动区分开。但对于知识型员工，衡量其产出和生产活动就变得相对困难了。格鲁夫一直在思考这样两个问题：我们如何定义和量化知识工作者的产出？如果要增加产出，应该怎么做？

格鲁夫是一位科学管理者。他广泛涉猎行为科学和认知心理学等新兴领域的各种知识。与亨利·福特的全盛时期相比，最新理论虽然可以提供"让人工作的更好方式"，但在大学里所做的对照试验"根本无法表明某种领导风格会比另一种更好，因此也很难证明有最佳管理方式这一结论"。在英特尔公司，格鲁夫根据自己的想法招募了几位"有进取心的内向之人",[7] 他们能迅速、客观、系统且永久性地解决问题。在格鲁夫的带领下，他们学会了对事不对人。他们不关心政治，决策迅速且果断，同时能够融合集体意见。

英特尔公司在各个方面的动作都依赖于系统。格鲁夫援引德鲁克的目标管理，将目标设定系统命名为iMBOs，即"英特尔公司的目标管理系统"。但实际上，它与经典的目标管理有着很大的不同。格鲁夫很少只提目标，而总是将目标与关键结果结合起来。这里的"关键结果"似乎是格鲁夫独创的术语。为了避免混淆，我将格鲁夫的方法称为OKR——新方法几乎全面否定了旧的方法（见表2.1）。

表 2.1　MBO与OKR的比较

MBO	英特尔的 OKR
"目标是什么"	"目标是什么"及"如何实现"
年度	季度和月度
不公开、不透明	公开、透明
自上而下	自下而上或团队协商（50%）
与薪酬福利挂钩	大部分与薪酬福利无关
规避风险	进取精神

1975年，我到英特尔公司工作之后，格鲁夫的OKR系统正在公司内部全面铺开。企业里所有知识型员工都制定了基于月度的个人目标和关键结果。在iOPEC研讨会期间，主管让我也这么做。我的任务是为8080处理器编写基准程序。作为英特尔公司8位微处理器的最新产品，8080处理器在市场上占据了主导地位。我的目标是向人们展示8080芯片是如何更快地运行，从而在竞争中取胜的。

虽然随着时间的推移，我在英特尔公司的大部分OKR都记不清了，但我永远也不会忘记我的第一个OKR。

> **目　标**
>
> 展示8080处理器的卓越性能（与摩托罗拉6800相比）。
>
> **关键结果**
>
> （量化指标如下）
>
> 1. 编写5个基准程序。
> 2. 开发1个样本。
> 3. 为现场人员编制销售培训材料。
> 4. 与3位客户联系，证明材料可以使用。

英特尔的命脉

我还记得当年在IBM电动打印机（第一台商用激光打印机一年后才出现）上打印出OKR的场景。之后，我把打出来的OKR贴到了书架上，人们路过时扫一眼就能看到。而在此之前，我工作过的任何地方都不需要自己写下目标，因而也就更不可能看到其他人的目标，而在这里，就连首席执行官的目标也可以被看到。这种方式很具有启发性，就像聚焦的灯塔，本身也在发挥着作用。如果季度中期有人让我提供数据做新报表，我完全可以说不，无须惧怕什么，OKR就是支持我的力量。优先事项在OKR上列得清清楚楚，大家一眼就能看到。

在格鲁夫时代，OKR是英特尔公司的命脉。在每周例行的一对一见面、每两周一次的员工会议及月度和季度部门审查中，OKR都是讨论的重点。英特尔公司之所以能有效调动成千上万的人,以微米级的精度在硅片或铜片上刻出上百万条细线,靠的就是OKR。制造半导体是一项艰巨的任务。没有严谨的态度,生产就难以奏效,造出的芯片也会失去效用,收益就会因此暴跌。OKR总在提醒团队需要做些什么,明白无误地告诉我们做到了什么、没做到什么。

除编写基准程序外,我还培训了英特尔公司的国内销售团队。几个星期之后,格鲁夫听说最了解8080处理器的人是一位24岁的实习生。有一天,他跟我说:"杜尔,和我去欧洲吧。"对一个实习生来说,这一邀请实在令人兴奋。就这样,我和格鲁夫,以及他的妻子伊娃一同去了巴黎、伦敦和慕尼黑。我们培训了欧洲的销售队伍,拜访了三家大公司,并赢得了两个客户。在整个过程中,我一直竭尽所能。其间,我们在米其林星级餐厅用餐,格鲁夫对酒水单很在行。他对我很认可,而我对他也充满敬畏。他是个胸怀远大理想的人。

回到加利福尼亚之后,格鲁夫让比尔·达维多给我写了一封信,保证明年会给我提供一份正式的工作。那个夏天让我眼界大开,印象深刻。正因为如此,我差点从哈佛退学。当时我想,如果能够继续留在英特尔公司,对业务的了解就会更多。但最后我妥协了,选择了折中方案:回到马萨诸塞州继续完成学业,同时利用业余时间在英特尔公司兼职,帮助英特尔公司把数字设备公司(Digital Equipment Corporation)生拉硬拽进微处理器时代。最后一个学期结束之后,我回到圣克拉拉,并在之后4年里为英特尔公司工作。

格鲁夫：OKR的实践者

20世纪70年代中期，个人电脑行业诞生，这是一个新想法和新兴企业家不断发酵的时代。我在公司的级别很低，不过是个新的产品经理，但格鲁夫和我有私人关系。在一个春天的某个日子，我跟他一起开车到旧金山的市政礼堂观看首届西海岸电脑展（the first West Coast Computer Faire）。在展会上，我们看到一位英特尔公司的前主管在展示第二代苹果电脑，该电脑用了当时最先进的图形显示技术。我说道："安迪，咱们已经有了操作系统，也制造了微芯片，也有了编译器，并获得了BASIC（初学者通用符号指令代码）的使用许可，英特尔公司未来应该制造个人电脑。"但是，当我们沿着通道往前走时，两边都是拎着袋子兜售芯片和零件的供应商。格鲁夫看了一会说："呃，这些都是爱好者。我们不做个人电脑业务。"就这样，我的梦想破灭了，英特尔公司也从未进入个人电脑市场。

尽管格鲁夫不会轻易表露情感，但他是一位富有激情的领导者。如果某位经理工作做得不好，格鲁夫会帮助他找到另一个位置——可能级别低一些。这位经理在新的位置上可能会重新获得成功，赢得地位和尊重。从本质上看，格鲁夫是一个解决问题的人。正如一位熟悉英特尔公司历史的人所说，格鲁夫明确地知道自己想要什么，以及如何实现。[8] 从这个意义上说，他有点像行走的OKR。

英特尔公司创建于伯克利的言论自由运动（the Free Speech

Movement）和海特-阿什伯里区"花童"盛行的时代（嬉皮士运动时代）。年轻人，甚至是年轻工程师，甚少有时间观念，企业也发现，让新员工按时上班是件很有挑战性的事情。格鲁夫的解决方案就是在前台贴一张签到表。8：05之后才到的员工都登记在册，我们称之为"安迪的迟到名单"。每天早上9点，格鲁夫准时收走签到表。如果哪天早上我迟到了，就干脆在停车场里一直待到9：05才去上班。大家都不知道名单里有谁。即便如此，这份迟到名单也表明了自律对一家不容错误存在的公司的重要意义。

格鲁夫对所有人都很严厉，对他自己尤甚。一个靠个人奋斗成功的人，有时难免傲慢。对愚笨之人、冗长拖沓的会议和问题百出的建议，他毫不留情。格鲁夫桌子上有一组橡皮章，其中一枚上面刻着"废话"。他相信，解决管理问题的最好方法就是"以创造性的思维去面对问题"——坦诚、直接、不带歉意地去面对他人。[①]

尽管脾气急躁，但格鲁夫是一个脚踏实地、亲切和乐于听取意见的人。正如他曾对《纽约时报》所说，英特尔公司的管理者"会在参加会议时把问题暴露出来"。[9]他认为，每一个重大决定都应该从"自由讨论阶段开始……这是一个本来就很平等的过程"。要得到格鲁夫的尊重，就得提出自己的见解，坚持自己的立场。要是你的见解最终被证明是正确的，这就是最理想的情况。

在英特尔做了18个月的产品经理之后，吉姆·拉利——当时

[①] 我们可以看到格鲁夫对史蒂夫·乔布斯的影响，两人有着非常亲密和复杂的关系。

已经是系统营销负责人，也是我的导师和心目中的英雄——对我说："杜尔，如果以后你想成为一位非常出色的总经理，你得跳出目前的领域，去做销售，尝尝被拒绝的滋味，并学会完成销售任务。你可以掌握全世界所有的技术知识，但是决定成功或失败的是你的团队能否完成销售任务。"

我选择了芝加哥。1978年，和安结婚之后，我成为中西部地区的一名技术销售代表，这是我做过的最好的工作。我很享受帮助客户制造出更好的透析机或交通灯控制器的过程。我喜欢做销售，当时销售的是计算机的"大脑"——英特尔微处理器。我也的确擅长销售。说实话，我天生就是做销售的料，这可能与我父亲有关。我父亲卢·杜尔是一名机械工程师，喜欢与人打交道，也热爱销售。由于所有的基准程序都是我自己编写的，所以我对编程一清二楚。我第一年的销售任务是100万美元，在当时是很吓人的一个数字，但是我最终完成了。

之后，我回到了圣克拉拉并开始担任销售经理。突然间，我不得不雇一个小团队，指导员工去做好销售工作，并根据工作预期考核他们的业绩。当时，我的管理技能有些捉襟见肘，也正是那时我开始更加全面地去了解格鲁夫的目标设定系统。在英特尔公司一位经理的全程指导下，我制定了一些规则，并坚定地予以执行。OKR帮助我们更清晰明白地进行沟通，也帮助我的团队完成最重要的工作。这一切都不是自发的，而是通过更深层次地学习OKR才得以实现的。

1980年，KPCB公司给我提供了一个工作机会，以便利用我的技术背景与其他新公司进行合作。格鲁夫不理解为什么我想要离开英特尔公司。可能在他心里，除了他的孙辈们以外，公司比其他一切都重要。他有一种惊人的能力，善于看穿一个人的心思。当时，格鲁夫是英特尔公司的总裁，他对我说："杜尔，难道你不想当总经理，并体会体会真正的盈亏吗？你来掌管英特尔的软件部门吧。"当时，英特尔公司并没有软件业务，但要建立起来也完全有可能。随后，他语重心长地说："约翰，风险投资并不是真正意义上的工作，而更像做一个房地产经纪人。"

格鲁夫留给我们的

在与帕金森病斗争了数年之后，格鲁夫于79岁去世。《纽约时报》称他为"计算机和互联网时代最受欢迎和最有影响力的人物之一"。[10] 他既不是戈登·摩尔那样的不朽理论家，也不是鲍勃·诺伊斯那样的标志性公众人物，同样也没有像彼得·德鲁克那样发表大量的管理哲学论文，在管理学界居功至伟。但是，格鲁夫改变了我们的生活方式。1997年，即他在仙童半导体公司完成实验30年之后，他被《时代》杂志评为年度人物："此人推动了微芯片处理能力与创新潜力的惊人增长。"[11] 安迪·格鲁夫是罕见的全才，集最出色的技术专家与最伟大的首席执行官于一身。我们非常怀念他。

营造健康的OKR文化

健康的OKR文化的本质是绝对诚实、摒弃个人利益和忠于团队，这也是格鲁夫思想的核心。不过，整个OKR系统成功的前提，是格鲁夫对基本要素的关注，以及他作为工程师具有的素养。OKR是他留给我们最有价值、最持久的管理实践。以下是我在英特尔公司工作的时候，从格鲁夫，以及我的导师和OKR的追随者——吉姆·拉利身上学到的。

少即是多。格鲁夫写道："这些精心选定的目标传递出一个明确的信息，它们告诉我们要做什么和不做什么。"每个周期最多只需制定3到5个OKR，就能够帮助公司、团队和个人明确什么是最重要的。一般而言，每个目标都应该与5个或更少的关键结果相对应。（请参阅本书第4章"利器1：对优先事项的聚焦和承诺"。）

自下而上设定目标。为了促进员工参与，应该鼓励团队和个人与管理人员进行协商。通过这种方式制定的OKR，应该占到各自OKR的一半左右。如果所有目标都是自上而下制定的，那么员工的工作动机就会受挫。（请参阅本书第7章"利器2：团队工作的协同和联系"。）

共同参与。OKR旨在通过协作确定优先事项，并规定如何衡量进展情况。即使在公司目标已经确定的情况下，关键结果仍然是可以商讨和调整的。集体达成一致，对最大限度实现目标来讲是至关重要的。（请参阅本书第7章"利器2：团队工作的协同和联系"。）

保持灵活。如果大环境发生了变化，既定目标看起来不切实际或难以实现，则可以在执行期间修改甚至放弃某些关键结果。（请参阅本书第10章"利器3：责任追踪"。）

敢于失败。 格鲁夫写道："如果每个人都把目标定得比自己轻而易举就能完成的目标高一些，那么结果往往会更好。如果你想要自己和下属都有最佳表现，那么这样的目标制定方式是非常重要的。"某些操作性目标必须要全部实现，但激励性OKR会让人备感压力，甚至让人觉得可能无法实现。格鲁夫将这种目标称为"挑战性目标"，它能将组织推向新的高度。（请参阅本书第12章"利器4：挑战不可能"。）

OKR是工具，而非武器。 OKR系统"就好比给你一块秒表，让你随时可以诊断自己的表现。它不是一份基于绩效评估的法律文本"。为了鼓励员工承担风险，防止消极参与，最好将OKR和奖金激励分离开来。（请参阅本书第15章"持续性绩效管理：OKR和CFR"。）

耐心、坚定。 每个过程都需要反复试验。格鲁夫告诉iOPEC的学员，英特尔公司在采用OKR之后"犯了很多错误"："我们并没有完全理解OKR的主要目的，但随着时间的推移，我们将它运用得越来越好。"一个组织可能需要4到5个季度才能完全适应这个系统，而构建成熟的目标则往往需要更长的时间。

第 3 章

"粉碎行动"——英特尔公司的故事

"粉碎行动"——年轻的英特尔公司为生存而战,是关于OKR的第一个延伸故事。"粉碎行动"展示了OKR的4种利器,即聚焦、协同、追踪和延展。最为重要的是,"粉碎行动"展示了这一目标设定系统是如何让多个部门和数千个个体为共同的目标而努力奋斗的。

在我任职的后期,英特尔公司正面临着生死存亡的考验。在安迪·格鲁夫的领导下,高层管理人员在4个星期内重新启动了公司的优先事项。OKR使英特尔公司能够以更为清晰、精准且闪电般的速度执行其作战计划,全体员工齐心协力关注于一个共同的宏伟目标。

早在1971年,英特尔公司的工程师——特德·霍夫(Ted Hoff)就发明了第一代微处理器——多功能"计算机单芯片"。1975年,比尔·盖茨和保罗·艾伦(Paul Allen)编写了第三代英特尔处理器8080程序,并由此引发了个人计算机领域的革命。到1978年,英特尔公司开发出了第一款高性能的16位微处理器8086,迎合了市场上的庞大需求。但好景不长,8086处理器很快就被速度更快且更容易实现编程的摩托罗拉68000和新贵齐洛格(Zilog)公司的Z8000所取代。

1979年11月下旬，一位名叫唐巴克特（Don Buckout）的地区销售经理发出了一篇令人绝望的长达8页的电报。他的老板凯西·鲍威尔（Casey Powell）将其发送给了当时的英特尔公司总裁兼首席运营官安迪·格鲁夫。这份电报为英特尔公司敲响了警钟，随即引发了一场轰轰烈烈的公司革命。在不到一周的时间里，英特尔公司高层管理人员开始直面这个坏消息。为了应对竞争威胁，"蓝丝带行动小组"在一周后成立了，旨在筹划英特尔公司的反攻。当时，齐洛格公司算不上很强劲的竞争对手。然而，摩托罗拉作为行业巨头及国际知名品牌，对于英特尔公司来说却是个极大的威胁。吉姆·拉利为即将到来的战争定下了以下基调：

> 只有一家公司在同我们竞争，那就是摩托罗拉。68000是我们的对手。如果要给这场战役定个名字，那就是"必须干掉摩托罗拉"。我们必须粉碎这个家伙，我们将会从它的身上轧过去，并确保它再也回不来了。[1]

这成了"粉碎行动"的战斗口号。①这场"战役"是为了重新树立英特尔公司的行业领导者地位。1980年1月，在安迪·格鲁夫的安排下，粉碎小组被派往全球各地的办事处。在第二季度，英特尔公司的销售人员已经全面部署了这一新战略；到第三

---

① "粉碎行动"（Operation Crush）一词，是受到丹佛野马橄榄球队在20世纪70年代后期发起的"橙色粉碎"（Orange Crush）保卫战的启发。

季度，他们正朝着实现科技史上最大胆的目标之一迈进，那就是赢得2 000个设计合约（design wins），并且争取让客户们同意把8086处理器配置在他们的电器和设备上。到那一年年底，他们击败了敌人，并赢得了最终的胜利。

在这场战役中，英特尔公司没有调整任何一款产品。但是格鲁夫和他的团队改变了游戏规则。他们改进了营销策略，发挥了英特尔公司的优势。他们引导客户明白，相较于短期的实用性而言，长效系统和服务更具价值。他们不再向程序员推销产品，而是开始将目标对象转为客户企业的首席执行官。

格鲁夫举荐了比尔·达维多——当时微型计算机系统部的负责人来指挥这次"粉碎行动"。在其漫长的职业生涯中，比尔以工程师、行业主管、市场营销人员、风险投资者、思想家和作者的多重身份，做出了许多持久的贡献。让我记忆犹新的是，比尔为英特尔公司的OKR注入了许多新的理念，比如a.m.b.（as measured by，强调衡量）。他曾经说："我们终将实现一定的目标，而目标的实现可以由关键结果来衡量。"比尔的理念使得隐晦的事情对所有人都变得更加明朗。

在2013年，在计算机历史博物馆举办的小组讨论会上，"粉碎行动"的老成员回忆了英特尔公司结构化目标设置的重要性，以及如何在"战壕"中应用OKR。[2] OKR在"粉碎行动"中的应用，可参看本书54—55页的例子——英特尔公司的目标。这是个极为经典的案例：采用OKR的方法，规定具体的时间期限，而且把做什么、如何做都描述得十分清楚。最为重要的是，最终这一方法真的发挥作用了。

正如吉姆·拉利告诉我的:"直到格鲁夫和我坐在一起并解释它为什么重要之前,我一直都对OKR持怀疑态度。如果我们告诉每个人,让他们去欧洲的中心地带,有些人可能会去法国,另一些人可能会去德国或意大利,但如果我们真正的目的是让他们都去瑞士,显然上述结果是不理想的。指向不同的方向,最终的合力必然为零。但如果是让所有人都朝着同一个方向奋进,那么就能实现效果的最大化了。这就是格鲁夫给我推荐OKR的策略,然后他告诉我,需要把这个方法教给其他人。"

就像比尔·达维多所叙述的那样,OKR是格鲁夫在"粉粹行动"中的秘密武器。这个武器为一个庞大而多元化的组织的发展增压加速,并以惊人的灵活性推动其快速前进。面对如此团结一致并以目标为驱动力的英特尔,摩托罗拉几乎无计可施。

以下部分为比尔·达维多对该"战役"的回顾。

比尔·达维多: 关键结果系统是安迪·格鲁夫塑造行为的有效方式。他一心致力于让英特尔公司变得更加伟大。他从不鼓励员工为外部董事服务,并认为公司应该是员工的生命。公司和员工的OKR巩固了上述这一承诺。

当真正处在高层管理职位的时候,其实就是在教学,这也是安迪的做法。英特尔公司在管理系统中成功嵌入了OKR,这也是一种管理哲学和极其重要的教学系统。我们不断被教导和熏陶:如果以OKR作为衡量标准,一切将变得更美好。

在英特尔公司的经理人员例会上,我们和安迪一起拍板决定了公司的最高目标。作为部门经理,我将公司所有的相关关键结果作为我的目标。其后,我的团队会在接下来的一周内围绕这些目标探讨整个季度的工作计划。

正如安迪所强调的,使OKR系统强大起来的东西,正是英特尔公司要努力达到的,每个人都需要全力以赴。我们都是获胜团队中的一员,我们都希望能够继续获胜。

对于低层级的员工来说,他们的OKR就是他们的全部工作产出,但经理们会有额外的日常管理责任。如果我的目标是种出美丽的玫瑰花丛,那么毫无疑问,"维护绿色的草坪"也是我应该做的。我从未将"四处走走,始终让员工士气高昂"当作一项关键结果。我们总是把需要特别强调的事项写下来,并铭记于心。

1980年英特尔公司总部,安迪·格鲁夫(左)和比尔·达维多(右)

英特尔公司如何应对突发事件

1979年12月，我参加了安迪·格鲁夫主持的一个高管会议，会上充斥着抱怨的声音。我认为，微型计算机系统部门的领导和员工能更好地为8086处理器赢得设计合约，我试图推动他们反击并重新获得自信。安迪走过来跟我说"把问题解决掉"，然后"粉碎行动"就成了我的工作。

8086产品本身并不会带来较大的收益，但它却可以产生广泛的连锁效应。我的部门靠销售设计辅助性服务来获取额外收益，如为使用英特尔微型处理器的客户提供软件开发系统等。尽管业务在近乎疯狂地增长，但我们创造价值的前提是客户选择英特尔的微芯片。一旦8086在市场上站稳脚跟，我们就将获得EPROM（1971年英特尔公司发明的可编程只读存储器芯片）及外部设备和控制器芯片的合同。总之，最后所产生的连锁销售价值有可能会是最初销售价值的10倍。但如果8086在市场上消失了，那么我们的一整套销售业务也将不复存在。

所以，我们当时面临的风险是很大的。在英特尔公司作为内存芯片供应商获得极大声誉的同时，行业对手的进攻也接踵而来。就在最近，英特尔公司将DRAM（使用最广泛、最经济的计算机内存）市场的领先优势拱手让给了一家初创公司，并且似乎无法恢复之前的发展势头；日本公司也在利润丰厚的EPROM市场上攻城略地。在这一情势下，微处理器是英特尔公司未来的最大希望，我们必须重返巅峰。我仍然清晰地记得早期报告中的第一张幻灯片。

第3章 "粉碎行动"——英特尔公司的故事

"粉碎行动"目标：建立一种紧迫感，并启动关键决策和行动计划，以应对威胁生命的竞争挑战。

我们的专门小组于12月4日星期二召开了会议。会议持续了三天，每天都围绕这一目标商讨好几个小时。这是对我们智力的挑战，就像要解决天大的难题一样。没有时间重建8086的优势，我们把大部分时间都花在了探讨如何销售产品和如何重新超越摩托罗拉公司并最终获得竞争优势上。

我认为，我们可以通过创造新的叙事方法来获胜。我们需要说服客户，他们今天选择的微处理器将是他们未来10年做出的最重要的决定。当然，摩托罗拉公司可能会说："我们有一套更简洁的说明书。"但它们却无法同英特尔公司广泛的产品系列和系统性能相抗衡，也无法与英特尔公司出色的技术支持和较低的持有成本相竞争。借助英特尔公司的外部设备，相关产品能够以更快的速度、更低廉的成本进入市场；借助英特尔公司的设计辅助工具，工程师可以更高效地开展工作。

摩托罗拉是一家多元化的大型公司，产品类别从双向无线对讲机跨到袖珍电视机。英特尔公司则是技术领先者，专注于内存芯片、微处理器和操作系统的研发。在出现问题时，客户会给谁打电话？客户会指望和谁并肩作战呢？

我们有很多好的想法，但我们需要把这些想法有效地联系在一起。吉姆·拉利在白板上写道，"发布产品的未来目录"，"为50场研讨会制订销售推广计划——与会者将获得一份产品目录"。截至星期五，我们计划动员整个公司的力量。在接下来的星期二，我们通过了一份包括9项内容的计划——包括数百万美元的广告支出,这是英特尔公司之前从未做过的事情。在之后的一个星期内,这一计划很快就被传达到一线的销售人员那里,他们迫切地希望签单。毕竟,是他们首先提醒我们出现了危机。

所有的一切都在圣诞节前发生了。

摩托罗拉公司运行得非常好,但他们对于突发事件的反应却同英特尔公司有所不同。当凯西·鲍威尔拍打我们的时候,我们在两周内就做出了反应。然而,当我们发起进攻时,摩托罗拉公司却无法快速反应。摩托罗拉公司的一位经理告诉我说:"在你们发起进攻时,我甚至不能及时地买到一张从芝加哥到亚利桑那州的飞机票。"

英特尔公司擅长制定战略,并将其转化为可实施、可协作的项目。在如上所述包括9项内容的计划中,每一部分都可以成为英特尔公司的关键结果指标。下面是英特尔公司1980年第二季度推出的"粉碎行动"OKR和相关工程OKR。

英特尔公司的目标

使8086成为性能最好的16位微处理器系列,衡量方法如下。

关键结果(1980年第二季度)

1. 开发并发布5个基准,显示8086系列的性能(应用开发部)。
2. 重新包装整个8086系列产品(市场营销部)。
3. 将8MHz部件投入生产(工程部、制造部)。
4. 最迟6月15日,对数学协处理器进行采样(工程部)。

第3章 "粉碎行动"——英特尔公司的故事

> **工程部门目标（1980年第二季度）**
> 5月30日前向CGW公司交付500个8MHz 8086部件。
>
> **关键结果**
> 1. 4月5日前完成成像照片。
> 2. 4月9日前向芯片制造厂交付2.3版本。
> 3. 5月15日前完成磁带测试。
> 4. 最迟5月1日，芯片制造厂开始制作产品样品。

转瞬之间

在早些时候，也就是在第一次"粉碎行动"之后不久，鲍勃·诺伊斯和安迪·格鲁夫在圣何塞的凯悦嘉寓酒店举行了"粉碎行动"启动仪式。他们对英特尔公司管理团队的指示简单明了："我们要在16位微处理器市场上获胜。我们致力于实现这一目标。"安迪告诉了我们必须要做的事情，以及要这样做的原因。直到这些事项有效完成之前，我们都应将其视为优先事项。

有近100人参加了这场会议。安迪所说的话，很快就传达到了公司的各个层面。当时的英特尔公司，是一家估值数十亿美元的公司，而决定性的转折就发生在那一瞬间。直到今天，我也从未再见过这样的场景。

这就是OKR

INTEL CORPORATION
3065 Bowers Avenue
Santa Clara, California 95051
(408) 987-8080

intel

TO: All Intel Field Sales Engineers

From: Andy Grove

Subject: OPERATION CRUSH

OPERATION CRUSH is the largest and most important marketing offensive we have ever undertaken. It is large in terms of our commitment--it is the corporation's number one key result; it is large in terms of the manpower we have devoted to it--more than 50 man-years of CRUSH effort in the next six months alone; and it is large in terms of its impact on Intel's revenue--over $100 million in revenue over the next three years.

The importance of OPERATION CRUSH does not come from its size and business impact alone though. Strategically the success of this campaign will highlight a significant evolution that has taken place--and will continue to take place--in our business. We intend to establish ourselves as offering complete <u>computer system solutions</u>--in VLSI form. The 4 CPU's, 15 peripheral devices, 25 software products, and 12 system level products we will be announcing over the next 18 months are the most tangible and meaningful testimonials to the reality of this strategy. OPERATION CRUSH represents the articulation of this strategy.

As an Intel Sales Engineer you will play a major role in making OPERATION CRUSH a success. We are counting on your efforts in two major areas:

- Sell our total microcomputer solution. Use the information in this notebook and follow on material to sell your customers on the need for a complete and integrated microcomputer <u>solution</u> including both hardware and software, rather than just a set of components.

- Exploit all of Intel's resources to win current designs. Take the lead in formulating action plans that take advantage of all the OPERATION CRUSH resources described in the accompanying material.

With your help, I know OPERATION CRUSH and the Intel of the 1980's will succeed!

从 1980 年 1 月开始，安迪引领部下开展的"粉碎行动"

第3章 "粉碎行动"——英特尔公司的故事

> 英特尔公司
> 美国加利福尼亚州圣克拉拉市鲍尔斯大街 3065 号
> 邮编：95051
> 电话：(408) 987-8080
>
> 致：英特尔公司所有的现场销售工程师
> 发件人：安迪·格鲁夫
> 主题：粉碎行动
>
> "粉碎行动"是我们所进行的最宏大、最重要的营销攻势：从我们的承诺来看，它是巨大的——这是公司的首要关键结果；从我们投入的人力来看，这也是巨大的——在接下来的 6 个月里，我们将投入超过 50 人年工作量的努力；它对英特尔公司的收入影响也很大——未来 3 年，公司将获得超过 1 亿美元的收入。
>
> 但是，"粉碎行动"之所以重要并不仅仅是因为其规模和业务影响。从战略上看，这次行动的成功将对我们的业务带来革命性的影响，并持续下去。我们将以提供 VLSI（超大规模集成电路）的方式确立我们在计算机系统整体解决方案领域的地位。我们将在未来 18 个月内推出集合 4 个 CPU（中央处理器）、15 个外部设备、25 个软件产品和 12 个系统级产品的整体解决方案，这就是这一战略的现实意义最具体、最有意义的证明。"粉碎行动"清晰地阐释了这一战略。
>
> 作为英特尔的销售工程师，你们将在确保这一行动的成功上发挥重大作用。我们需要你们在以下两个方面做出努力。
>
> 第一，销售我们的微型计算机解决方案。使用本方案中的信息，并依照说明向客户推销完整集成的微型计算机解决方案（包括硬件和软件），而不仅仅是其中的一组组件。
>
> 第二，利用英特尔的所有资源做出最好的产品设计，率先制订行动计划，充分利用材料中提及的"粉碎行动"的资源。
>
> 在你的帮助下，我确信"粉碎行动"必将成功，20 世纪 80 年代的英特尔也必将成功！

如果没有关键结果系统,一切都不可能发生。如果没有在圣何塞的会议上提到关键结果系统,很难想象安迪如何能够同时开展所有"粉碎行动"。我数不清曾多少次见到人们走出会议室时喃喃自语道"我要征服这个世界",然而在 3 个月之后,却没有任何事情发生。能够激励员工,并让他们充满热情,但他们却不知道该如何做,这是很糟糕的。在面临危机时,企业需要一个可以快速推动转型的系统,而这就是 OKR 为英特尔公司所做的,它为管理层提供了快速推动计划实施的有效工具。当员工向我们汇报他们做了什么时,我们有明确的评估标准。

"粉碎行动"是一个完全串联的 OKR 集合,在高层管理者强力推动的同时,下层的员工也会主动参与其中。在安迪所处的层级,甚至是我的层级,我们根本无法获悉赢得这场战役胜利的所有机制。很多内容都必须自下而上地汇集。你可以告诉人们去清理一个烂摊子,但你是否需要告诉他们应该使用哪把扫帚呢?当最高管理层强调"我们必须压制住摩托罗拉"时,基层的员工可能会说:"我们的基准程序很糟糕,我想我会写一些更好的基准程序。"这就是我们的工作方式。

更高的目标

英特尔公司已经深陷战斗 6 个月了。作为一名普通员工,我没有任何前线指挥权,但我能够获得自己所需的任何资源,因为整个公司都知道这项计划对安迪有多重要。当英特尔公司把关键结果作为评价标准时,没人有异议。每个人都投入其中,所有人都行动起来。公司根据新出部署重新配置了资源,虽然我当时认为没有预算,但依然全力以赴。

第3章 "粉碎行动"——英特尔公司的故事

"粉碎行动"最终集合了高层管理人员、整个销售团队、4个不同的营销部门和3个不同区域的部门的力量,它们形成了一个有机的作战团体[①]。与其他公司的不同之处在于,英特尔公司内部没有多少政治。为了更高的利益和目标,管理者甚至会牺牲自己部门的利益。比如,微处理器部门正要推出未来的产品目录,有人可能会注意到,"噢,天哪,我们缺少一款外部设备部件",而这显然会影响到外设产品部门及工程资源的分配。销售团队可能会立即组织研讨会,但他们需要应用工程师、市场营销人员及我所在部门的帮助。公关部可能会为行业刊物上的文章而与公司所有部门争论。这确实是群策群力。

每当我想到"粉碎行动"时,我都无法相信我们赢了这场战役。我想,我们获得的经验就是:公司文化是至关重要的。安迪一直希望员工可以让管理层关注到可能存在的问题。例如,一位现场工程师跟自己的总经理说:"你们这些'火鸡'[②]并不明白市场的真实情况。"然后,在两个星期之内,公司架构会自上而下重新调整。此举得到了全体员工的一致赞同:"那个工程师说的是对的,我们需要改变。"唐巴克特和凯西·鲍威尔觉得员工可以表达自己的观点而不担心会遭受惩罚,这种想法和文化是至关重要的。因为如果没有这种文化,也就没有"粉碎行动"的成功。

──────•●•──────

安迪总是习惯做最后总结,在这里,我们也用他的话进行

---

① 包括2 000名员工,其中一半以上直接接受"粉碎行动"小组安排,所有人都随时待命。
② 此处指不在一线,没有实际经验,只在办公室里的人。——译者注

总结。他说："危机来临时，经营不善的企业可能会被摧毁，但好的企业却能够生存下来并发展壮大。"——这里指的就是"粉碎行动"。到1986年，当英特尔公司摒弃内存条业务转而全力投向微处理器产品时，8086重新占领了16位微处理器市场85%的份额。新品类8088较8086价格更为低廉，也有利于实现个人电脑平台的标准化。自从安装在IBM公司的第一代个人计算机中以后，8088获得了市场声誉，并为英特尔公司带来了可观的收益。当下，电脑和汽车中数百亿的微控制器、智能恒温器和血库离心机均全部采用英特尔公司的架构。

正如我们所看到的，没有OKR就没有现在的英特尔公司。

第 4 章
利器 1：对优先事项的聚焦和承诺

是我们自己的选择而不是能力，展示了我们是谁。
——J. K. 罗琳

衡量一件事情的重要性时，应该先考虑这样的问题：在接下来的3个月（6个月或12个月）里，什么是最重要的事？成功的组织聚焦于少数能够产生实质性差异的举措，并推迟那些不怎么紧迫的事项。高层管理者在言行中对这些选择做出承诺，坚定地维护最高层的OKR，并给团队提供方向和评价基准。一旦结果开始显现，错误的决策可以及时得到纠正。非决定性或草率放弃的决策，对我们毫无价值。我们在未来一段时间的优先事项是什么？人们应该在哪些方面集中精力？一套有效的目标设定系统始于组织高层的严谨思考，领导者需要投入时间和精力去选择重要的事情。

虽然削减目标清单总是富有挑战性，但却是值得的。正如任何经验丰富的领导者都会告诉你：没有一个人或公司可以"做所有的事情"。通过选择一套OKR，我们可以突出强调一些事情——这些重要的事情必须按照计划和时间来完成。

开始的时候……

对于企业层面的OKR，责任在高层领导者，他们必须亲自对这一过程做出承诺。

那么应该从哪里开始呢？他们如何决定什么才是真正重要的事情呢？谷歌公司的使命宣言是：整合全球信息，使人人皆可访问并从中受益。安卓操作系统、谷歌地球、Chrome浏览器及新推出的改进版YouTube搜索引擎，这些产品都有一个共同的属性，那就是发展的动力都来自创始人及其执行团队，他们通过OKR明确了自己的聚焦点和承诺。

但是，好的想法不受层次结构的约束。最强大、最活跃的OKR往往源自一线员工。里克·克劳（Rick Klau）是YouTube的产品经理，负责网站的主页管理。该网站的访问量在全球居于第三位，而问题在于仅有一小部分用户选择登录该网站。从保存视频到频道订阅，YouTube的一系列重要功能没有被用户使用，其大部分价值实际上被隐藏了，全球数以亿计的用户并没有真正从中受益。与此同时，很多极有价值的数据也就此丧失了价值。为了解决这个问题，里克的团队设计了一套为期6个月的OKR体系，用来改善网站的登录体验。他们向YouTube首席执行官萨拉尔·卡曼加提出了自己的看法，并与谷歌公司首席执行官拉里·佩奇进行了磋商。拉里选择将登录体验的目标提升到谷歌公司层面。但是，有一点是需要特别注意的，那就是截止日期是3个月后，而不是之前说的6个月后。

里克强调，当OKR上升到管理层时，公司的所有焦点都应该集中在企业的管理团队上。"有很多双眼睛在盯着我们！我们不知道如何在3个月内做到这一点。但是，我们知道，当公司把我们的工作上升为公司层面的OKR时，那就意味着我们的工作成了公司的优先事项。"当一位产品经理的目标得到如此重点的关注时，拉里也向其他团队阐明了一些重要事项——就像"粉碎行动"一样，所有人聚在一起帮助里克的团队取得成功。尽管晚了一周，YouTube的登录页面团队最终成功地完成了任务。

无论领导者如何选择公司的最高目标，他们都需要为自己设立目标。就像价值观不能通过备忘录来传递一样，结构化的目标设定也不会通过命令的方式深入员工的思想。[1]正如读者将会在本书第6章中所看到的那样，Nuna公司的员工吉妮·金（Jini Kim）发现，OKR需要领导者在言行上做出公开承诺才能艰难实现。当有些首席执行官说"我所有的目标都是团队目标"时，这其实是个十分危险的信号。光会说OKR是不够的，还必须有所行动和示范。正如后来执教谷歌公司高管团队的财捷集团（Intuit）首席执行官比尔·坎贝尔所说："当你是首席执行官或公司创始人的时候……你必须说'这就是我们正在做的事情'，然后你必须树立榜样。因为如果你不以身作则，没有人会真正在意这一目标。"[2]

清晰沟通

为了制定合理的决策，维持团队精神，并取得卓越的成绩，组织中的所有人员都必须清晰地理解公司的最高目标。然而，在每三家公司中就有两家承认它们未能始终如一地围绕公司的最高目标进行有效沟通。[3]在一项针对1.1万名高层管理人员和经理的调查中，大多数人都无法明确地指出自己所在公司的首要目标和优先事项,仅有一半的人可能只能说出其中的某个重要事项。[4]

领导者必须说清楚为什么做某件事,以及怎样做。员工不仅仅需要通过里程碑式的成功来获得动力,他们还渴望理解辛勤工作的意义,同时了解自己的目标与公司使命之间的关联。这一过程不能只是在全体员工季度会议上宣布OKR之后就结束。正如领英公司首席执行官杰夫·韦纳(Jeff Weiner)喜欢说的:"当你不厌其烦地多次强调的时候,团队成员可能才真正开始听你说话。"

关键结果:关心和支持

目标和关键结果是目标设定的阴阳两面——原则与实践、愿景与执行。其中,目标往往能鼓舞人心且与长远计划有关,而关键结果往往更接地气且是可衡量的。而且,关键结果通常包括很多指标,如收入、增长率、活跃用户、质量、安全、市场份额及客户参与度等。正如彼得·德鲁克所指出的,为了真正实现可靠的进展,管理者"必须能够衡量……针对目标的绩效和结果"。[5]

换句话说,关键结果是拉动目标实现的杠杆和实现目标过程中的一个个节点。如果目标的设定较为科学的话,通常有3到5个关键结果就足以确保目标的达成。如果目标太多,往往会淡化焦点,对预期的进展形成阻碍。此外,每个关键结果对于个人来说都应该是一项挑战。如果你有足够的信心能够做好这件事,那么你所设立的目标很可能还不够宏大。

做什么、如何做和何时做

由于OKR会打乱既定的秩序，所以将其融入秩序当中不失为一个较好的选择。有些企业会以一年为周期，将目标设定从个体目标转变为共同目标，或者将目标设定过程从自上而下的方式转变为更具协作性的方式。双线并行可能是目标设定的最佳方式，既有短期的OKR来支持年度OKR的实现，也有长期的战略规划。请牢记，尽管能够推动实际工作的是短期目标，但年度计划需要依据实际情况来制订，并确保这一计划是可以实施的。

明确时间框架可以进一步突出工作的焦点和承诺。实际上，没有任何东西能够像截止日期那样推动我们前进。要想在全球市场中取胜，企业需要比以往更加灵活。根据我的经验：季度OKR的设定最适合与当今快速变化的市场保持同步。以3个月为期限可能会防止工作中的拖延症，并带来实际的业绩增长。《高产出管理》是安迪·格鲁夫的领导力圣经，他在该书中指出：

> 要使反馈有效，就必须在评估活动发生后立即给予反馈。因此，使用OKR系统应该在相对较短的时间内设定目标。例如，如果我们每年做一次计划，相应的OKR设置应该以季度或月度为时间单位。[6]

OKR的时间设定没有统一的标准。工程团队可能倾向于选择6个星期为一个OKR周期，以便保持与产品开发进度同步。相对而言，一个月的周期则可能适合于那些新创立的、正在寻找市场定位的企业。最好的OKR节奏，往往与企业所处的行业及企业的文化节奏相适应。

匹配关键结果

福特公司的平托车臭名昭著，表明了单一维度的OKR的危害。1971年，消费市场更倾向于日本和德国生产的燃油效率更高的车型，而福特试图利用平托车进行反击，以夺取市场。平托车是一款经济实惠的小型车。为了满足首席执行官李·艾柯卡（Lee Iacocca）较为激进的要求，产品经理跳过了计划及开发阶段的安全检查。例如，新款车型的油箱竟然被安放在并不稳定的后保险杠前面大约6英寸（约15厘米）的地方。

平托车极易着火，福特公司的工程师是知道这一点的。但艾柯卡用铁腕政策强制实现了"（保证）平托车重量低于2 000磅（约907千克）、成本低于2 000美元"的市场营销目标。在防撞测试中，测试员们发现"重1磅（约0.45千克）、价值1美元的塑料部件就可以防止油箱被刺穿"。但由于超出了预设重量和预期成本花费，这个塑料部件最终没能出现在平托车上。公司内部的绿皮书上引注了这款产品的三个设计目的和定位：真正的微型汽车（大小及重量）、维护成本低（购买价格、耗油量、稳定性及保养费）、清晰的产品优越性（外观、舒适度、特征、操控性及性能）。相对而言，安全性并不是它需要重点考量的。[7]

平托车的追尾事故导致了数百人死亡,数千人严重受伤。1978年,福特公司召回了总价值150万美元的平托车及其姊妹车型Mercury,这是汽车发展史上金额最大的一次召回事件。公司的资产和声誉都因此严重受损。

回顾过去,福特公司并不缺乏目标或关键结果。但它的目标设定过程存在着致命的缺陷:"尽管特定的、具有挑战性的目标可以得到满足(进入市场的速度、燃料效率和成本),但却以牺牲其他重要功能(安全、道德行为和公司声誉)为代价。"[8]

再举一个近期的案例,富国银行目前仍然深陷消费银行业的丑闻之中。银行无情的、单一维度的销售目标致使分行经理竟然因为销售压力而为那些并无需求的客户开设了数以百万计的虚假账户。在一个案例中,一位经理的十几岁的女儿竟然有24个账户,经理的丈夫则有21个账户。这件事情的后果是:超过5 000名银行工作人员被解雇,该银行的信用卡和支票账户业务猛跌了一半甚至更多,富国银行的品牌形象也可能永远无法修复。[9]

OKR越野心勃勃,其忽视重要标准的风险也就越大。正如格鲁夫在《高产出管理》中所写的那样,为了保证质量并推动量化的可交付成果,一种解决方案是将关键结果进行匹配——用以衡量"效应和反效应"。当关键结果聚焦于产出时,格鲁夫指出:

> 相匹配的关键结果应该强调工作的质量。比如在应付账

款中，处理的凭证数量应该与通过审计或供应商发现的错误数量相匹配。再比如，保洁团队负责清洁的区域面积，应该与在该办公楼中拥有办公室的高层管理者对工作质量所做的评估结果相匹配。[10]

表 4.1 数量和质量匹配的关键结果

数量目标	质量目标	结果
3 个新功能	在质量保证测试中每个功能必须少于 5 个缺陷	开发者要编写更为清晰的代码
第一季度销售额达到 5 000 万美元	第一季度维护合同额度达到 1 000 万美元	专业销售人员持续不断的关注，会增加销售量及顾客满意度
10 笔订单	2 个新的订单	为了满足新订单的阈值要求，提升前期质量

完美与优秀

谷歌公司首席执行官桑达尔·皮查伊曾经告诉我，他的团队经常为目标设定过程而深感困扰："我要花一个半小时的时间来思考OKR的唯一一种设定，以便确保我们能专注于做某件对用户来说更好的事情。"但这仅是片面之词，我来阐述一下伏尔泰（法国哲学家）的观点：不要让完美成为优秀的敌人。① 请记住，在

---

① 或者就像谢丽尔·桑德伯格所说的："完成胜于完美。"

OKR周期的任何时间点，都可以修改甚至完全抛弃之前的设定。有些时候，"正确"的关键结果会在投入工作后的数周或数月内显现出来。从本质上看，OKR就是正在进行的工作，它并不是一成不变的。

目标设定也有一些基本的规则：关键结果应该是明确的、具体的、可衡量的，产出和投入的组合（匹配）对其有所帮助。最后，完成所有关键结果的关键和前提是实现目标。如果目标没有实现，那就不是OKR了。①

表 4.2　OKR质量评价表

较差	中等	较好
目标：赢得Indy 500赛车比赛 关键结果：提高圈速 关键结果：停站时间缩短	目标：赢得Indy 500赛车比赛 关键结果：平均圈速增长2% 关键结果：停站时间缩短1秒	目标：赢得Indy 500赛车比赛 关键结果：平均圈速增长2% 关键结果：在风洞测试10次 关键结果：停站时间缩短1秒 关键结果：停站错误减少50% 关键结果：每天练习停站1小时

少即是多

正如史蒂夫·乔布斯所理解的那样："创新意味着对1 000件事说不。"在大多数情况下，季度OKR的理想数量往往介于3个

---

① 有关OKR的更多信息，请参阅本书后面资源部分的《谷歌公司的内部OKR模版》。

到5个之间。设立很多目标可能很诱人，但这通常也是错误的。太多的目标可能会模糊我们对重要事物的关注，或者使我们分心去追逐下一个更为闪亮的东西。减肥宝（MyFitnessPal）是一款健身和健康应用程序，其公司的首席执行官迈克·李（Mike Lee）说："我们设置了太多的OKR，试图完成的事情太多了，而且事情的优先级也不够明确。所以我们决定尝试设置更少的OKR，并确保这些都是我们真正需要的。"

对于个人而言，正如我在英特尔公司所发现的那样，选择性目标设定是防止过度扩张的第一道防线。一旦员工与他们的管理者进行了磋商并致力于本季度的OKR，那么任何附加目标或关键结果都必须符合既定议程。新目标如何与现有目标叠加起来？是否应该放弃某些东西来为新的任务腾出空间？在高效的OKR系统中，自上而下的、"只是做更多"的任务已经过时了。命令需要让位于问题，这个问题就是：什么是最重要的？

当谈到目标设定时，格鲁夫强调"少即是多"：

> OKR系统应该为企业提供最卓越的东西，即"聚焦"。只有当我们将目标的数量保持在很小时，才会真正聚焦于此。每次做出承诺时，都会丧失投身其他事项的机会。当然，这是任何有限资源分配中都不可避免的结果。因此，做计划的人必须有勇气、诚实且遵守纪律。只有这样，才能在放弃某个项目的同时启动新的项目。摇头说"不"和微笑着说"行"一样重要。我们必须意识到关注所有事项和一件都不关注的

结果是一样的,并能够践行这个原则。[11]

综上所述,最高层级的目标必须是重要的。OKR既不是一个什么都要完成的愿望清单,也不是团队日常任务的总和。它们是一系列精心策划的目标,值得特别关注,并将推动人们在此时此地努力前行。同时,它与我们期望实现的更大目标相关联。格鲁夫写道:"这是管理的艺术——管理的艺术在于能够从看似同样重要的选择中选择一个、两个或三个能充分发挥杠杆作用并能让你专注于此的活动"。[12]

或者就像拉里·佩奇所说的那样,成功的组织往往是"最大化利用现有资源,集中精力去打造顶级产品的组织"。换句话说,简洁和聚焦是我们所说的第一利器的核心所在。

第 5 章

聚焦：Remind 的故事

美国的教育体系需要有新的突破，这早已不是什么新鲜的事情了。布朗大学的一项研究提出了一种可能的解决方案：在老师和家庭之间应该建立起良好的沟通机制。夏季课程的任课老师如果可以保持每天都跟学生家长用电话、短信或纸质信件沟通，那么他们所负责的那些六年级学生可以多完成42%的家庭作业，课堂参与率也能提升将近一半。[1]

近几十年来，很多机构都试图通过引入新技术来提高学生的成绩，但遗憾的是这些努力都失败了。然而，好像没有人发现，一夜之间，数千万的美国学生在口袋里装着不同的科技设备来上学。也正是由于智能手机的普及，电子文本消息成了年轻人沟通的主要模式。随之而来的商机就是在校方、教师、学生和家长们之间构建起安全实用的电子信息沟通系统。

对于选择正确的目标来说，聚焦是至关重要的，这对区分OKR的优劣也是至关重要的。布雷特·科普夫（Brett Kopf）在创建Remind教育通信软件时就发现了聚焦的紧迫性——使教师、学生和家长能够在安全、可靠的环境中进行沟通。通过使用OKR，Remind把注意力放在首要目标上，服务上百万关系着国家未来的学生。

我和布雷特第一次见面时，就对他为客户服务的热情而感到震惊。初创时期，Remind聚焦的对象是老师。布雷特的办公室在一栋狭小的阁楼上，当我走进那里的卫生间时，看到洗脸台的镜子上贴着公司的目标清单，这让我久久难以忘怀。实际上，那就是重要目标导向的标志。

我发现布雷特擅长发现重要目标，并让其他人认可这些目标。2012年，他和他的哥哥戴维登上了《福布斯》"30位30岁以下青年才俊榜"荣誉榜单。但随着公司规模迅速扩大，他们也需要集中更多注意力。OKR则为已经开始的流程提供了重要保障。

以下为布雷特·科普夫的亲身讲述。

布雷特·科普夫： 我在伊利诺伊州的斯科基市长大。在学校时，我努力集中精力。但如果可以四处走动，我会感觉更舒服些。对于我来说，坐在课桌旁是一种折磨。一节40分钟的数学课，就好像一辈子那么漫长。我从小就不受约束，也不太投入，是个会跟邻居捣乱、乱吹纸团的小孩。

我在五年级时进行了测试，被诊断为患有注意力缺陷多动症和阅读障碍。对我来说，组织语言和写信是件十分困难的事情，而数字就更难了。

我父母都是企业家，我看到他们总是凌晨5点钟起床开始工作。我也在努力学习，但是我的成绩还是不断下降，我也越来越没有信心。当我在芝加哥北边的一所高中上学时，情况变得更加糟糕。其他孩子骂我笨，而我自己也开始相信是自己太笨了。

之后，在三年级的时候，一位名叫丹尼斯·怀特菲尔德的老师开始给我一对一授课，这改变了我的生活。她每天都会问："你今天要做什么？"我就会列出一份清单：历史课工作表、英语短文和即将到来的数学考试。然后，她会说一些非常巧妙的话："好，那我们就选一个，然后讨论一下。"我们一次只专注于一件事情，因而每件事我都完成了。她经常鼓励我说："只要继续努力，你是可以做到的，我会一直陪着你。"慢慢地，我心中的恐慌也逐渐消失了。学校的任务对我来说可能永远不会变得太容易，但我开始相信，我可以完成这些学习任务了。

母亲每周都会与怀特菲尔德女士通话，而且每个月至少来学校一次。她们步调一致，组成了"布雷特队"——努力不让我在学业上太失败。我确信当时并没有充分认识到她们密切联系的重要性，但这为之后的事情埋下了一颗种子。

即便我的成绩有所提高，美国大学入学考试（ACT）——需要回答600个问题，并保持4个小时不动对于患有注意力缺陷多动症的我来说，也绝对是一场噩梦。但最终，我通过了考试，来到了密歇根州立大学。这是我取得的第一场胜利。

当人们试图解释国家在教育方面存在的巨大问题时，他们通常都从课程或"成绩问责制"方面找原因，但那只是考试成绩的表现而已，人和人之间的关系却被忽略了，而那恰恰就是Remind认为重要的事情。

推特教育

像许多企业一样，Remind的建立源于我自己的一个私人问题。作为一名大学新生，我对学术任务的截止期限和计划安排近乎绝望，因为教授们的想法似乎随时都在发生变化。没有了来自"布雷特队"的支持，我先后挂了 3 门专业课，最后选择了农业经济学专业，这是我能找到的最简单的专业了。但是，我每学期仍有 5 门课程要学习，而且每门课程可能会有 35 份作业、课堂小测验和考试。在大学取得成功的关键，在于对时间的管理。什么时候开始写这 10 页的政治社会学论文？如何准备化学课的期末考试？这都和动态的目标设定有关，而我却一直在犯错误。

在大三那年，我付出很大的努力完成了一篇论文，却只得到一个中等成绩。雪上加霜的是，我不得不用笔记本电脑登上杂乱的网络系统，去查找自己糟糕的成绩。我和我的朋友可以用黑莓手机实时发送短信，为什么学校的数据不能动动手指就查到呢？为什么老师不能随时随地通过智能手机与学生联系呢？我觉得自己需要建立一个公司，去帮助那些像我这样的孩子。我打电话给我的哥哥戴维，他正在芝加哥一家大型保险公司从事网络服务安全工作。我说："你有 24 小时的时间来决定是否要跟我一起创办这家公司。" 5 分钟之后，他回电话说："好的，我加入。"

在接下来的两年，戴维和我在黑暗中不断摸索。我们对技术一无所知，也不了解产品的开发或运营。我所有的工作经历，就是曾在卡夫食品公司实习过，主要负责购备饼干。有些学生分享了课程的教学大纲，我把这些大纲插入戴维做的电子表格的"宏命令"中，以便向他们的手机发送这样的提示："布雷特·科普夫，明天早上 8 点在 101 教室有一次历史测验，不要忘记学习。"这个系统并不成熟，规模也不大，但是对于包括我在内的几百名活跃用户来说，它非常有用。后来，我从密歇根州立大学顺利毕业了。

2011 年初，我搬到芝加哥，开始全职开发我们的应用程序。我和戴维利用从朋友和家人那里筹集到的 3 万美元，忙于企业家要做的一切事情，每天的晚餐都是意大利面。然而，我们失败了，主要是因为我太过自大。我们花费了很多时间与潜在投资者会面，制作复杂的网站图表，却没有时间了解教师所面临的真正问题。我们还没有把精力集中在最重要的地方。

后来，我们只剩下了几百美元，公司却因为申请到进入硅谷的教育科技孵化器Imagine K12的资格而得以起死回生。我们将使命定位为："Remind101，教师向学生和家长传递信息的安全途径。我们正在构建最强大的教育交流平台，并将短信作为'挂钩'，把推特和教育结合起来。"有数百万像我一样在学习上有问题的孩子，还有无数的老师在为此付出努力。我大胆或天真地认为，我们也可以为此做点什么。

距离我们的路演只剩下90天了，戴维辞掉工作，我们搬到了硅谷。我们学习到了企业家的3个口号：

解决问题；

创造简单的产品；

和用户进行沟通。

当戴维把自己关在屋里自学编程时，我正专注于一个为期10周的目标：在美国和加拿大采访200名教师。我猜你可能会说这是我第一次使用OKR。在推特上联系了500位老师之后，我收到了250个一对一的问题，这超出了我的目标。当听到足够多的教育工作者诉说他们的问题之后，我们很快发现，"异地沟通"在老师们的所有痛点中居于高位。当下课铃声响起时，老师们在学生身上贴满了便笺——上面是明天要交的所有家庭作业。难道我们不能做得比这更好吗？

传统的电话树（由一人打电话联系多人的方法）和承诺书方式不仅费时费力，效果也不太好。另一方面，30岁的老师和12岁的孩子之间的短信沟通，是一种应履行的责任，他们需要一个不掺杂私人数据的安全平台。这个平台可以进行访问，但不能对外公开，以便保护老师们的隐私。老师们需要更少的工作量，而不是更多潜在的麻烦。

到第15天时，我们有了一个粗略测试版本。我在一张打印纸上画好手机和电子邮件的符号，在上面写道："您的学生可以收到您的信息……"下面是三个选项，"邀请"、"打印"和"分享"。在网络电话上找到一位老师之后，我将这张打印纸放在屏幕上，然后说："您可以输入任何想要给学生的信息，再点击按钮，而他们将永远不会看到你的电话号码或社交网络档案。"我尝试了很多次，老师们每次都会激动地从椅子上摔下来。他们会说："上帝呀，这真的能为我解决一个大麻烦！"

那时，我和戴维知道我们正在步入正轨。

利用种子资金扩大规模

到第70天的时候，我们的软件已经准备就位了。老师们可以先在网上注册，生成虚拟"课堂"，并为学生和家长提供专用号码以便发送短信。我们的规模迅速扩大，并有一个好消息传来——软件在推出后的3周之内一共发布了13万条消息。我们收获了每个新公司都想得到的东西，即业务量的迅猛增长。在路演当天，我来到一个又大又嘈杂的房间，这里聚集了其他11家创业公司和100名投资者。我有两分钟的时间来做

第5章 聚焦：Remind的故事

宣讲，接下来是两个小时的交流时间。在整个过程中，我至少给40个人递上了我的名片。

公司的发展少不了资金。到2012年初，我和哥哥已经负债1万美元。但是，米里亚姆·里韦拉（Miriam Rivera）和克林特·科沃尔（Clint Korver）的Ulu投资公司后来用3万美元的种子资金挽救了我们。谷歌公司的产品经理马内什·阿若拉（Maneesh Arora）又为我们打了一针强心剂，后来他创立了MightyText公司，并成为我的创业导师。Remind的规模仍靠种子资金疯狂增长。有时——其实是大部分时间——Remind就像是魔法师的学徒一样，成长迅速且不受控制。尽管那时公司只有5个人，其中仅有2名工程师，但我们每天都会增加8万个用户。我和老师们进行沟通反馈，他们将这件事告知自己的50位同事。就这样口口相传，我们没有在营销上花过一毛钱。由于我们的服务是免费的，我们也不需要校方的批准。

直到2013年秋季之前，我们的目标一直都是严格的定性目标。当时，我们的用户数量已经达到了600万人，而且从查马斯·帕里哈毕提亚（Chamath Palihapitiya）的社会资本合伙公司（Social + Capital Partnership）筹集到了A轮资金。马内什早就劝我们应该用更多的数据来支持我们的决策，而查马斯也向我们展示了如何以小窥大、言简意赅、把握重点，他还教会我们辨别什么是无关紧要的东西，如我们的注册用户数量。如果人们注册完之后再也没有使用过这个软件，那么他们是不会关心有多少老师在Remind上注册过的。

当约翰·杜尔看到我们贴在办公楼厕所里的目标时，这些目标已经变得更加具体了。我们列出了三项指标：每周活跃教师数（WAT）、每月活跃教师数（MAT）和留存率。

然后，我会插进去几个季度计划：迁移数据库、开发应用程序、招聘4个员工。我希望公司的每个人都能看到我们正在做的事情。

尽管我们已经不用在卧室的阁楼上办公，但长期缺少工程师的问题仍然困扰着我们，我们几乎不能正常启动和运行移动应用程序。但是约翰告诉我们，我们正在把注意力集中在重要的事情上。我们的目标是清晰的、可量化的，我们从一开始就把关注点聚焦在老师身上。

2014年2月，在结束我们的B轮融资（由KPCB风险投资主导）之前，约翰推荐我们使用OKR。他告诉我们，有一些公司正在使用OKR，比如英特尔、谷歌、领英、推特。这是一种让我们集中注意力的好方法，可以在每个阶段指导我们，跟踪我们的动向并给予支持。于是我想：为什么不试试呢？

（从左至右）Remind联合创始人布雷特·科普夫，克林顿戴尔社区学校副校长梅罗妮·卡吉尔（Meloney Cargil）和道恩·桑切斯（Dawn Sanchez），Remind联合创始人戴维·科普夫，2012年

成长目标

8月是最忙碌的返校季节,Remind也疯狂成长:每天都有超过30万名学生和家长下载这款应用程序。我们在苹果应用商店中的下载量排名居于第三位。到了秋季学期结束时,Remind发送的信息数量总计已经超过了10亿条。我们每个部门的业务量也都在急速增加。我们的目标设定并不冒进,但所有这些都是非常必要的。

当公司有14个员工时,我们开始使用OKR。在两年时间里,公司人数增长到了60人,我们不能再围着一张桌子一起讨论下一季度的首要目标了。OKR使我们聚焦于能够将公司提升至更高层次的事情,这给了我们巨大的帮助。为了实现"让老师参与"的目标,我们不得不推迟许多其他事情。在我看来,你一次只能做好一件大事,所以你最好知道那件大事到底是什么。

目　标
支持公司招聘。

关键结果
1. 招聘1名财务和运营总监(与至少3名候选人交谈)。
2. 招聘1名产品营销经理(本季度与5位候选人会面)。
3. 招聘1名产品经理(本季度与5位候选人会面)。

例如,直到今天,我们的应用程序最需要具备的一个功能就是重复发送消息。假设一位老师想要提醒五年级的学生,将他们正在阅读的小

说带到学校，无须重复发送，应用程序就可以自动在每周一早上提醒学生。这是一个标准的"讨人喜欢的"属性。但是，将其作为工程师的首要目标是否值得呢？它会增加用户参与度吗？后来，我们发现答案是否定的。因此，我们决定暂缓开发这个功能——这对于以教师为中心的组织并非易事。如果没有新的目标设定纪律和聚焦点，我们可能无法坚持我们的立场。

OKR给我们提供了一种不需要完全自上而下的努力方式。在对本季度的首要目标进行投票之后，领导团队会对我们的投资人说："这是我们认为最重要的事情，以及它重要的原因。"投资人则会说："好吧，我们如何实现这个目标呢？"然后，我们会把所有事项都记录下来，所以每个人都知道其他人正在做什么。因此，整个公司没有出现混乱，也不需要在周一早上开例会。OKR使公司政治失去了消极作用。

OKR也提高了我个人的注意力。我尝试把注意力集中在三四个重要的个人目标上。我把它们打印出来，写进我的笔记本，放在我的电脑旁和我经过的每一个地方。每天早上，我都会对自己说："这就是我的三大任务，我今天要做什么来推动公司向前发展呢？"对于任何领导者来说，无论是否存在需要学习的问题，这都是一个很好的自我提问。

我会公开表达自己的进步或失败。我会告诉身边的人："这是我正在进行的三件事情，而我在这件事上不幸失败了。"随着公司规模的扩大，员工需要了解首席执行官的首要目标是什么，以及自己如何才能与之共同努力以达到最好效果。他们需要知道，犯错误、纠正错误并继续前进是公司所允许的。不能够害怕犯错，否则就会抑制创新。

在快速成长的初创阶段，高效的领导者会不断放弃自己一开始所做的工作。就像许多创始人一样,我过去也要处理账单和工资,这耗费了我大量的时间。因此,我的第一个OKR首要任务就是卸下财务工作,专注于产品、战略及我们的宏观目标。同时,我不得不适应高管的工作。我的OKR实现了平稳过渡并且坚持了下来,这使我免于退步或陷入微观琐碎事务的管理。

OKR留给我们的

总体来说,OKR还是很简单的,但人们一般不会立刻就掌握这种方法。早些时候,我们公司的目标总是无法完成,原因就在于目标太过宏大。以我们的能力最多只能达成两个目标,可我们却设定了七八个。

当约翰走入我们的生活时,我还对战略计划相当陌生。我们应该缓慢地、一步一步地推进OKR,而不是立刻将其嵌入整个系统之中。但即使我们犯了错,我下次还是会立刻这么做。OKR帮助我们成为一家在管理和执行方面都有卓越表现的公司。在第一次使用OKR之后的三个季度里,我们获得了价值4 000万美元的C轮资金。这样,我们的未来就有了保障。

Remind公司的潜力是无限的。尽管不断成长、变化,Remind公司从未忽视它的核心支持者——那些勤奋工作的老师们。布雷特·科普夫和戴维·科普夫从未动摇过"为每个学生提供成功机会"的愿景。正如布雷特所说:我们生活在一个点击按

钮就能在5分钟之内打到一辆出租车的时代里。但是,当一个孩子在学校成绩退步时,父母可能需要几周或几个月的时间才能知道这一情况。Remind公司正在解决这个问题——聚焦于做重要的事情。

第6章

承诺：Nuna医疗科技的故事

Nuna医疗科技的故事，就是吉妮·金（Jini Kim）的故事。她因家庭悲剧，致力于为大量美国人提供更好的医疗保健服务。这个故事讲述了吉妮·金如何"自救"，如何带领Nuna走出多年被拒的困境，以及如何招聘到工程师和数据研究员。她还设定了一个大胆的目标：从零开始，打造一个全新的医疗补助数据平台。

除了聚焦之外，承诺也是OKR第一利器中的核心元素。在实施OKR时，管理者必须公开对其目标做出承诺，并一以贯之。在Nuna这个医疗保健数据平台和分析公司里，联合创始人已经克服了开始施行OKR时经常会犯的错误，并持续向整个公司阐明工作的优先事项。他们意识到，他们需要对达成各自的OKR表现出持续不变的承诺，并帮助其他团队成员也做到这一点。

Nuna医疗科技于2014年开始成长壮大。2018年，在完成一个庞大的医疗补助合同之后，Nuna医疗科技正在利用数据让医疗保健系统更好地为最需要它的数百万人服务。Nuna医疗科技公司运用科技和从医疗补助工作中学习到的经验，帮助大型公司提升了医疗计划的效率和质量。所有这些工作都是由OKR目标设定所支撑的。吉妮·金之前在谷歌公司担任产品经理时首次了解到了这一方法。

本故事体现了"承诺"的两个方面的特质：当Nuna团队熟练地掌握了这一方法之后，OKR便锁定了他们对最高目标的承诺；与此同时，管理者和团队其他成员都学会了对OKR过程做出承诺。

以下为吉妮·金对如何做出承诺的亲身讲述。

——————◆·●·◆——————

吉妮·金： Nuna医疗科技公司的创建故事跟我的个人经历高度相关。我的弟弟金翁（Kimong）在2岁时被诊断出患有严重的自闭症。几年之后，在迪士尼乐园，他的癫痫第一次发作。前一秒人还好好的，后一秒他就倒在了地上，几乎不能呼吸。我们是韩国移民，资源有限，英语也不太好，我的父母对此感到特别无助。如果没有保障体系，我们家肯定就破产了。此时，申请公共医疗补助的担子就落到了我的身上，那年我只有9岁。

2004年，我加入谷歌公司，那是我大学毕业后的第一份工作。此前，我从未听说过OKR。但是后来，OKR成为帮助我和团队了解谷歌公司及完成重要工作不可或缺的导航工具。我管理的第一批产品——谷歌医疗（Google Health）让我认识到数据对改善医疗的重要性。我还了解到，获取医疗数据是十分困难的，即使是个人自己的数据也不例外。这些经验，促使我在2010年成立了Nuna医疗科技公司。

起初，我们并未使用OKR。那个时候，Nuna医疗科技公司既没钱，也没有客户。我在公司从事全职工作，另外5个人都是兼职（包括我的校友，另一个联合创始人戴维·陈），但没人有薪水。我们拼凑出一款产

第6章 承诺：Nuna医疗科技的故事

Nuna医疗科技公司首席执行官吉妮·金和她的弟弟金翁

品原型，然后向采用自主保险方式的大型公司推销。第一年，我们连一笔订单都没能拿到，我认为这也合情合理。我们认为自己是知道市场需求的，但其实我们对客户的了解并不充分，因而也就不可能有效地推广我们的产品。

到了第二年，我们还是没有拿到订单，我知道是时候该补课了。董事们真正关心的究竟是什么？医疗保健市场中有意义的革新究竟是什么样的？我穿上西装，参加了一些人力资源会议，想要从中找到答案。

2012年，我学到的东西帮我们签到了一些世界500强客户。经过两年多的被拒、挫败，以及数不过来的应酬，Nuna医疗科技公司的产品终于变得与市场相契合了。但对于一个创业公司而言，唯一不变的就是变化，Nuna医疗科技公司也即将经历一场巨变。在结束了美国医保网（Healthcare.gov）6个月的工作之后，我回到旧金山湾区。之后，我们成功获得了 3 000 万美元的融资。从那一刻起，我们终于可以给团队发薪水了。

在此之前，我已经了解到政府正在征集一项提案，为所有参与医疗补助的人群（生活在全美国 50 个州、5 个地区及华盛顿哥伦比亚特区的 7 450 万人）搭建首个数据库。之前的提案已经失败了很多次。在经过 72 小时喝着红牛、"打了鸡血"般的奋战之后，我们终于在截止时间之前向美国医保与医助服务中心（CMS）提交了标书。两个月后，我们成功赢得了这份合同。

扩大 Nuna 医疗科技公司的规模极具挑战性，这主要体现在以下 3 个方面：首先是这项业务本身，需要提升兼容性、安全性和保密性；其次是数据平台的基础设施建设；再次就是基层员工，需要从 15 人增加到 75 人。我们需要在保证现有业务正常运转的同时，在一年之内构建一个前所未有的大型数据库。为了达成这一目标，我们比以往任何时候都更加需要聚焦和做出承诺。

2015 年，我们开始第一次尝试实施 OKR。作为谷歌公司的前员工，我对 OKR 的效果很有信心，但我却低估了引入 OKR 的难度，更别提有效执行了。目标体系需要逐步建立，渐进性地完善。我从为跑马拉松而设定的个人 OKR 中认识到，短时间内做太多事情，注定会以痛苦收尾。

我们创建了季度 OKR 和年度 OKR，开始向公司的每个员工持续推行。那时候，公司规模还很小，大约只有 20 人——你大概会觉得问题不大，但实际上我们的方法没有奏效。有些人从来不设定自己的 OKR，另一些人虽然设定了，但设定之后就搁置起来。

事后来看，我应该从领导团队的 5 个人开始推行 OKR。公司在艰难的发展中学到，为了让结构化的目标设定盛行起来，首先需要管理层全身心地投入。我们可能需要花上一到两个季度的时间克服来自管理层的阻力，并让他们适应OKR，不再将其当成可怕的"魔鬼"，避之唯恐不及或仅仅敷衍了事，而是将其作为完成公司优先事项的实用工具。

当管理层全部参与之后，仍然不能指望员工们会直接跟进，尤其在公司的OKR还属于某种激励的时候。目标越具有挑战，越可能被抛弃。人们习惯于由公司老板制定目标，然后跟着目标走。如果船长在暴风雨中弃船，就不能指望水手们会将船开进港湾。

2016年年中时，我们又做了一次尝试，采取更新版的OKR。虽然管理层已经接受了OKR，但我知道还不能高兴得太早。作为团队领导，一遍一遍地提醒团队成员是我的职责。我会给员工发邮件，让他们承诺创建个人OKR。如果员工没有回复，我就通过团队通信软件跟他们联系。如果仍然没有回复，我就直接给他们发短信。要是他们还不行动，我就会亲自找到他们，当面说："请创建你的OKR。"

为了激发出真正的承诺，领导者必须身体力行，为他人做出示范。在一次全员大会上分享了个人OKR之后，我惊讶地发现它对帮助公司成员使用这种方法十分有效。它让所有人都知道，我的责任也是可以衡量的。员工们可以评判我的OKR，告诉我如何提升和改进，这一点意义非凡。在下面这个例子中，括号里的数字是我个人OKR对应的评分（按照谷歌公司的0~1.0评分标准）。我在创建这个看起来简单，但实则不成则败、意义重大的招聘OKR时，收到了很多建设性的建议。

> **目 标**
>
> 继续打造世界级团队。
>
> **关键结果**
>
> 1. 招聘10个工程师[0.8]。
> 2. 招聘销售主管[1.0]。
> 3. 即使Nuna没有给其发放录用通知,也要让所有应聘者感受到Nuna的组织有方和专业性[0.5]。

我们还在衡量专业发展的承诺中增加了两条关键结果:

> **目 标**
>
> 在团队规模扩大至超过150人的过程中,创建健康且高效的工作环境。
>
> **关键结果**
>
> 1. 所有Nuna员工都要经历绩效检查/反馈周期[1.0]。
> 2. 所有Nuna员工在第四季度的第一周完成第三季度个人OKR的评分[0.4]。

在Nuna医疗科技公司,我们对OKR的承诺是公开透明的。但有些时候,这套系统在私底下会更有效。比如,在2016年的第四季度,我决定为雇主业务板块招聘一位副总,这是加速该业务板块增长的关键一步。这个职位是新设的,因此我不知道公司内部对此会作何解读。于是,我设定了一个只有我和戴维负责的OKR,并强化对招聘过程的承诺。这个

第6章 承诺：Nuna医疗科技的故事

OKR推动着我跟公司的关键利益相关者进行一对一谈话，以便找到潜在的招聘对象，然后开始启动更加正式的招聘流程。

按照常规，初创公司需要面对市场定位模糊的问题。随着Nuna医疗科技公司规模的不断扩大，从为自保公司提供服务，到构建大型医疗补助数据库，再到开发一整套新型医疗计划产品，我们比以往任何时候都更加依赖OKR。我们整个团队都需要更为清晰的聚焦点及更为明确的优先事项，这是深化承诺的先决条件。因为有了OKR，所以公司内部开展了一系列本不可能进行的对话与沟通，这使得我们的方向更加一致。每个季度，我们都会有目的地开展计划，而不是临时对外部事件做出仓促应对。我们的任务期限更加严格，但却让人们感到更有可能达成我们做出的承诺。

我们的OKR故事说明了什么？正如戴维所说："你不会在第一次推行OKR时就把这件事做好，第二次、第三次也不会做到十分完美。但是，请不要气馁，继续坚持下去，不断改变、适应，直到找到适合自己的方式。"承诺是可以自我强化的。根据我的亲身体会，坚持使用OKR，你会有惊喜的收获。

如今，在美国医保与医助服务中心的大力支持下，Nuna医疗科技公司已经为7 400万美国人建立起了安全、灵活的数据平台，用以存储个人医疗信息。但我们渴望做更多的事情：我们希望这个平台能够在政策制定者管理昂贵且复杂的医疗保健系统时，为其提供所需要的信息；希望它能够推动数据分析，帮助预测和预防未来疾病。最重要的是，我们希望它能够在改善全国医疗保健服务方面发挥重要作用。这是个令人望而生畏的承诺。但正如我在谷歌公司所学到的：任务越艰巨，OKR也就越重要。

这么多年过去了，我弟弟现在只会说3个单词，uhma、appa、nuna，也就是韩语的"妈妈"、"爸爸"和"姐姐"。弟弟为我们公司赋予了名称和任务。现在，基于OKR，帮助改善每个人的医疗保健境况，就看我们的了。

2017年1月，Nuna医疗科技公司揭开了医疗补助工作的序幕。美国医保与医助服务中心的执行董事安德鲁·斯拉维特（Andrew M. Slavitt）在接受《纽约时报》采访时，这样形容Nuna医疗科技公司的云数据："它几乎创造了历史"，实现了从"国家计算谷仓"①到第一个"全项目、全系统视图"的飞跃。[1]

在短短几年里，Nuna医疗科技公司的团队对美国医疗保健体系产生了持续影响。但所有了解吉妮和戴维的人——以及他们对OKR承诺的力量——都会告诉你，他们才刚刚开始。

---

① 谷仓：指只有垂直指挥体系，缺乏水平协同机制。——编者注

第 7 章
利器 2：团队工作的协同和联系

不要雇用聪明人，然后告诉他们去做什么；
而是要让他们告诉我们，应该做什么。
——史蒂夫·乔布斯

随着社交媒体的突破性成长，透明性已成为组织日常运营的默认设置，这是一条通往卓越的快速通道。然而，对于大多数企业而言，其目标仍然属于不可公开的秘密。很多首席执行官都和云存储公司Box的创始人兼首席执行官阿隆·莱维（Aaron Levie）一样感到沮丧。阿隆说："在任何时候，组织当中都有相当多的一部分人在做着错误的事情。对我们来说，真正的挑战是如何知道这些错误的事情到底是什么。"

有研究表明，与保持隐秘相比，组织中公开的目标往往更容易实现，而只需要简单地按下"开放"按钮就可以全面提升目标达成的可能性。[1] 在最近一项针对数千名美国在职成年人的调查中，有92%的人表示：如果同事能够看到他们的进度，他们会更有达成目标的动力。[2]

在OKR系统中，即使最基层的员工也可以清晰地看到每个人的目标。从基层员工到首席执行官，大家都可以对目标进行公开批评和纠正。每一个员工都有权参与其中，即使是针对目标制定过程本身所存在的缺陷。精英主义得以在阳光下蓬勃发展。当人们写下"这就是我正在做的事情"时，更容易看出最佳创意来自哪里。很显然，那些升职最快的人，是集中精力做着公司最重要事项的人。组织毒瘤——如猜疑、推诿、政治化等也将在OKR系统的作用下失去它们原有的"毒性"。假如销售人员不喜欢最新的营销计划，他们不用私下抱怨，可以直接将自己的看法公之于众。OKR让目标变得更加客观，而不是非黑即白。

透明性还能在组织中播下合作的种子，促进员工之间的合作。假设员工A正在努力达成季度目标，因为他公开记录了自己的进度，同事们都能够随时看到，也就可以知道他什么时候需要帮助。于是，其他人可以在这名员工需要帮助的时候介入，发表评论并提供支持，从而大大提高他的工作效率。与此同时，员工之间的工作关系也进一步加深，甚至还会发生微妙的积极转化。

在大型组织中，通常会有不同的人在无意中做着同一件事，这是人力和物力的巨大浪费。通过清除每个人的目标之间不可见的障碍，OKR系统将重复多余的任务暴露出来，从而为组织节省大量的时间和金钱。

保持协同

最高目标一旦成功设定，真正的工作就开始了。当目标从计划转向执行时，管理者和员工都必须将自己每天的工作与组织愿景联系起来。这种联系的专业术语就是"协同"。对任何组织来说，协同的价值无论怎么强调都不为过。根据《哈佛商业评论》的研究成果，与普通公司相比，员工高度协同的公司成为业绩最佳者的可能性往往会高出一倍以上。[3]

然而遗憾的是，协同在组织中却非常稀缺。有研究表明：只有7%的员工完全理解公司的经营战略，以及企业为了实现共同目标期待他们做什么。[4] 根据一项针对全球首席执行官的调查，缺乏协同是战略制定与执行之间的头号障碍。[5]

加利福尼亚州风险建模公司（RMS）的人力资源负责人阿米莉亚·梅里尔（Amelia Merrill）指出："我们有很多事情需要去做。我们的员工分布在不同时区的各个办事处，有些员工会各行其是，有些则会协同工作。员工们往往很难明白自己首先应该做什么，每一件事情看起来都很重要，一切似乎都很紧急，但真正需要完成的是什么呢？"[6]

答案就在于聚焦的、透明的OKR。OKR将每个人的工作与团队工作、部门项目及整体的组织使命联系起来。人类作为一个"物种"，渴望彼此之间建立起联系。在工作场所中，我们对领导者在做什么及我们的工作如何与之相融，天然地充满了好奇，OKR则是实现纵向协同的首选工具。

伟大的层级与关联

在过去的商业世界中，工作往往是严格从顶层开始驱动的。按照组织结构路径，目标也是自上而下层层分解传递的。高层管理人员为其部门负责人设定较高层次的目标，部门负责人再将这些目标分解给下一个管理层级，如此层层分解。

虽然这种目标设定方法已经过时,但仍然普遍存在于大多数大型组织中,其优势也是显而易见的。垂直的目标将更低层级的员工圈了进来,保证他们正在处理公司最为关心的问题。在最为理想的情况下,垂直层级还可以营造团结的氛围,让大家都朝着同一个目标努力。

在向谷歌公司和许多其他企业介绍OKR时,我常常使用虚拟的橄榄球队作为例子来说明,在使用OKR系统时,什么样的工作方式是有效的,什么样的方式又是无效的。

现在,请跟着我们自上而下地看一组垂直层级的OKR。

沙滩独角兽公司:梦幻橄榄球队

假设我是沙滩独角兽公司的总经理,我有这样一个目标:为股东赚钱。

总经理的OKR

目 标
为股东赚钱。
关键结果
1. 赢得超级碗(美国职业橄榄球大联盟年度冠军赛)的胜利。
2. 主场上座率达到90%以上。

我的目标有两个关键结果：赢得超级碗的胜利并让主场上座率超过 90%，这就是我为股东赚钱的方式。如果这些关键结果最终实现了，那我就不可能不赢利。因此，这是一个构建良好的 OKR。有了顶层的 OKR 设置，下面就可以沿着组织路径继续努力向前推进了。

作为总经理，我将自己的目标与直接下属——主教练和高级营销副总裁的目标进行了关联，把我的关键结果变成了他们的目标。其中，主教练的目标是赢得超级碗的胜利。为了实现这一目标，他设定了三个关键结果：每场比赛的传球进攻不低于 300 码，每场比赛防守丢分少于 17 分，弃踢补位回攻进入前三。然后，他又将这三个关键结果作为他直接管理的三个最高执行者——进攻教练、防守教练及特勤教练的目标。此后，他们三人也依次制定了属于自己的低一级别的关键结果。举个例子来说，为了实现每场比赛的传球进攻不低于 300 码，进攻教练可能会聘请一位新的四分卫教练，实现每场 65% 的传球完成率，并将每场比赛拦截次数减少到 1 次以内。这些 OKR 与总经理赢得超级碗胜利的目标是协同一致的。

但我们的目标尚未完成，还需要定义如何实现主场上座率。

与此同时，我的高级营销副总裁依据我的另一个关键结果生成了她自己的目标——使主场上座率达到 90%。为此，她设定了以下三个关键结果：提升团队的品牌形象、提高媒体曝光率，以及重启场内推广计划。这些关键结果又分别作为市场总监、公关人员和商品经理的目标。

教练的OKR

主教练

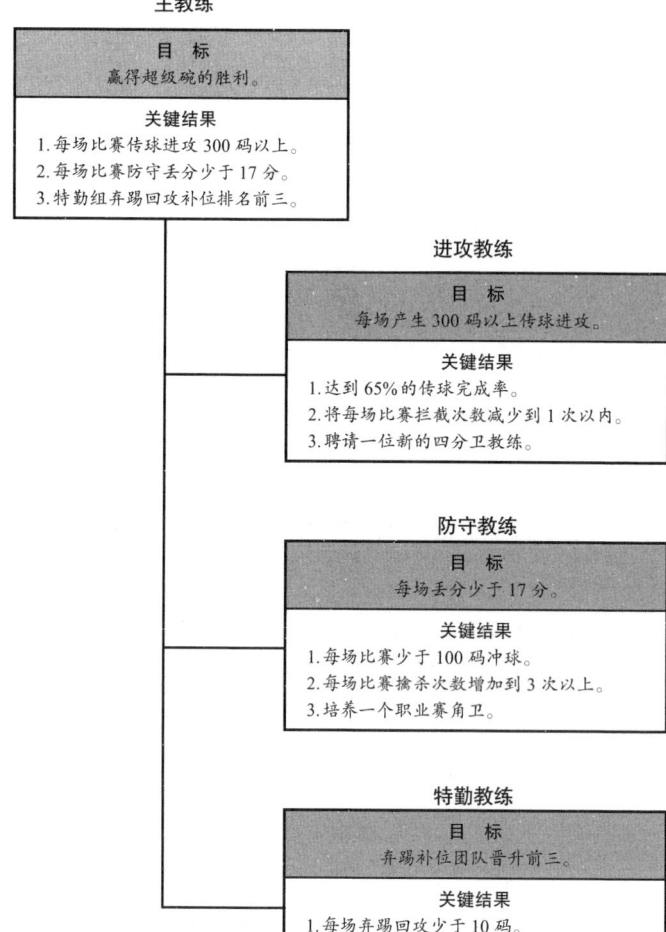

目标
赢得超级碗的胜利。

关键结果
1. 每场比赛传球进攻300码以上。
2. 每场比赛防守丢分少于17分。
3. 特勤组弃踢回攻补位排名前三。

进攻教练

目标
每场产生300码以上传球进攻。

关键结果
1. 达到65%的传球完成率。
2. 将每场比赛拦截次数减少到1次以内。
3. 聘请一位新的四分卫教练。

防守教练

目标
每场丢分少于17分。

关键结果
1. 每场比赛少于100码冲球。
2. 每场比赛擒杀次数增加到3次以上。
3. 培养一个职业赛角卫。

特勤教练

目标
弃踢补位团队晋升前三。

关键结果
1. 每场弃踢回攻少于10码。
2. 整个赛季阻止弃球4次以上。

组织的OKR

总经理

目 标
为股东赚钱。
关键结果
1. 赢得超级碗的胜利。
2. 主场上座率90%以上。

主教练

目 标
赢得超级碗的胜利。
关键结果
1. 每场比赛传球攻守300码以上。
2. 每场比赛防守丢分少于17分。
3. 特勤组弃踢回攻补位排名前三。

进攻教练

目 标
每场产生300码以上传球攻击。
关键结果
1. 达到65%的传球完成率。
2. 将每场比赛拦截次数减少到1次以内。
3. 聘请一位新的四分卫教练。

防守教练

目 标
每场丢分少于17分。
关键结果
1. 每场比赛少于100码冲球。
2. 每场比赛擒杀次数增加到3次以上。
3. 培养一个职业赛角卫。

特勤教练

目 标
弃踢补位团队晋升前三。
关键结果
1. 每场弃踢回攻少于10码。
2. 整个赛季阻止弃球4次以上。

高级营销副总裁

目 标
主场上座率达到90%。
关键结果
1. 提升团队品牌形象。
2. 提高媒体曝光率。
3. 重启场内推广计划。

市场总监

目 标
提升团队品牌形象。
关键结果
1. 为新的营销活动锚定两个优秀选手。
2. 创建一个更有说服力的团队口号。

公关人员

目 标
提高媒体曝光率。
关键结果
1. 安排每个球员每赛季参加两次慈善活动。
2. 邀请20位体育记者见面并问候。
3. 在社交媒体上分享赛事照片。

商品经理

目 标
重启场内推广计划。
关键结果
1. 联系10家纪念品公司。
2. 给出5个待选品的定价。
3. 在8月1日前提出3个关于场内赠品的想法。

这张图有什么问题吗？这里给出一点提示，那就是高级营销副总裁所设定的关键结果非常糟糕。主教练的关键结果是可以衡量的，但营销副总裁的关键结果无法衡量，既不具体，也没有时间限制。例如，在提高媒体曝光率中，我们如何定义"提高"？在ESPN（娱乐与体育节目电视网）有5个特别报道？占领《体育画报》(*Sports Illustrated*)的封面？还是在社交媒体上增加50%的粉丝量呢？但是，即使高级营销副总裁提出了更强有力的关键结果，该组织的目标设定方法仍然存在严重缺陷。最重要的目标——让富有的人变得更富有——对总经理来说缺乏内在的激励价值，对团队中在东海岸的"童子军"或在复印机上埋头苦干的公关实习生而言，就更是这样了。

适度的层级和关联往往可以使组织运营更加协同一致，但当所有的目标都沿着组织层次过度关联时，这一过程就有可能退化成一个机械的、纯粹由数字粉饰的活动，会带来4个方面的不利影响。

丧失敏捷性。即使是中等规模的企业，也可能存在6~7个汇报层级。当基层员工等待上级下达指令时，层层会议就像丛生的杂草，每个目标周期都可能达到几周甚至几个月的时间。紧密关联的组织往往拒绝快速而频繁的目标制定，实施过程太过烦琐会导致季度OKR变得不切实际。

缺乏灵活性。由于需要花费如此多的精力来制定各个层次的关联目标，人们很可能不太愿意在周期内对其做出修改。即使是微小的修改，也可能会给下级带来很大的负担——因为他们正在努力保持目标的协同。这样，随着时间的推移，系统就会变得难以维护。

员工被边缘化。严格的层级系统往往会对一线员工的投入和努力视而不见。在一个自上而下的生态系统中，员工在分享与目标相关的问题或有希望的想法时会犹豫不决。

单一维度的联系。当层次和关联都集中在垂直纵向的时候，组织中水平横向联系的效果就会大大降低。

激活基层

幸运的是，我们还有另外一个选择。正因为OKR是高度透明的，所以只要各层级在关联过程中不故步自封，那么目标就是可以被共享的。如果一个目标服务于更大的目标，那么它是可以跳过多个级别的。例如，一个目标可能从首席执行官层直接跳到经理层，或者从一个主管层直接跳到某个员工层，而不是从首席执行官层到副总裁层，再到经理层（然后再到经理的下级）。或者，公司的领导层可能会马上向所有人展示自己的想法，并信心满满地说："好吧，现在我知道我们要朝哪个方向前进了，我会调整我的目标，与之相适应。"

考虑到谷歌公司拥有数以万计的员工，它的创新文化有可能会被生搬硬套的OKR束缚。为此，作为员工行动的前负责人，拉兹洛·博克（Laszlo Bock）在其工作守则中这样写道：

目标可以提升绩效。我们会花很多时间把公司上下的目标进行关联，然而偶尔也有例外的时候……我们有一套基于市场的方法，由于顶层OKR是众所周知的，而且团队中每个人的OKR也是公开可见的，因此随着时间的推移，目标也会自然地趋于协同一致。这样，那些团队目标与整体目标并不协同的情况就会显得比较突兀了，而且对那些牵涉到每个人的重大举措也很容易进行直接管理。[7]

谷歌公司"20%时间"的工作制度可能是层次和关联原则的典型例外。在谷歌公司，工程师们可以拿出20%的工作时间（相当于每周一个工作日的时间），自由从事正式工作以外的项目。正如我们所看到的那样，通过解放这些最敏锐的大脑，谷歌改变了世界。在2001年，年轻的保罗·布赫海特（Paul Buchheit）利用20%的时间开展了一个代号叫"驯鹿"（Caribou）的项目。这个项目现在被称为Gmail——为用户提供世界领先的基于网络的电子邮件服务。

在现实中，过度的目标协同也可能会在组织中产生强迫性，进而给组织成员带来精神上的伤害。为了避免这一现象的出现，健康的组织往往会鼓励某些目标自下而上地涌现。比如上文中所列举的沙滩独角兽公司的案例，假设该组织的物理治疗师参加了一个运动医学会议，并学习了一种预防伤害的新方法。出于自愿，她制定了一套淡季OKR体系，用以实施这种疗法。她的目标也许无法与她的直接上级的OKR相协同，但与总经理的首要目标却一定是协同一致的。如果沙滩独角兽的顶级球员们在整个赛季中保持身体健康,那么球队在超级碗中获胜的概率将会大大增加。

与组织中心相比,创新通常更容易发生在组织的边缘。也就是说,OKR系统最强大的力量往往来自核心管理层之外的洞察力。正如安迪·格鲁夫所说:"在一线作战的人通常会提前感知到即将发生的变化。销售人员往往比管理者更先理解顾客需求的变化,金融分析师通常是最早知道商业变化的人。"[8]

微观管理可能是对管理的误用。显然,OKR的执行需要一个良好的组织环境,它能让OKR在协同和自治、共同目标和创新维度之间实现合理的平衡。彼得·德鲁克指出:"专业化员工需要严格的绩效标准和高层次目标……但如何开展自己的工作应该始终由他自行负责和决定。"[9] 在英特尔公司,格鲁夫对"管理干预"持悲观看法:"下属可能会对上司给予的期望持保留态度,进而在解决自己的问题时表现得不那么主动,转而把这些问题推到他的上司那里。"[10] 该组织的产出会因此而大大减少。

理想的OKR系统往往允许员工自主设置部分目标及大部分或全部的关键结果。OKR能引导组织成员向更高、更远的范围拓展,设定更宏伟的目标并为之付出努力,以便实现更多:"目标越高,绩效越高。"[11] 知道要去哪里的人,往往会更加清楚如何到达目的地。

同样的目标在来源不同的情况下,对同一个人的驱动作用也是有区别的。倘若我们做一件事,在做事方式上不得不服从他人的命令，那么目标对我们的驱动作用可能是相当有限的。例如，医生要求我降低血压，以便参加旧金山马拉松比赛，我可能会心不甘情不愿地接受他的建议。但是如果我是出于自己的意愿要参加比赛，那么我能到达终点线的可能性就大大提高了，尤其是有朋友们和我一起跑的话。

在商业实践中，很少有唯一的正确答案。解放人的思想，并支持他们找到正确答案，这是我们帮助每一个人取得成功的关键。高绩效团队会在自上而下和自下而上两条目标设定路径之间保持创造性张力，努力在协同和相对不那么协同的OKR体系之间保持富有创造性的张力，并实现团队的成长和发展。在遇到执行层面的紧急状况时，如果只是需要落实简单的事情，那么组织的指导更多是指令性的。但是，当数字变得强劲而公司变得过于谨慎和保守时，发挥基层员工的创造性和主动性很可能事半功倍。为了适应企业和员工双方的需求波动，领导者对自上而下和自下而上这两种目标设定的选择往往是各占一半。在我看来，这是正确的选择。

跨职能协调

尽管现代化的目标设定已经成功地超越了组织架构，但在组织中依然存在的未被确认的依赖性却是项目绩效下滑的首要原因。这一问题的解决方案，是在组织中实现横向的、跨职能的、点对点和团队对团队的连接。对于具有创新性和相对复杂的问题，孤立的个体与相互联系的群体解决问题的能力是不可相提并论的。产品依赖于工程师，市场依赖于销售人员。但当业务变得越来越复杂，运营活动方案也变得越来越复杂时，相互依赖的部门就更需要一种工具来帮助他们实现协同，一起到达终点。

完善顺畅的联系，往往可以使企业反应更快。为了获得竞争优势，领导者和员工都需要横向联系并打破障碍。正如拉兹洛·博克所指出的，透明的OKR系统能够促进这种自由合作，"整个组织的人都能看到正在发生的事情"。[12]你不用等，就可以让正在设计手机的人与正在进行软件开发的团队立刻携起手来，因为他们可以看到同样的趣事，能帮你解决关于用户界面的问题。

只要目标对所有人而言都是公开可见的，"团队中的每一个小分队"都可以解决他们遇到的任何问题。博克补充道："如果有人把球打到了场外，你马上就能看到；如果有人一直缺席，你马上就能知道。透明为每个人创造并提供了非常清晰的信号。你开启了良性循环，增强了有效完成工作的能力——而且管理税是零，这太棒了！"

第 8 章

协同：减肥宝的故事

一切都始于一场沙滩婚礼。即将步入婚姻殿堂的迈克·李（Mike Lee）和艾米·李（Amy Lee）想要减肥，一名健身教练给了他们一张详细列出3 000种食物的营养价值的清单和一张记录卡路里的纸。迈克从10岁开始编程，他知道肯定会有更好的方法，所以他想出了一个解决方案，于是就有了"减肥宝"这款手机应用程序。8年来，迈克和阿尔伯特（Albert）两兄弟用自己的积蓄和个人信用卡维持着这款应用程序的运营。

当前，李氏兄弟正处于一个史诗般运动的中心，这一运动的主旨是追求量化的自我数字保健和个人幸福，而他们的使命则是创造一个健康的地球。2013年，当KPCB公司投资减肥宝时，这款应用程序已经拥有了4 500万注册用户。如今，它的用户已经超过了1.2亿，它已经成功地帮人们减掉了总共3亿磅的重量。减肥宝拥有一个包含1 400万种食物的数据库，加上同Fitbit程序及其他几十个应用程序的实时链接，使得追踪具体用户的饮食和锻炼效果变得比以往任何时候都更加容易。通过呈现过去被隐藏的信息，比如你晨跑消耗的卡路里，减肥宝帮助用户设定并实现了雄心勃勃的个人健康目标。会员可以在该应用程序上选择日常的餐饮和运动安排，这些选择改变了他们的生活方式。作为额外的奖励，这款应用还兼具社交功能，用户可以在上面拥有自己的朋友圈——一群每天为自己加油的人。

OKR并非相互独立的孤岛。恰好相反，它创建了相互联系的网络，在垂直、水平、对角线等各个方向全方位地连接着组织中最重要的工作。当员工的目标与公司的最高目标保持协同时，OKR的影响力就会被放大。在OKR的指引下，组织可以避免重复甚至是背道而驰的工作。正如李氏两兄弟在创建世界领先的健康和健身应用减肥宝时所发现的那样，紧密的协同对日常工作的进展至关重要，并推动着下一次重大飞跃。

没错，这个故事听起来就像是OKR的完美实践。目标设定似乎天生就是为迈克和阿尔伯特而生的——当然并非总是如此容易。后面，读者将会看到，他们也会遇到种种问题。2015年2月，他们的公司以4.75亿美元的价格被安德玛（Under Armour）收购了。这一收购，使安德玛这个行业中最大的品牌之一获得了减肥宝在技术上的实力优势。于是，一夜之间，李氏兄弟有了接触世界一流职业运动员的机会，这是数字健身的下一个前沿领域。正如迈克所说："我们要滑到冰球要去的地方。"

新的业务结构也给目标设定带来了新的挑战，尤其是在目标协同这一点上。迈克和阿尔伯特依靠OKR来浏览错综复杂的内部关系。随着减肥宝的发展壮大，OKR使不断壮大的团队和他们的目标保持协同。

以下是迈克·李在协同方面的亲述。

第8章 协同：减肥宝的故事

迈克·李：你的口袋里有一个非常强大的装置，它收集的数据——关于你和你周围的世界——正在爆炸式增长。只需要一点费用或者根本不需要任何成本，你就可以在任何时候拥有一位教练或营养师，甚至是一位医疗顾问。多亏了智能手机，我们可以做出更健康的决定，并引领更健康的生活方式。

减肥宝可以带来更为深刻的意义——我们称之为"清晰时刻"——它始终贴近用户的生活，我亲身体会到了这一点。当我第一次追踪我所吃下的食物时，我知道了每一汤匙蛋黄酱的热量是 90 卡路里，而芥末的热量只有 5 卡路里。从那以后，我再也没有碰过蛋黄酱。小改变汇成大变化，积跬步得以至千里。

在创办减肥宝之前，我曾在数家公司工作过，但没有一家公司使用过正式的目标设定系统。这些公司有年度财务计划、年度营收目标，以及广泛但却缺乏结构化或连续性的战略。它们也都存在着一个共同的弱点：明显缺乏协同性——我不知道其他团队在做什么，也不知道我们应该如何为共同的目标而努力。我们只能尝试用更多的会议来弥补这一缺陷，但这些会议也只是在浪费时间。如果你让两个人划一条船，一个人往东划，一个人往西划，即使他们耗尽了力气，船也只会停在原地打转。

在减肥宝创立之初，我们经常开玩笑说"我们有一张列有 1 000 个待办事项的清单"，当我们把最上面的 3 个项目划掉，就会说："好吧，这是美好的一年。"我们把许多工作都留到了后面，但这是可以的。我们在自己的能力范围之内工作：推出了基于安卓系统、黑莓系统、苹果手机和平板电脑等各种版本的程序。我们一次只处理一个目标，一直到目标完成，然后我们再移到清单上的下一个项目，这中间很少有重叠。

我们的工作程序也并不复杂，但它是高度聚焦、可以衡量的。在这种情况下，当你负责定义公司的战略，而另一个人在负责产品时，你们之间的协同就会很简单。比如，我和我弟弟只需要宣布一个关键目标——在某一个日期之前发布一个用于苹果平板电脑的版本，然后每天交流进展。公司小，程序也就相对简单。不过，我现在希望在得到资助之前就已经提前准备好了OKR系统。这样，当机会来临的时候，我们能有更充分的准备来做出更好的选择。

公司成立之后，特别是在基于苹果手机和安卓手机的版本成功推出之后，公司迎来了飞速的成长。一觉醒来，我们发现公司已经拥有了3 500万个注册用户。我们扩展得太快了，以致再也无法一次只做一件事情了。当同时管理着两个优秀的下属时，平均信息量（熵）就大大地增加了。你想给他们每个人一项宏大而有目的性的任务，他们也都很自然地想要推进这些项目，但很快他们就会脱离队列，向不同的方向冲去。在你了解情况之前，他们很可能正在做两件不同的事情。这时，让他们更努力地工作没有任何帮助和意义。假如两颗钉子没有对齐，即使只有毫厘之差，一锤下去的结果也只能是偏离目标。

虽然阿尔伯特和我知道我们在设定目标时需要更加结构化，但我们不确定该如何往前推进。2013年，在KPCB公司首次对我们公司进行投资之后不久，约翰·杜尔来到我们公司，向我们推广OKR系统。他以橄榄球团队作比，引起了我的共鸣。我接受了他的观点，我喜欢OKR将主要目标简单化,也喜欢在组织中提炼、延展并层层分解目标。我心想,这就是让我们公司实现协同的方式。

减肥宝联合创始人迈克·李(左)和阿尔伯特·李(右),2012 年

跨团队融合

当我们开始实施OKR时,远比预期要困难得多。我们之前没有意识到做下面的工作需要花费多少心思:创建正确的公司目标,然后对目标进行分解,再层层建立关联,并激励员工的行为。我们发现,在高层次、战略性思维和更细致的指令沟通之间取得平衡,是很有挑战性的。自从我们获得了A轮投资并扩大了领导团队的规模之后,我们工作的领域也就随之扩大了。在推动问责制的过程中,我们为每位领导者都设定了一

个宏大的目标。我们也为员工创建了公司的OKR，但不是直接将员工与我们的OKR进行匹配——这么做是不进反退的。有些目标太过狭隘，而有些又太模糊。如果人力资源经理在试图实现产品或收入的高水平目标时遇到困难，我们会为他增设一个顶级目标。很快，我们就有了一大堆的公司OKR，但是对公司来说，最重要的是什么？我们得到了树木，却失去了森林。

2013年，当我们公司的人数从10人增加到30人的时候，我认为生产效率会提高200%。我低估了规模的扩张减慢效率提升的程度。只有在经过大量培训之后，新工程师才能像最早加入团队的成员一样精通业务；当多个工程师同时开发一个项目时，我们必须建立新的流程来避免互相冲突或重复作业。可以说，在转型成长的过程中，公司的生产力受到了巨大的冲击。

如果静下心来仔细思考一下，协同其实就是帮助人们理解你想要别人做什么。大多数员工都会受到激励，并努力攀登以达到OKR系统中的最高目标——假设他们知道在哪里设有梯子的话。随着团队规模的扩大、管理层级的增加，我们又面临了新的问题。例如，一位产品经理在研究某个应用程序的升级版本；而另一位产品经理则专注于公司的API（应用程序编程接口）平台，以便确保Fitbit这样的第三方软件能够连接到减肥宝上，并将相应的数据写入其中或其他应用程序上；第三位产品经理则在努力解决公司的核心登录体验。这三位产品经理都有着各自的OKR——到目前为止，都进展得还不错。

但问题是，公司的共享工程师团队被夹在了中间。工程师团队与产品经理的目标并不一致，他们有着自己在基础架构方面的OKR，就像要确保建筑物"管道畅通和光线明亮"一样。我们认为,他们可以做到这一切——但这是一个很大的错误。他们对自己应该做什么感到困惑,而这些可能会在不经意间发生变化。(有时,往往是产品经理叫嚷得最大声。)由于工程师团队每周都要在不同的项目之间进行轮换,这大大降低了他们的工作效率。在每次中断之后再重新回到特定的产品项目时,他们不得不问自己:如何重新开始?从公司的经营收入来看,升级软件版本的工作尤为紧迫,但开发工作却不得不时断时续。

我感到超级沮丧,我们雇了这么多有才华的人,花了那么多钱,但公司却没能走得更快。市场部的OKR是利用个性化电子邮件进行定向推送,这成为公司的重中之重。我们的目标是精心设定的:希望将一定数量的当月活跃用户推到我们的博客中。其中,一个重要的关键结果是通过电子邮件增加点击率。但问题在于,市场营销部门中没有人想到需要通知工程部门,而工程师们也已经设定了他们自己的当季优先事项。没有工程师的支持,这个OKR在开始之前就注定要失败了。而且更糟糕的是,直到这个项目死掉,阿尔伯特和我都没有发现它注定会失败——这个项目在一个季度后就下马了。

这次失败给我们敲响了警钟。我们发现:团队之间需要更多的协同。我们的OKR系统设计得很好,但在执行方面却出现了短板。当各部门需要互相依赖以获得重要支持时,我们却没能及时明确各部门之间的这种依赖关系。协同有时也像是碰运气,经常需要在规定的期限内完成。我们并不缺少目标,但我们的团队一直在不断地相互背离着。

在接下来的一年,我们试图通过为执行团队定期召开会议来解决这个问题。每个季度,部门的负责人都会提出他们的目标并确认相互之间的依赖关系。在一些最基本的问题得到答案之前，没有人会离会，比如我们是否满足了所有人的需求？团队是否扩张过度？如果是这样，我们如何使他们的目标更贴近现实？

不过，协同并不意味着冗余。在我们公司，每个OKR都对应着一个单一主体，其他团队则根据需要进行联合和协同。在我看来，共有OKR在很大程度上削弱了问责制。如果一个OKR体系的实施失败了，我不希望两个人互相指责。即使两个或两个以上的团队有同样的目标，但他们的关键结果也应该是不同的。

每经历一次OKR的设定和执行过程，我们就会向前进步一点点。我们的目标更加精确，关键结果更具有可衡量性，成功的概率就会更高。大概花了两到三个季度的时间，公司才真正掌握了OKR的窍门，尤其是关于产品特性，这是一个相对宽泛的目标。预测一个全新市场是不容易的；在实际执行过程中，我们要么疯狂地超越标准，要么疯狂地错过市场，忽上忽下，所以我们对OKR进行了相应的修改。我们开始把关键结果锁定在最后期限，而不是收入或预期用户，如"在2015年5月1日前发布减肥宝升级版"。在发布了某个产品特性并得到一些真实数据之后，我们会更准确地评估它的影响和潜在价值。这样，我们在设定下一轮OKR时就可以更实际地对产出进行预测和延伸了。

有时，我们会看到团队选择低风险的关键结果，如发送电子邮件或推送通知。目标越是宏大，人们就越趋于保守，这是典型的无意识结果。所以，我们尝试着根据环境来设定目标。在适当的时候，我们会选择增量，但有时我们也会告诉团队："不要担心月度活跃用户对这个问题的影响。只需要尽自己所能去构建最好的产品特性，我们希望员工能够跨越藩篱。"

… 第8章 协同：减肥宝的故事

未确认的依赖和增强

跟随安德玛意味着要去适应一家目标设定模式完全不同的公司。突然间，我有了一位需要与之协同的老板。除此之外，我还有了一个新成立的部门需要去运营：UA北美健康联盟（Connected Fitness–North America）。我们的任务是利用新兴数字技术来改善健身活动和身体素质。另外，我还需要协同三个应用程序（Map MyFitness、Endonondo和减肥宝），每一个程序都有不同的文化和工作风格。

随着组织规模的扩大，协同的复杂性会呈现指数级增长。我们如何向400个人展示公司想要达到的目标，并帮助彼此进步与相互协同？我们怎么才能够让每个人都朝着同一个方向前进呢？一开始，我发现这很难做到，我几乎无法想象亚马逊公司或苹果公司是如何对此进行管理的。当我们在整个部门引入了OKR系统之后，我们公司发生了巨大的变化。

在被收购几周之后，我的老板召开了一个20人的场外领导会议，参会人员包括健康联盟的股东们。安德玛有着自己的年度计划安排，各部门负责人都会进行述职，提出他们当年的目标。在减肥宝，我们已经习惯了将时间用来正确地构建目标，因此我们的团队已经做好了准备。

随着会议的进行，阿尔伯特和我惊讶地发现：电子商务团队正指望从我们的应用程序中获得大量流量，数据团队认为我们会提供大量数据，媒体销售团队给我们新的广告收入设定了金额。这三个团队似乎对我们都有预先的期望，而我们对其他团队的要求则一无所知。我们也无法领会他们的目标如何同我们的增长目标相协同,更不用说更大的公司愿景了。无论从哪个角度看,其他团队对我们的依赖都是我们不曾预料到的。于是,又回到了我们曾经经历过的老问题上,我们根本没有办法把所有这些事情做完。

  我们花了18个月的时间才理清了各部门之间的关系,以便与公司其他部门实现协同。倘若没有OKR,我们是不可能完成这一任务的。首先,我们必须明确,在开发新软件方面,我们的能力是十分有限的;然后,我们必须澄清自己的核心优势。通过向健康联盟分享我们高层级的OKR,我可以解释为什么某些项目需要分配这么多时间、我们应该在哪些方面加倍努力以实现公司的最高目标。我说:"我向你们展示我们的OKR,如果你们看到有什么遗漏,或者认为我们正在做的事情是错误的话,请一定要让我们知道。"

  我有点紧张,因为这是一种单向的公开透明,但它奏效了。其他部门开始认识到我们的局限所在,并相应地调整了它们对我们的期望。我们则通过寻找符合跨部门目标的项目来与它们保持协同。

  当阿尔伯特接手我们的减肥宝产品团队时,他首先检查了路径图,并指出:"我们需要将目标减少一半,对吗?我们需要把它简化成真正关键的事情。"接着,我们按照以前的方式来评估产品的特性:"如果我们把这部分从本季度的路径图上去掉,会发生什么?会影响用户体验吗?"通常情况下,我们讨论的产品特性都不会产生太大的影响。这不是主观想法,我们有着明确的标准来进行衡量。在那段日子里,我们努力做出更严格、更清晰的选择,而这些选择都源于对OKR的管理。

  聚焦和协同是同等重要的。2015年5月,在安德玛收购我们3个月之后，我们终于推出了升级后的增强订阅版本。如果不是能够看到并承认自己的局限性，我们是无法完成这个目标的。"我们是不能把所有事情都做完的，我们必须做出选择。"我们必须向公司表明：升级软件版本是我们的首要目标，这个目标高于一切。

我们的工作仍在往前推进。在合并之后不久，四个应用程序中的两个在运行跟踪功能中使用了地图，因为双方在开发时没有合作，所以使用了不同的方式与不同的供应商合作。这样一来，除了明显的低效率之外，我们的客户体验也会不一致。但值得赞扬的是，这两个团队都设计了月度检查环节，以避免今后再出现同样的问题。此后不久，我们在整个部门都实施了OKR。现在，我们都站在同一立场上。每个人都知道我们团队的首要任务，这给了我们拒绝其他事情的自由。

对准北极星

尽管已经度过了初创时代，但我们仍然是雄心勃勃的目标设定者。我们仍然坚持透明和问责式的OKR价值观。我们在维基网站上发布我们的目标，让公司里的每个人都能看到，并在每周一次的全体会议上讨论这些目标。在最近的一次场外会议上，我向更大范围的领导团队展示了我们的OKR过程——他们全盘接受了。一位高管表示："这是我们开过的最好的场外会议。"随着OKR系统成为健康联盟的运营基础，我希望将其作为示范，在整个安德玛内部进行推广。因为组织的规模越大，OKR系统提供的价值也就越大。

除了使公司内部目标更加一致之外，协同还包含着更深层的含义，那就是始终保持你的目标相对于"北极星"（公司最重要的核心价值）的真实性和正确性。也就是说，你的目标必须对公司的核心价值做出实质性的贡献。健康联盟始终有意地与安德玛"让运动者更强"的使命相协同。同时，我们也奉守了当初的价值观：作为一家公司，如果我们帮助用户成功地实现了他们的健康和健身目标，我们就成功了。作为一个团队，我们仍坚持提出这样的问题：这个特性（或者这个合作）会帮助我们的用户取得成功吗？而这个问题，是阿尔伯特和我最初互相问过对方的问题。

毕竟，是用户自己在努力改变着他们自己的生活。就像一个曾经肥胖的女人20年来第一次不需要双手支撑就可以从椅子上站起来一样，这是一个鲜活且清晰的时刻。从某种程度上来说，我们是一家成功的公司，因为我们正在帮助用户实现这样的时刻。只要有可能，我们就会在我们的高层次目标中说明这一点，正如读者从下面这张几年前的OKR列表中所看到的那样：

目　标
帮助全世界更多的人。
关键结果
1. 2014年新增2 700万用户。 2. 注册用户达到8 000万。

我们所做的每个决定，都需要与我们的愿景保持一致。当我们在客户和业务目标之间进行权衡时，我们会选择与客户保持一致。假如一个

目标看起来与我们说的不一致,我们则会给予其额外的关注。在往前推进之前,我们需要确保其与我们的北极星——公司最高目标对准。这就是让我们与客户之间保持联系的原因。事实上,也正是这一点,造就了我们的辉煌。

第 9 章

连接：财捷集团的故事

财捷集团在《财富》杂志评选的"全球最受人尊敬的公司"这一排行榜上连续14年名列前茅。[1]这是一家财务软件公司,在20世纪80年代因推出软件Quicken首次引起人们的关注,这款产品可以让消费者使用个人计算机开展个人理财业务。凭借这款明星产品,财捷逐步发展成一家家喻户晓的公司。之后,该公司又推出了税务管理软件TurboTax和桌面会计系统QuickBooks,这两款软件最后都变成了"线上产品",可以通过在线运行的方式为消费者提供服务。纵观财捷的发展历史,它通过在技术标准上保持领先一步的优势,在一次又一次的竞争威胁中生存了下来。最近,它将Quicken和重建的QuickBooks Online以开放平台的形式进行销售,软件的订阅量飙升了49%。瑞银分析师布伦特·蒂尔(Brent Thill)在接受《纽约时报》采访时表示:"任何时候,一旦财捷做了错误的决定,他们都会迅速纠错并回归正确的轨道。这就是该公司长期以来始终表现良好的原因。"[2]

人们无法与看不见的东西产生连接,网络也不可能在封闭的环境中兴旺发达。根据OKR的定义,OKR对组织内的所有部门、部门中的所有层级都是开放的、可视的,因此,坚持使用OKR系统可帮助员工们更加齐心合力地一起工作。

适应性强的组织通常连接性更好。财捷的透明文化由公司联合创始人斯科特·库克（Scott Cook）开创，由"教练"比尔·坎贝尔强化，后者曾任首席执行官，并长期担任公司董事长。"比尔是我见过的最开放的人之一，"财捷公司高级副总裁兼首席信息官阿迪克斯·泰森（Atticus Tysen）说，"他能看透每一个人并投资他们。你总是能知道他在想什么，并且知道他在替你着想。"

比尔虽然离开了，但是他的精神和影响犹在。几年前，财捷开始执行向"云服务"转型的战略，为了帮助IT部门适应这一新的环境和挑战，阿迪克斯开始在直接向他汇报的管理者中使用OKR系统。一个季度之后，他将OKR系统的使用范围扩大到主管级。又过了一个季度，阿迪克斯开始在全部600名IT员工中使用OKR系统。在推行OKR系统的整个过程中，他并没有采取强制的方式。阿迪克斯说："我们不希望出现'官僚式的服从'，我们需要的是'热爱式的服从'，后者是人们发自内心地遵从。我想看看OKR系统是否会成功地做到这一点，最后，它的确做到了。"

每个季度，财捷的IT团队大约要处理2 500个处于执行状态的目标。由于目标设置是建立在实时、自动的数据和例行检查的基础之上，员工们一半以上的OKR能够与上级或部门的OKR保持一致。从整体上来讲，员工们每个季度都要查阅4 000多次经理们的OKR，也就是说，每名员工平均查阅7次——这是一线员工参与经营的有力标志。通过OKR系统，员工们能够把自己的日常工作与同事的优先任务、团队的季度目标及公司的使命更加清

第9章　连接：财捷集团的故事

晰地关联起来。

财捷的案例说明了在全面推广OKR之前先进行试点运行的好处。几百个用户就足以进行OKR实验，这可以帮助公司在大规模部署OKR系统之前发现和解决可能存在的难点。在财捷公司，首席执行官布拉德·史密斯（Brad Smith）在自己的办公室里发布了他的个人目标，并让所有人都能看到，他认为"设定相互关联的目标是至关重要的，因为这种方式可以帮助员工将自己的工作做到最好"。

以下是阿迪克斯·泰森关于在财捷集团如何运行OKR的讲述。

————)•●•(————

阿迪克斯·泰森： 在进入IT部门之前，我已经在财捷集团产品部门工作了11年。在2013年，我成了公司的首席信息官。我完成这个角色转变是因为我热爱这家公司，而且我知道公司的IT部门必须不断向前发展以完成新的使命。那是一段既有压力又激动人心的时期，公司同时在多个方向上进行了转型：从桌面软件到基于云服务的软件，从一个封闭的平台到一个对数千个第三方应用程序开放的平台，从一个北美公司到一个全球公司。公司确定了自己的长期战略，即要成为整合型的生态系统。在这一战略指引下，财捷逐渐从产品品牌公司（TurboTax、Quicken、Quickbooks等属于产品品牌）转型为生态品牌公司。

在公司推动颠覆式变革和转型的过程中，IT部门首当其冲，受到的冲击很大，主要原因是以往的运营不透明。任何一家成立30年以上的公司都有许多复杂的技术，尤其是技术型公司。在IT部门，我们总是疲于同时应对内部合作伙伴与最终用户的需求,我们架起技术和商业成果之间的桥梁。也许最困难的是,我们必须在让当下的系统(如大家所期望的那样)完美地运转和未来的发展之间寻找平衡。例如,财捷过去有9个不同的计费系统,给不同的产品系列提供服务,每一个产品系列都面临独特的挑战。如果我们每天都在忙于"灭火",忙于解决现有的技术问题,便很难有时间和精力开发下一代的计费技术。

财捷集团首席信息官阿迪克斯·泰森,2017 年

第9章 连接：财捷集团的故事

我们怎样才能在保证全体员工高速运转的同时让他们知道什么是最重要的？我们如何向所有人保证他们关心的问题都得到了关注？在传统的"谷仓式"组织中，部门之间的信息被隔断，人们的活动往往是不透明的。人们可能会试图了解自己部门之外的事情，但往往不知道从哪里开始或是否有时间去跟进。

财捷的变革始于高层。为了启动转型，董事长兼首席执行官布拉德·史密斯在全公司范围内推行目标设定系统，意识清晰且目的明确。每个月，经理们都会带着他们的报告来开会，并对各自的目标进行交流探讨。该系统还内置了360度全方位反馈系统，以让主管和下属定期进行交流。

我们公司在学习和创新实验方面有着悠久的文化历史。我们尝试过很多新鲜的方法，然后保留最有效的部分，并使它们为我们所用。我同意和人力资源部门一起合作，在企业业务解决方案（EBS）部门——我们IT部门的称号——尝试引入OKR系统。在2014年的时候，我用谷歌搜索"目标设置"时第一次发现了OKR这个概念。我做了些研究，发现OKR系统可能会帮助我们改变现有的运作方式，甚至改变我们看待自己的方式。

现代信息技术不仅仅是用来检查和处理票据或更改请求的，它还应被赋予更多的商业价值，比如，帮助企业裁减冗余的业务系统、创建新的功能、寻找面向未来的解决方案。要成为财捷真正需要的团队，我们的EBS系统需要做出巨大的改变。领导者不能只关注团队成员的日常工作，更应该把精力集中在更有价值、更长远的计划上。

现在，在我所在的部门，每一个员工每季度都有3到5个团队层面的业务目标，同时还有一两个个人业务目标。OKR系统之所以强大，正是因为它如此简单，又如此透明。为了保证OKR系统的有效性，我明白应该让公司内部所有人都看到它的存在，即使在EBS部门外没有一个人使用它，我们也应该这么做。我想让公司里的每个人都知道我们在做什么、怎么做，以及为什么要这样做。如果人们了解你的优先级目标和约束条件，在有些事情发生偏离时，他们会更倾向于相信你。

最初，我发现将我的个人目标与部门的OKR分开很有挑战性。作为IT部门的领导者，我认为我的个人目标就是部门的目标，它们应该是一致的，但后来发现这种想法并不对。大部分高管的个人目标每个季度都没什么变化，甚者通常会维持18个月之久。高层以下的团队和员工则会随着环境的变化修改他们自己的OKR，并不断取得进步。那么问题来了，他们会问："如果首席信息官的目标一直不变，那么他在做什么？"这个问题很合理，我读懂了员工们的这一信息。现在，我也有了自己的OKR，像其他人一样，我也正向着更高水平的目标攀登。

除了在旧金山湾区的总部外，我们还在全球范围内实施了OKR系统。不管是在美国的四个地区分部，还是在印度南部的高科技中心班加罗尔，EBS部门都有正式的团队，再加上财捷在全球各地区的支持团队，我们有了一支强大的团队来服务和支持OKR系统。在总部外工作的人们会想知道总部在做些什么，总部的人可能同样也想知道分部的人在做什么。而OKR系统结束了这种猜谜游戏，它使信息更加透明，让我们更有凝聚力，把我们紧紧连接在一起。

在EBS部门的OKR系统中，最高级别的目标之一是"利用现代化、合理化、安全的技术确保财捷正常运营"。最近，每当我去得克萨斯州或亚利桑那州拜访团队时都会听到人们说:"这个项目正在使我们的投资组合合理化。"或者是:"我们如何使这个系统更加现代化?"无论在哪里,我们的员工都使用同样的词来表达。当对一个新项目进行讨论时,他们会相互询问该如何使用OKR模板来评价这个项目,如果项目没有得到积极的评价,他们马上就会对这个项目亮出"红旗",并会问一个问题:"我们为什么要做这个项目?"

目 标

利用现代化、合理化、安全的技术支持财捷的业务运营。

关键结果

1. 本季度完成将甲骨文公司的EBS迁移到R12的任务,并收回11.5.9版本的软件。
2. 在2016年底之前完成大宗计费系统平台功能的开发。
3. 完成小型销售团队的代理登录系统。
4. 为落后的技术制订退出计划。
5. 起草并修订有关新员工的技术战略、路线图及基本原则。

来自云端的实时数据

财捷视自己为一家34岁的初创企业。从20世纪80年代的个人电脑开始,我们见证了技术的更新迭代,新的平台不断颠覆原有平台。我们的第一代产品是基于DOS系统的,之后我们开发了基于Windows和麦金托什系统的产品,然后开发了移动端产品,最近又把产品布局到"云端"。

在云时代，OKR系统可以发挥更大的效果。通过开放、公开的目标制定，不同团队的发展方向在公司整体发展战略的框架下得以矫正，数据分析团队从一开始就可以看到我们金融系统团队的想法。有一点是显而易见的，就是我们应该齐心协力朝同一目标努力。不同团队将他们的目标实时地联系起来，而不是事后再联系——我们做事的方式发生了巨大的改变。

目 标

使每一位财捷的员工都可以基于实时数据做出决策。

关键结果

1. 为人力资源和销售部门提供功能性数据集市。
2. 迁移到为实时访问而建立的新企业数据库。
3. 创建单独的团队，操作所有数据可视化工具，驱动财捷的统一策略。
4. 创建教学模块，帮助其他团队的人员使用数据可视化工具。

对于一家桌面软件公司，领导者就好比是在用源于20世纪的传统视角来检视业务，对销售报告和渠道流程进行分析，尽管他们竭尽全力预测业务的走向，但视野终究有很大的局限性。相比之下，一家基于云计算的企业想要知道的是现在正在发生什么，比如：这个星期有多少订阅量？有多少试验正在进行？转化率是多少？顾客可以通过谷歌在线搜索产品，浏览页面，并进行购买——这些活动基本上都可以在10分钟以内完成。这就要求领导者能够随时检查每天工作中的漏洞和不足，以便不断完善。在EBS部门，即使是开发大宗商品计费这种特殊产品功能，

我们也需要考虑实时的报告、数据和分析。我们已把这一必要性作为部门的最高层级的目标。

全球协作工具

随着财捷逐步发展为全球化的公司，异地协作日益成为一种重要的工作方式。当美国总部的员工与印度班加罗尔的团队需要协作时，视频直播的效果非常有限。考虑到13个小时的时差，我们在工作的时候，印度的同事们正在睡觉，反之亦然。3年前，几乎没有什么实用性强的全球化协作工具可供选择。财捷投资了有关工作场所的软件应用工具，但是我们缺少可支持连续聊天、协作授权和视频会议的解决方案。人们被迫各自即兴发挥，效果参差不齐，协作效率下降。

显然，解决全球化协作的问题需要进一步提升连接能力，为此，我们将工作场所协作技术作为一个关键结果升级到最高级别的OKR系统中。在6个月的时间里，根据新的战略重点，我们添加了一些新的工具，这些工具都被集成到一个统一的认证系统中，它们包括连续聊天工具Slack、协同编辑工具Google Docs、内容管理工具Box、视频技术工具BlueJeans。我们开放的OKR平台帮助整个EBS工作团队进行职责转换，并与我们新的最高目标保持一致。现在，我们的员工可以专注于他们的工作，而不必浪费时间去弄清楚应该使用哪种工具进行协同。

制定目标是一种艺术，而不仅仅是主观判断。如果你选择临时提升一个关键结果，那么坦诚地对待它是有帮助的。领导者需要向员工解释："是的，我希望大家聚焦于此，并将其作为最高目标，当它不再需要额外的关注时,我们就会让它作为一个普通的关键结果。"这是一个动态的过程,领导者要随时根据实际情况和需要来进行调整。

目　标

为员工提供卓越的端到端的技术解决方案和策略。

关键结果

1. 到季度过半时,完成Box pilot的100名用户测试。
2. 在本季度末对最终用户推出BlueJeans。
3. 到本季度末,将最早的50个谷歌用户的个人账户转移到企业账户。
4. 在第一个月结束之前完成Slack合同,并在本季度结束前推出。

研究表明,当一线员工能看到他们的工作如何与公司的总体目标保持一致时,他们就能发挥能动性。我对在偏远地区工作的同事的观察更加验证了这一研究成果的正确性。印度班加罗尔的同事曾经对我说:"我的目标正是我经理的OKR中的一个关键结果,这直接关系到EBS的顶层目标,与公司向云端转型的战略紧密相连。现在,我明白了我在印度所做的一切是如何与公司的使命相关联的。"这就是OKR的强大生命力,它让我们散落四处的部门紧密联系在一起。多亏了结构化、可视化的目标制定系统,它让我们的边界消失殆尽。

横向连接

从创业开始,财捷就是一个扁平化的组织,在公司首席执行官和一线员工之间只有很少的几个管理层级。创始人斯科特·库克认为，在公司里取得成功依靠的应该是最好的创意和想法，而不是最大的官衔，这条原则至今仍然适用。从我以经理的身份加入公司的第一天起，我就对公司的合作文化印象深刻。即使是在一个谷仓式的部门中工作，在纵向管理层级上我们依然保持开放，员工可以和他的直接经理或经理的上级自由交谈，高层管理者非常尊重基层员工，并愿意倾听他们的想法。

OKR系统在横向上打开了我们部门之间的边界，实现了跨团队的开放和协同。刚开始，员工们有点不适应，IT部门的每个人都本能地想要与经理的目标保持一致——或者与我的目标保持一致。有一天我登录平台，发现了数百个与我的一个最高目标相关的关键结果。我告诉大家："你们的经理仍然是你们的经理，你们将继续合作——这些都不会改变，但你们需要断开与我们的联系（过多的连接），更多地让彼此相互连接。"

电子商务团队和账单团队在不同的副总裁手下工作，副总裁们都向我汇报工作。如果电子商务团队正在开发一个购物车的应用，账单团队则需要将相关的功能推向市场。过去的方式是两个工程开发团队独立运行，并向各自的项目经理汇报，项目经理们再尝试建立连接，但是做实际工作的人并不直接联系。

现在，有了横向透明的OKR系统，我们的工程师在设定目标时会有意地建立横向联系。每个季度，为了与同事达到最好的协作效果，他们反复申明自己部门的目标。我们正逐渐脱离高层授权，走向真正的自主。我们EBS部门的领导者仍然掌握大的战略方向，并提供相关数据，但是，项目开发团队的自主性正在提高，正是这些充满创意、相互之间紧密联系的项目团队推动着我们共同前进。

第 10 章

利器 3：责任追踪

我们信仰上帝。除了上帝，其他所有人都必须用数据说话。
——爱德华·戴明（美国质量管理大师）

OKR系统有一个优点常常被低估，这就是它的可追踪性，这一特性使得我们可以根据实际情况对OKR系统不断进行修改或调整。传统的目标管理体系非常僵化，管理者设定了目标，但是，这些目标不容易调整，还容易被遗忘。相反，OKR系统是灵活的，就像充满活力、会呼吸的有机体。OKR系统的生命周期可以分为三个阶段，下面我将逐一介绍它们。

启　动

虽然常用的目标管理软件也可以启动并运行一个OKR程序，但是它有一个问题——无法扩展。当一家世界500强公司试图加速目标制定节奏时，它便遇到了麻烦。这家公司的8.2万名员工都尽职尽责地在电子文件夹中记录了年度目标，这意味着每季度OKR的变动将使全年产生32.8万份文件。从理论上说，这些目标都是公开的，但谁会有耐心去寻找目标之间的联系或一致性呢？如果你共享的目标根本就没有人能看到，那么，这个系统能算是透明的吗？

2014年，比尔·彭斯（Bill Pence）开始担任美国在线的全球首席技术官。他发现，公司的最高层级目标和各业务部门的目标都是用电子表格来呈现的，并用这些表格进行层层传递。彭斯说："这些目标从来没有一个统一的平台，就像人没有家一样，因此，目标无法与每天的日常工作联系在一起。"同时，目标没有及时更新，就使得这些目标没有很强的关联性，这也导致计划与现实之间的差距日益扩大。在每个季度末（更糟的是年底），我们就只剩下像"僵尸"一样的OKR，这纯粹是纸上谈兵，毫无实际意义。

当员工们能真正看到他们的工作是如何为公司的成功做出贡献时，他们才是最投入的。日复一日，年复一年，公司一直在努力寻找可以衡量员工贡献度的有效工具。外在奖励——比如年终奖金，仅仅是对员工们过去所做事情的表彰，这体现的是工作的外部价值。OKR则不同，它更有影响力，能够让员工们体悟到工作本身的内在价值。

随着结构化目标设置标准的提高，越来越多的组织开始采用功能强大、专业且基于云服务的OKR管理软件。一流的OKR软件平台包括移动应用、自动更新、分析报告工具、实时警报，以及与Salesforce、JIRA和Zendesk等软件产品的整合。只需要三四次点击，用户就可以在数字指示板的引导下创建、跟踪、编辑OKR，以及给他们的OKR打分。这些平台使得OKR对组织的变革产生了很大的价值，这主要体现在以下几个方面。

1. OKR系统让每个人的目标更加清晰。用户可以直接访问OKR系统中老板、直接主管和整个组织的目标。

2. OKR系统有利于驱动团队的积极性。当员工知道自己在做正确的事情时，保持积极性和斗志就更容易。

3. OKR系统有利于提升内部网络效率。透明的平台可以引导个体与有共同职业兴趣的同事一起工作。

4. OKR系统有利于节省时间、金钱，同时减少挫折。传统的目标设置方法在会议记录、电子邮件、电子文档和幻灯片等事情上浪费了大量时间，有了OKR管理平台，所有相关信息都可以在需要的时候就准备就绪。

在美国在线公司，首席执行官蒂姆·阿姆斯特朗曾经认为公司的目标"太过脱节"，比尔·彭斯回忆道："公司的目标之间毫无联系，上下级目标也没有关联起来，年度目标和员工的日常工作也似乎没有清晰的联系。"2016年，阿姆斯特朗引进了一个OKR专业软件平台，并在公司全面推广。彭斯说，这一举措让公司的目标变得更加透明，且让目标实时、紧密联系起来，有力地促进了公司协调运营。

OKR导师

要使OKR系统有效地发挥作用，整个组织，包括高管团队都需要使用这套系统，没有例外，也不能随意退出。在推广和应用OKR系统时，的确会有一些人适应得慢一些，当然，也会有人抗拒,有人以各种借口拖延。为了促使这些人尽快应用OKR系统,最好的做法是指定一个或几个人作为OKR系统的"导师"。多年来,谷歌产品部门的这一角色由高级副总裁乔纳森·罗森伯格担任。下面是乔纳森发布的一个备忘录,出于保护隐私的原因已经把落后者的名字删除了。

> **发件人**:乔纳森·罗森伯格
> **时间**:2010年8月5日,14:59
> **主题**:13名产品经理没能完成OKR
>
> 正如你们所知,我坚信拥有一套良好的季度OKR是谷歌取得成功的关键所在。这就是为什么我会按时给你们发送备忘,提醒你们按时完成任务,以及我为什么要求经理们审查OKR以确保我们所有的目标与关键结果都是好的。我尝试过许多种备忘,有些效果很好,有些一般。我最得意的是2007年10月用"乔纳森的绝望之坑"来给你们制造危机感和2008年7月为近乎完美的业绩而庆祝。随着时间的推移,我反复使用这种胡萝卜加大棒的方法,直到我们达到近乎100%的遵从。耶!
>
> 然后我不再发送备忘了,现在让我们看看发生了什么:这个季度,你们当中的几个人没有按时完成你们的任务,还有一些人没有给第二季度OKR评分。事实证明,发送什么类型的备忘并不重要,重要的是这一季度我没有给你们发送任何备忘!没有完成的名字已经注明如下(有部分人被判定为通过,比如一些新加入谷歌AdMob部门的员工;还有一些人虽然错过了截止日期,但在7月完成了

目标)。

如今我们面临着众多机会（搜索、广告、展示、YouTube、安卓、电视、移动、社交……），如果你不能想出一个让你每天都充满激情来上班的目标与关键结果，那么一定有什么地方出错了。如果你的情况正是如此，请你来找我。

同时，请你们按时完成OKR，并给你们上一个季度的OKR评分，做好这件事并及时发布，以便你们内网页面的OKR链接能正常工作。这不是行政性的繁忙工作，这是确定本季度工作重点并确保我们的团队在一起工作的重要方法。

乔纳森

时时追踪

人们为什么对Fitbit公司开发的健身测试程序如此狂热，是因为人们渴望知道自己每天是如何取得进步的，每天都会有一个新的起点，每天都能够看到自己的点滴进步。研究表明，取得可量化的进步相比公众的认可、金钱刺激或实现目标本身，对人更有驱动力。[1]《驱动力》一书的作者丹尼尔·平克（Daniel Pink）非常认同这一观点，他说："对个体来说，最大的激励因素是'在工作中取得进步'。人们取得进步的时候是他们感到最积极、最投入的时候。"[2]

大多数目标管理软件平台使用视觉辅助工具来显示目标和关键结果的进展。与Fitbit提供的程序和步骤不同，OKR系统不需要进行每日跟踪，但是需要定期检查——最好是每周一次，这是防止绩效下降的必要措施。正如彼得·德鲁克所言："如果没有行动计划，经理人就会成为业务事项的俘虏。随着业务的发展，如果不设置检查点对计划进行检查，经理人就无从知道哪些业务事项是真正重要的，哪些事项仅仅是分散精力的干扰事项。"[3]

正如第 4 章所指出的，"写下目标"这一简单行为可以增加你达成目标的可能性；如果你在与同事共享目标的同时，还能够监视目标的进程，那么你的胜算就会更高。这是 OKR 系统两个核心的特征。在美国加州开展的一项研究表明，记录自己的目标并向朋友每周发送进度报告的人，比那些只设定目标而不分享进展情况的人，达成目标的可能性要高出 43%。[4]

适应性是 OKR 系统的核心特征。它们是 OKR 系统的"护栏"，而不是限制目标达成的"锁链"，或者使人看不到目标的"眼罩"。当我们跟踪和审核目标与关键结果时，我们在任何一个时刻都有以下四个选择。

继续：如果目标处在绿色区域里，这表示目标处在正常的追踪之中，不需要去调整它。

更新：如果目标处在黄色区域里，它提醒我们需要对目标进行"特别注意"了，需要对关键结果或目标进行调整，以适应工作流程或外部环境的变化。为了实现目标，我们可以采取哪些不同的做法？需要修改时间节点吗？我们是否需要暂缓其他的计划来为这个项目配置更多资源？

开始：只要有需要，随时都可以重新启动一个新的中期OKR。

停止：如果目标处在红色区域里，这就提示要达成目标已经有很大"风险"了，当前的目标已经没有用了，最好的解决方案可能是放弃。[①]

应用实时指示板的目的是对目标的进度进行量化管理，并标记需要注意的内容。虽然OKR系统为很多人提供了一种积极的推动力量，但是它也能阻止我们朝错误的方向越行越远。正如史蒂芬·柯维（Stephen Covey）所指出的："如果梯子不是靠在正确的墙上，我们所走的每一步都只会让我们更快地到达错误的地方。"[5]当你跟踪你的OKR以获得持续的反馈时，你在目标管理方面就不会出现时好时坏的结果，也不会经常出现一些令人惊奇的事情。好消息也好，坏消息也罢，这些就是现实。在这个过程中，"人们可以从失败中学习，继续前进，挫折中也孕育着未来成功的机遇"。[6]

当在学校的信息提醒平台上开发出收费服务和点对点的支付系统时，这个项目完全失败了。"没有人使用它。"布雷特·科普夫说，"显然它没有清晰地解决问题。我们立刻改变了开发目标，

[①] 通常情况下，这适用于某个关键结果，或者你正在进行的某件事。一个经过深思熟虑的既定目标不太可能在90天内崩溃。

建立了一个事件驱动系统，老师在系统中可能会说，'我下周要去实地考察。你会来吗？你要付款吗？'这改变了一切。它开始被广泛使用并疯狂地成长。"

当一个关键结果或目标变得过时或不切实际时，就要当机立断地结束它。没有必要顽固地坚持一个过时的预测——从你的列表中删除它，然后继续前进。目标是为目的服务的，而不是为其他事项服务的。

这里需要附带说明，当一个目标在OKR评估周期结束前被删除时，通知每个与它有关系的人是很重要的。这也给我们带来一点反思：本季度开始时，有什么是我没有预见到的？我能得到什么教训以指导未来？

为了达到最好的效果，下属和管理者每个季度都要对OKR进行几次详细的检查，包括报告进展情况、识别障碍、改进关键结果等。在进行一对一检查的基础上，团队和部门还需要定期举行会议，逐一评估共同目标的进展情况。如果一个承诺的OKR失败，团队就会制订一个补救计划。在谷歌，团队对OKR检查的频率并不固定，而是根据业务需求、预测与执行之间的差距、团队的内部沟通，以及团队的规模和位置等变量的变化而变化。比如，团队成员越分散就越需要更频繁的检查。谷歌公司对OKR的检查基准是每月至少进行一次，尽管对目标的讨论时时刻刻都可以进行，但是，正式的会议通常是由董事会组织召开的。

总结：清零与重复

OKR不会因工作完成而过期。在任何数据驱动的系统中，事后的评估和分析都可以挖掘出巨大的价值。不管是一对一的沟通还是团队会议，这些总结都包括三个部分：客观评估、主观自我评估和反思。

客观评估

在给OKR评分时，我们会评估已经取得的成绩，并讨论若想以后取得更好的绩效需要采取的不同方式。如果OKR得分低，那么就需要重新评估：目标是否仍然值得追求？如果答案是肯定的，需要做出什么改变来实现它？

在最先进的目标管理平台上，OKR的得分是系统自动生成的，数据是客观的，不需要人工统计。而在自动化程度较低的目标管理平台上，用户可能需要自己计算得分。给一个目标结果打分最简单、最明确的方法是通过计算其相关关键结果的百分比完成率。谷歌使用0~1.0分作为计量标准：

0.7~1.0分 = 绿色（目标完成）[①]

[①] 谷歌以0.7分作为目标的分界线，反映了员工制定目标时的雄心勃勃（见第12章）。这个门槛并不适用于公司的既定运营目标。对于销售目标或产品发布目标，任何低于1.0的分数都会被视为失败。

0.4～0.6 分 = 黄色（目标取得了进展，但没有完成）

0～0.3 分 = 红色（目标失败）

英特尔公司也采取了类似的评估模式。你可能还记得"粉碎行动"这一项目的OKR，英特尔试图通过该行动夺回微处理器市场。以下是安迪·格鲁夫从 1980 年第二季度开始发出的指令，得到了他的执行团队的认可（括号内是在季度末他们取得的成绩）。

公司目标
将 8086 打造成性能最好的 16 位微处理器芯片。

关键结果（1980 年第二季度）
1. 开发并发布 5 个关键标准，显示 8086 微处理器的优异性能 [0.6]。
2. 重新包装整个 8086 系列产品 [1.0]。
3. 将 8MHz 的部件投入生产 [0]。
4. 在 6 月 15 日之前抽样调查数学协处理器 [0.9]。

这些分数是按照以下方式来确定的。

我们完成了 5 个指标中的 3 个，基准得分为 0.6，在绿色区域的边界线上。

基于 iAPX 这条新产品线，我们重新打包了 8086 产品系列。这个目标完成得非常完美，得分 1.0。

5 月初制定了生产 8MHz 部件的目标，这是一次惨败。由于原料多晶硅的问题，这个目标不得不推迟到 10 月进行，因此这项得分为0。

至于数学协处理器，我们的目标是在6月15日之前将500个零件发货。我们最后装运了470个，得分0.9，目标得分在绿色区域。

总的来说，在这一个目标上，我们的关键结果平均完成率是62.5%（即0.625分），这也算是一个不错的结果。英特尔公司董事会认为，尽管这个得分低于预期，但还是可以接受的，因为他们知道管理层设定的目标非常高，且雄心勃勃。通常情况下，我们都知道我们不可能实现所有的目标。如果一个部门100%实现了目标，董事会就会认为该部门的目标定得太低了，这样反而会有麻烦。

自我评估

在评价OKR的绩效时，目标制定者的想法和主观判断可以对客观数据进行一定程度上的提高。在既定的季度，任何一个既定目标的达成都会受到环境的影响，都可能出现"情有可原"的情况。有时，数据不太理想并不代表团队一定不努力，漂亮的数据背后也可能存在人为造假。

假设团队的目标是开发新客户，你个人的关键结果是打50个营销电话。最终你给35个潜在客户打了电话，获得70%的得分，你是成功了还是失败了呢？数据本身并没有给我们提供太多的参考。但是如果你打出的这些电话中有许多都持续了几个小时并成功招募了 8 个新客户，你可能会给自己一个完美的 1.0 分。反过来说，假设你一拖再拖，最后在很短的时间内飞速地打完了 50 个电话，但只签了一个新客户，你可能就只能给自己的绩效打 0.25 分——因为你本来可以更努力。这里需要反思的是，关键结果是否应该是带来了多少新客户，而不只是打了多少个电话？

或者假设你是一名负责公共关系的管理者，你的团队的关键结果是发表三篇在全美有影响的关于自己公司的文章。虽然你只发表了两篇文章，但其中一篇是《华尔街日报》的封面故事，从数据上来看，你的原始分数只有 0.67%，但你可能会说："我要给我们团队打 0.9 分或者 1.0 分，因为我们出色地完成了任务。"

表 10.1 评分和评估的变量

目标与关键结果	进度	得分	自我评估
获取 10 个新客户	70%	0.9	市场不景气，OKR 比我想象的要困难得多。签下 7 个新客户代表我非常努力并取得了非常好的结果
获取 10 个新客户	100%	0.7	当我仅用 8 周就完成了本季目标时，我意识到是我的目标与关键结果定得太低了
获取 10 个新客户	80%	0.6	尽管我签下了 8 个新客户，但与其说是因为努力，不如说是因为运气，其中一个客户带来了另外 5 个客户
获取 10 个新客户	90%	0.5	尽管我成功获取了 9 个新客户，但是我发现其中 7 个新客户只能产生很少的营收

谷歌鼓励员工对他们的OKR进行自我评估，但自我评估结果只是作为参考，并不是最后得分。正如前商业运营高级副总裁夏娜·布朗（Shona Brown）向我解释的那样："评估的目的不是区别目标结果落在红色、黄色还是绿色区域里，而是通过这种评估让他们看到他们所做的一切如何与公司的总体目标相联系。毕竟，目标和关键结果是为了让每个人都做正确的事情。"

自我评估效果因人而异，有些人对自己要求严格，有的人却刚好相反。无论哪种情况，都需要一个机敏的调解人或团队领导参与并帮助重新校准。最后，和客观数字相比，基于情景的反馈和团队内部的广泛讨论更重要。

OKR评分明确了工作中哪些是正确的，哪些是错误的，以及团队如何改进，自我评估可以更好地驱动制定下一季度的目标。在这里，没有批评，只有学习。

反　思

OKR是以行动为导向的，但是，如果只是不懈努力而没有偶尔停下来反思，这跟永不停止的"仓鼠轮"没有什么分别。在我看来，若想达到令人满意的结果，关键是制定出野心勃勃的目标，并努力实现大部分目标，在适当的时候要停下来对取得的成就进行反思，并不断地重复这个过程。哈佛商学院的一项研究发现："如果能与反思相结合，从直接经验中学习就会更有效。也就是说，要有意识地去总结、提炼和阐明关键的经验教训。"美国著名的哲学家、教育家约翰·杜威说得更直接:"我们并不是从经验中学习,而是通过反思经验来学习。"[7]

以下几点是关于OKR周期结束时的反思。

我是否完成了所有的目标?如果是,是什么促成了我的成功?

如果没有,我遇到了什么障碍?

如果我要重新写一个完整的目标,需要做什么改变?

我学到了哪些经验,可以帮助我更有效地制定下一个周期的OKR?

对OKR进行总结,既要回顾过去,又要展望未来。上季度未完成的目标有可能会转移到下一个季度,重新匹配一组全新的关键结果;也有可能这个目标就过时了,抛弃它更为合适。不论怎样,良好的管理判断能力是最重要的。

另外还有一点,在对工作进行彻底评估,找到自己的不足之后,请深呼吸,尽情享受你们的进步。如果条件允许,请和团队一起开个派对来庆祝你们正在从OKR中获得强大的力量。事实上,你们已经获得了这种力量。

第 11 章

跟踪：盖茨基金会的故事

2000年，比尔及梅琳达·盖茨基金会成立，这是世界上第一个以200亿美元作为启动资金的基金会。虽然比尔·盖茨已辞去了微软公司首席执行官的职务，但他仍然担任微软公司董事长兼首席产品战略官。作为企业创始人，比尔·盖茨的工作相当繁忙，但他认为自己有义务去探索一个有效的决策方式，以帮助基金会实现其宏伟目标，并适应瞬息万变的环境。因为项目的投入越高，追踪过程的重要性就愈加凸显——识别并记录隐患、及时止损、在经营中不断调整目标。

　　这个新生机构制定出了令人难以想象的宏伟目标：每个人都值得拥有健康而充满活力的生命。基金会的领导人在全球招募了很多已在健康领域工作过多年的精英，并告诉他们："在解决问题时不需要墨守成规，要考虑在没有资源限制的情况下，你会怎么做。"

　　到2002年，基金会已经发展到了一定的规模，这时就需要以更加结构化的方式进行目标制定。首席执行官帕蒂·斯托尼斯菲（Patty Stonesifer）听了我在亚马逊公司董事会会议上所做的OKR提案后，邀请我去基金会讲授一下OKR管理方法。以下是OKR管理方法应用于比尔及梅琳达·盖茨基金会的故事。

梅琳达·盖茨（左）、帕蒂·斯托尼斯菲（中）和比尔·盖茨（右）在评估OKR管理方法，2005年

帕蒂·斯托尼斯菲： 我们有绝佳的发展机会，这就像在一张空白纸上描绘蓝图一样，未来充满想象，我们该如何改变这个世界？但是，我们也不得不承认，这一绝佳的发展机会也同样带来了沉甸甸的压力。当你制定了宏伟的发展目标后，如何才能知道你正在取得进展呢？

我们意识到我们需要对资本负责。比尔和梅琳达想知道是否有一套完善的规则体系能够用来指导我们做出那些艰难的决定。于是，我们借用吉姆·柯林斯之问来寻找答案："在这世界上，你最擅长做什么？"在解答吉姆·柯林斯之问的过程中，我们发现使用OKR管理方法进行目标

第11章　跟踪：盖茨基金会的故事

设定是我们最擅长的事情。我们坚信每个人都应该拥有健康而充满活力的生命，比尔和梅琳达也坚信技术在改变人们生命质量方面能够发挥关键性作用。这一理念已完全融入基金会的DNA之中了。

我们曾一度以"伤残调整寿命年"（DALY）[①]这一全球健康指标作为评测标准，它给我们提供了一个可以通过数据驱动对结果进行衡量的分析框架。比如说，我们可以根据数据呈现的结果来衡量用微量元素防治河盲症这项投资的效果。伤残调整寿命年促使我们更加关注疫苗，但这与实现"让生命充满活力"这一目标还是有很大差距的。现在，我们使用了一个更加可靠的指标，并通过关键结果不断对其进行加强和巩固。OKR帮助我们让目标和结果都更加清晰。

————▶)•●•(◀————

比尔·盖茨： 在微软，制定宏大、清晰的目标始终是非常重要的。从某种程度而言，这是很正常的，因为我在很小的时候就发现了软件的神奇之处。早些年，晶体管的指数级增长已经映射出了硬件设备应用的发展前景。我们意识到从事芯片开发的技术人员将会带给我们什么，这个领域的发展前景是无限的，因为就连存储和通信人员也已经在大规模编写代码了。尽管使用显示屏的人口数量不会再大规模地增长，但是图形用户界面的需求却会大规模增长。此外还有一个被忽略

[①] 伤残调整寿命年（Disability Adjusted Life Year，DALY）是指从发病到死亡所损失的全部健康寿命年。它是一个定量计算因各种疾病造成的早死与残疾（暂时失能和永久残疾）对健康寿命年损失的综合指标，是测算疾病负担的主要指标之一。据此可确定严重危害健康的疾病和主要卫生问题。——译者注

的因素：这些神奇的软件能够使设备做一些非常智能的事情。这一切都证明我放弃成为一名律师或者科学家的决定是多么明智，因为"智能化将会带来什么"这一构想是如此让人着迷——我称之为"触手可及的信息"，这让我感到十分兴奋！

在我和保罗·艾伦成为合作伙伴之前，我们就曾说过："未来我们要让每张办公桌和每个家庭都拥有一台电脑。"虽然IBM和其他公司拥有的资源和技术已经远远超过了我们，但它们的目标并不是发明软件，它们从意识上认为那是不可能的，所以它们不会全力以赴去实现这个目标。但是我们可以清晰地预见，这是一定能实现的。根据摩尔定律，随着时间的推移，物品将愈加便宜，软件行业也会得到空前发展。这就是我们在很久以前确定的宏大目标。

我们最大的优势就是：我们志存高远。

使目标具体化

2000年，我和梅琳达向盖茨基金会投入了200亿美元，这让它成为世界上资金规模最大的基金会。如果按照现有的方式运作，每年至少需要10亿美元才能保证基金会的正常运转。

我曾看过安迪·格鲁夫用OKR管理员工的案例，也学习过日本人的管理方法，并且学到了当人们达不到标准时我们该如何应对。我并不认为在这个过程中我有所发明，但我的确进行了学习和研究。后来帕蒂·斯托尼斯菲引入了OKR管理方法，我们称之为绿–黄–红管理方法，而且这个方法真的很奏效。当我们用OKR方法来对拨款进行复审评估时，我对接下来将要开展的工作充满了信心。我那时仍在经营着微软，因此时间非常有限，帕蒂必须保证我们之间能够进行高效沟通，以确保我们的意见能够保持一致。确定目标是其中的重要部分，在这个过程中，我曾拒绝过两笔捐助款，就是因为那两个项目的目标不够明确。OKR系统让我确信我做出了正确的决定。

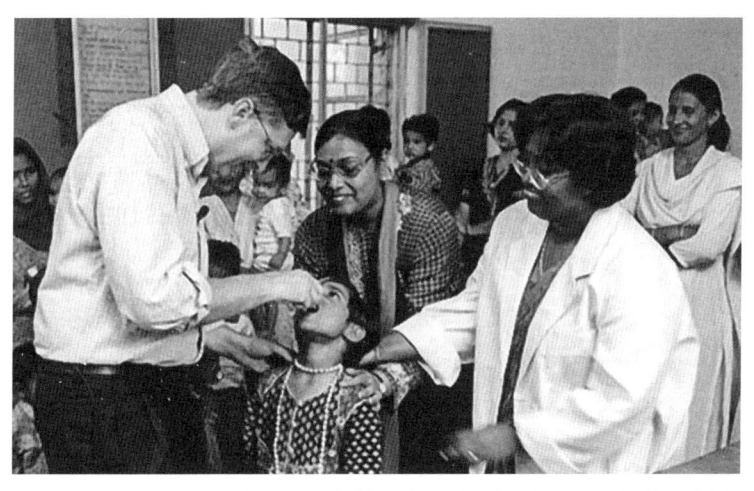

2000年，比尔·盖茨在印度孟买为一名儿童喂食口服脊髓灰质炎疫苗

我很痴迷于制定目标，但前提是目标能够被有效掌控。有一次，疟疾团队认为我们到2015年将能够根除这种疾病，这显然是妄想。要知道，当制定的目标过于宏大时，它实际是不可信的。在慈善事业中，我经常看到人们将目标与使命相混淆。使命是具有方向性的，而目标则包含一系列具体的步骤，需要个体真正参与其中并为之不懈奋斗。有一个宏伟的目标是必要的，但你必须要知道如何控制它的规模，以及如何对它进行衡量。

不过，我认为一切都在变得越来越好。我们这个慈善机构正在从高绩效的商业机构中引入更多的人才，并逐步形成我们的文化。仅有一个好的使命是不够的，你还需要一个具体的目标，并且需要知道如何实现这个目标。

帕蒂·斯托尼斯菲：OKR让我们在充满雄心与斗志的同时，也兼具组织纪律性。当可衡量的关键结果提示我们无法取得进展或者目标无法实现时，我们会重新对资金进行分配。比如，如果目标是消除几内亚蠕虫病——一个充满了雄心与挑战的顶级目标，那么在这一过程中，最为重要的是需要确定是否有足够的钱和资源来支持我们实现这个目标。在使用OKR管理方法的过程中，我们可以以季度和年度为节点，分阶段评估所取得的实质性进展，以逐步达成如此宏大的目标。[1]

除非你制定了一个非常宏大的目标，例如为每一个地方的每一个孩子都接种疫苗，否则你无法发现哪一种杠杆因素或混合杠杆因素会在其中起关键作用。我们的年度战略评估始于如下问题：我们的目标是什么？是为了根除疾病还是为了扩大疫苗接种范围？然后，我们可以通过设定关键结果使它们变得更加切实可行。例如，全球疫苗和免疫联盟的80/90 规则，即 80%的区域将得到 90%或更多的（疫苗接种）覆盖率。

---

[1] 由于盖茨基金会向卡特中心提供了多项高达八位数的捐款来奖励蠕虫病的治疗，报告显示，几内亚蠕虫病例数从 2000 年的 75 223 例降至 2008 年的 4 619 例，到 2015 年仅剩 22 例。几内亚蠕虫病的学名是麦地那龙线虫病，预计会成为人类历史上继天花后第二种被根除的疾病。

你需要用这些关键结果来调整你的日常行动计划,随着时间的推移,你会不断地将它们向前推进并进行调整,从而实现更大的目标。

说实话,有时候我们可能是在衡量错误的东西,尽管我们一直竭尽全力让自己能够为自己的行为负责。在私人基金会,你缺乏有效的市场标尺来衡量每项慈善活动所产生的影响,必须密切关注数据是否能让你达成最终目标。我们学习的速度非常快,以至有时不得不在中途调整数据。比如,你有一种种子,可以使白薯的产量增加2倍,你将注意力聚焦在产量上。但最终你发现,没有人愿意使用这种种子,因为用这种种子种出来的白薯,烹饪时所耗费的时间会是平时的4倍。

设定宏大的目标相对容易,但是达到目标却不容易。我们需要时时刻刻追问:需要克服哪些困难才能实现目标?这正是我与比尔和梅琳达一起合作感到非常愉快的原因之一——因为他们希望看到进步,并且无论多么大胆的目标都不会吓到他们,都不会让他们感到无从下手。

举个例子:现在基金会正致力于与地球上最致命的动物——蚊子做斗争。[1]

2016年,盖茨基金会与英国政府展开了一项为期五年、投资43亿美元的消灭疟疾合作项目——疟疾是所有热带病中最致命的

---

[1] 据世界卫生组织报告,蚊子每年造成约72.5万人死亡。此外,雌性疟蚊本身就传播疟疾,2015年造成约42.9万人死亡,最高曾导致63.9万余人死亡。相比之下,人类平均每年杀死约47.5万个同类。至今还没有其他物种能像蚊子一样带来如此高的死亡率。

疾病。在实证研究的助推下，它们将战略焦点从研制阻断传播的疫苗扩大到全面根除疟疾。

> **目　标**
> 2040年在全球范围内彻底消灭疟疾。
>
> **关键结果**
> 1. 向世界证明，以治愈为目的的根除疗法能够消除区域性疟疾。
> 2. 研制必要的工具——SERCAP（单次暴露治愈和预防）诊断，为扩大规模做准备。
> 3. 保持目前的全球性项目进程，确保全球大环境有利于消除疟疾项目的有力推进。

想要根除疟疾，首要目标是消除人群中的疟原虫，特别是消除耐药菌株。正如比尔·盖茨本人所承认的那样，这种尝试并不容易，但还是有成功的机会，因为他的团队正致力于跟踪耐药菌株形成的最主要因素。

第12章

利器4：挑战不可能

最大的风险是什么也不做。
——米勒迪·霍布森

OKR促使我们远离舒适区，带领我们超越能力的边界，不断向梦想靠近。它能够发掘新的能力，孕育出更多极具创造性的解决方案，同时还能够促进商业模式的革新。如果一家公司想要取得长足发展并持久地保持兴旺发达，突破极限、勇攀高峰的信念是必不可少的。[1]正如比尔·坎贝尔所说："如果公司做不到持续创新，他们必将走向灭亡——请注意，我说的是创新而非重复。"[2]保守的目标设定会阻碍创新。创新就如同氧气，没有它，你就无法呼吸，就无法取胜。

当挑战性目标的选择恰当而明智时，所获得的回报是和风险对等的，甚至远远超过其所需承担的风险。正如吉姆·柯林斯在《从优秀到卓越》中所言，要敢于设定"胆大包天的目标"（Big Hairy Audacious Goals，BHAG），要相信星星之火可以燎原：

> BHAG就是一个胆大包天的目标，也像是一座等待被征服的巨大山峰。它清晰可见，又极具诱惑力，是人们渴望即刻能够"到达"的地方。这个宏伟的目标聚焦了所有人的目光与努力，造就了团队精神，并激发全体员工为了一致的目标而奋勇向前的信念。就像20世纪60年代，NASA（美国

宇航局）的登月计划就是一个充满诱惑又极具挑战性的目标，它极大地激发了人们的想象力与潜能。[3]

埃德温·洛克被誉为结构化目标设定理论之父，他对目标的难易程度与实现程度之间的关系进行了大量实验和实证研究。尽管研究的范围和领域很广泛，但研究结果却出奇一致。洛克写道："目标设定越具有挑战性，所产生的结果越佳。虽然高难度的目标与其产出结果之间的差距，通常会大于低难度目标与其产出结果之间的差距，但是前者达到的最终结果仍然比后者要好。"[4] 研究结果显示，设定具有挑战性目标的员工，不仅会取得更好的绩效，还会提高自我驱动力，以及对工作的投入程度。洛克指出："设定明确而有挑战性的目标不仅可以提高工作的趣味性，同时也可以帮助人们体会到工作带来的愉悦感。"[5]

2007 年，美国国家工程院邀请包括拉里·佩奇、未来学家雷·库兹韦尔和遗传学家 J. 克雷格·文特尔在内的一些著名思想家，评估面向 21 世纪的 14 项"挑战性工程"。经过一年的讨论，专家组确定了一系列具有重大意义的挑战性目标，包括从核聚变中产生能量、大脑的逆向工程、防止核恐怖事件、构建安全的网络空间等。想必你也能够清晰地理解这些目标的重要意义。

并非所有挑战性目标都是不同寻常的。有时候，它们就是普通的工作，但是达到了一个非同寻常的水平。不管是从业务范围上，还是从数量规模上，创业者都需要制定挑战性目标。我对创业者的定义是，那些不仅仅思考各种可能性，而且将各种可能性付诸实践的人。[1]

不管是对初创企业,还是市场上的领先企业来说,挑战性目标都有利于塑造创业文化,它迫使人们打破原有的思维局限,让企业经营得更为出色。正如Edmunds.com网站的首席数字官菲利普·波特洛夫所说:"我们正试图改变汽车零售业的销售模式,这是一个巨大的挑战,也是一个难得的机遇。OKR是我们实现'变革一个行业'这个宏大而疯狂目标的唯一途径,这也是为什么OKR现在是并将始终是指导我们前行的中枢神经。"

实现宏大目标需要依赖于OKR系统所产生的巨大力量。专注和承诺是达成目标并实现真正差异化的必备条件。只有透明、协作、目标一致且内在联结度高的组织才能比其他常规组织走得更远、更久。但是,如果缺乏有效追踪,你将如何得知自己何时才能达成挑战性目标呢?

OKR的两个"篮子"

谷歌将他们的OKR分为两类,一类称为承诺型目标,另一类称为愿景型(或挑战性)目标,二者有着本质的不同。

承诺型目标与谷歌的日常考核指标紧密相连,比如产品发布、预订、招聘、客户。管理层从公司层面来设定目标,员工则从部门层面设定目标。一般来说,这些承诺型目标(如销售目标和收入目标)应在规定的时间内全部完成(100%)。

---

[1] 相反,官僚主义者就是只思考各种可能性,但不去实践的人。

> 挑战性目标反映了更宏伟的蓝图、更高的风险，以及更侧重于未来导向。他们可以来自任何层面，旨在调动整个组织的积极性与活力。由挑战性目标的定义就不难看出，它们是极难实现的（平均失败率为40%），但仍然是构成谷歌OKR的一部分。
>
> 这两个篮子的相对权重与组织文化息息相关。不同组织，甚至同一组织在不同季度都会有所不同。领导者必须思考：未来一年我们要成为什么类型的公司？是迅速而果断地去开拓一个新的市场，还是采取保守稳健的战略去巩固我们现有的市场地位？我们是采取生存第一的保守投资模式，还是进行风险投资以获取高额回报？我们当前的业务到底需要什么？

我们需要挑战

安迪·格鲁夫是心理学家亚伯拉罕·马斯洛的粉丝，后者因提出"需求层次理论"而在20世纪中期闻名于世。按照马斯洛的理论，人们的需求共分为生理需求、安全需求、爱/归属感、尊重和自我实现等5个等级，只有当我们的低级需求得到满足后，我们才会转向更高层次的需求。

对需求层次理论的深刻洞察使格鲁夫逐渐发现：对于一些人而言，即便没有外部激励，他们仍然能够不断进行自我激励，挑战自己的能力边界并努力实现"自我超越"。这样的雇员是经理们梦寐以求的，因为他们从不会止步于自我满足。但是，格鲁夫也明白，并非每个人都是天生的王者。对于其他人来说，挑战性目标有助于实现最大产出："如果领导者希望自己和下属都能取得最佳绩效，那么，设定挑战性的目标就是非常必要的。"[6]

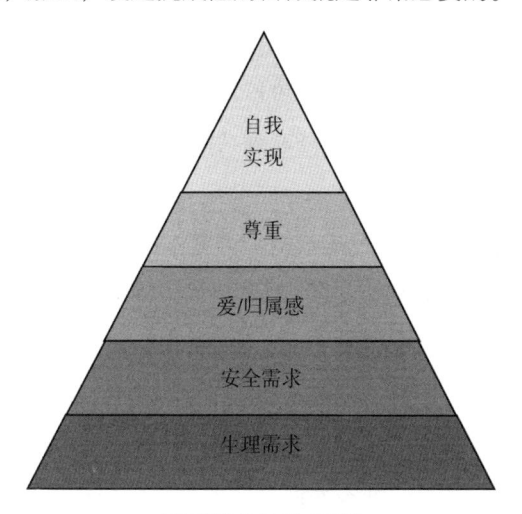

```
         /\
        /自我\
       / 实现 \
      /--------\
     /   尊重   \
    /------------\
   /  爱/归属感   \
  /----------------\
 /    安全需求      \
/--------------------\
/      生理需求        \
------------------------
```

马斯洛的需求层次金字塔

英特尔公司在冒险方面非常值得学习，那里也是我开始体验挑战的魅力和学会勇于试错的地方。在"粉碎行动"中，我们通过发动一场"要么做，要么死"的战役去占领 16 位芯片微处理器市场，这个项目最终的目的是广泛传播 8086 微处理器的优势。对于销售人员，则根据其获得的设计合约数量进行评估。在比尔·达维多的带领下，"粉碎行动"设定了我所见过的最大胆的目标——一年内赢得 1 000 个设计合约，这比前一年的销售量高出 50%之多。英特尔公司微处理器业务总经理戴夫·豪斯回忆了当时发生的事情：

这是在英特尔，因此你必须想方设法实现挑战性目标。我记得吉姆·拉利说过，我们需要赢得1 000个设计合约。这是一个数字，而且是一个看上去十分巨大的数字。随后，当我们制订计划时，不知为何，这个数字竟变成了2 000。而这一令人震惊的数字最终成为我们的营销目标。[7]

2 000个设计合约意味着每个销售人员每月需要获得一个设计合约。管理层要求我们的现场销售代表将这样一个不受欢迎的芯片微处理器的销量增加3倍，而事实上，很多长期客户都已经放弃使用它了。最终，销售人员失败了，并受到了很大的打击，现在这一目标在他们眼中就像是珠穆朗玛峰一样可望而不可即。当我最近问比尔·达维多为何设定如此高的目标时，他回答说："我之所以选择2 000这个数字，是因为我认为我们需要一个'凝聚点'，而这个数字恰恰是凝聚力的塑造点。"

公司给销售人员制定了激励政策，奖励所有实现目标的员工一次大溪地双人旅行。后来，吉姆·拉利又增加了一项巧妙的规定：如果团队中有一个人没有实现目标，那么他所在的整个团队都会失去这次旅行的机会。刚开始时，业绩严重落后于目标标准，在任务的压力下，团队不得不思考是否应当放宽标准。但是，就在那年夏天，介绍大溪地的全彩小册子神秘地进入每个销售人员的家庭邮箱。于是，到第三季度时，落后者开始感受到了巨大的压力。[8]

年底时，整个计划共获得了2 300个设计合约，超过了既定的目标。8086微处理器在市场上占有了绝对优势，英特尔的未来得以保证，而令人振奋的是，几乎整个销售队伍都去了大溪地。而这一切都是因为制定了一个挑战性目标，是它让一切都变得不同。

"10倍速"原则

OKR管理方法给公司的员工带来雄心壮志。如果安迪·格鲁夫是OKR过去的终极守护神，那么，拉里·佩奇就是OKR今天的大神父。在技术上，谷歌代表无限创新和无止境的发展。在OKR领域里，谷歌的名字就代表着指数级增长的目标，或者作家史蒂芬·列维所说的"10倍速"原则。[9]

让我们来看看Gmail邮箱的故事。早期，基于网页版的电子邮件系统的主要弊端是存储量太小，通常为2~4MB。用户不得不删除旧电子邮件以腾出空间给新的电子邮件，邮件存档就像是一个白日梦那样不现实。于是，在Gmail的研发过程中，谷歌的领导者认为需要提供100MB的存储容量——这是一次巨大的升级。但到了2004年，当产品对外发布时，这个100MB的目标早已被抛诸脑后，取而代之的是1GB的存储容量，是竞争对手的整整500倍。用户永久保存电子邮件的梦想得以实现，数字通信也由此发生了划时代的改变。

胆大包天的目标就如同我的朋友般，与我形影不离。Gmail改进的不仅仅是现有的邮件系统，还彻底改变了这一领域，并迫使竞争对手不得不进行颠覆式的改变来提高自己的能力以便参与这场游戏。在任何组织，这种"10倍速"的思维都是很少见的。拉里·佩奇指出："大多数人倾向于认为某件事是不可能的，而不是回归现实世界的本源去寻找可能实现它的机会。"[10]

在《连线》杂志的访谈中，史蒂芬·列维对此进行了详细阐述：

> 正如佩奇所说，10%的改进意味着你和其他人一样，你们在做着同样的事情。你可能不会失败，但你也绝不会太成功。这就是为什么佩奇期望谷歌的员工能够创造出比竞争对手好10倍的产品和服务。这也意味着他不会满足于公司通过提升效率或者技术上的小创新获得适度的增长。要得到"10倍速"的改进，需要对问题进行反思，探索技术上的可能性，并在此过程中感受到乐趣。[11]

在谷歌，按照安迪·格鲁夫原来的标准，雄心勃勃的OKR被实现的可能性通常为60%~70%。换句话说，至少有30%的目标在设定时就被认为是达不到的。这样就已经可以认为是成功的了。

谷歌推出的产品Helpouts和Google Answer，都曾遭遇了很大的失败。[12] 设定看似遥不可及的目标，不仅需要想象力，更需要承受失败。在目标行动刚开始启动的阶段，没有一个目标看起来是可能实现的。所有谷歌员工都被迫进行更深刻的思考：我们

第12章 利器4：挑战不可能

是不是需要考虑一些激进的高风险行动？需要暂停哪些业务？我们可以在哪里获得资源或找到新的合作伙伴？然而，在目标截止日期来临之前，这些看似不可能的目标中还是有一小部分完全实现了。

"10倍速"思维在行动！埃里克·施密特、拉里·佩奇和谢尔盖·布林与谷歌的第一辆自动驾驶汽车，2011年

挑战性目标的调整

要想获得成功，挑战性目标就不能一成不变，你也不能好高骛远，不考虑实际情况而强行设定高目标。对你的团队而言，过分追求速度和进度反而会导致拔苗助长的结果。在追求高付出、

高风险的目标时，员工的认可是至关重要的。领导者必须给员工传达两件事：结果的重要性和结果能够被实现的坚定信念。[13]

很少有企业能够拥有谷歌这样的资源和实力，能够在一个宏大的计划失败后仍然屹立不倒。每个组织都有一定的风险承受能力，这可能会随着时间的推移而发生变化。承担风险的边际能力越大，公司就越有能力扩展其业务规模。例如，无论领导怎样认为，OKR有40%的失败率可能看起来都太冒险、太令人沮丧了。对于高成就者来说，任何不完美都会有损士气。阿米莉亚·梅里尔曾在加利福尼亚州的一家风险管理解决方案公司担任人力资源部门负责人，她说："在这里，更多的是强调结果而非员工。这里的人习惯去获得A，他们不会满足于得到B。不争取达到100%的目标在这里行不通，因为他们的文化就是如此，很难改变。"

在减肥宝，迈克·李认为，所有OKR都是一个必须承诺完成的目标。他说："没错，它们也许是困难且苛刻的，但却是需要完全实现的。我会在我认为应该达到的地方设定目标。如果我们能够全部完成，那我会对我们的进展感到非常满意。"这是一个合理的方法，但并非没有缺陷。当目标只完成了90%的时候，迈克团队的人是否会觉得惭愧呢？在我看来，更好的做法是领导者将目标设定在一个适度的范围。随着时间的推移，当团队和个人对实现OKR的经验都不断得以丰富后，他们设定的关键结果自然会变得更加精确，更加有挑战性。

并没有所谓的完全"正确"的挑战性目标。但请慎重思考：你的团队是如何创造最大价值的？"令人不可思议"的目标是什么样子的?如果你追求卓越,那么这样一个"令人不可思议"的挑战性目标就是一个好的起点,但绝不像安迪·格鲁夫说的那样,是该停下的地方:

> 你要知道,在我们的工作中,我们必须为自己设定让自己感到不适的极具挑战性的目标,然后我们必须要实现它。随后,我们必须在短暂的庆祝后为自己制定另一套非常难以达到的目标,然后又必须实现它。而实现这些具有挑战性的目标的奖励之一便是,你能够不断获得晋级的机会。[14]

第 13 章

延展：谷歌浏览器的故事

Google X团队曾经负责"Project Loon"（气球互联网项目）和无人驾驶项目，这个项目团队完美地诠释了"挑战"一词在谷歌的含义。Google X团队负责人阿斯通·泰勒说："如果你想让你的车用1加仑（约3.79升）汽油跑50英里（约80公里），那很简单，只要稍微进行一下改装就可以了。但如果我告诉你，你必须让车用1加仑汽油跑上500英里（约800公里），那你要怎么办呢？你只能重新设计了！"[1]

2008年，当时桑达尔·皮查伊任谷歌分管产品研发的副总裁，当他和他的团队将谷歌浏览器推向市场的时候，他们毫无疑问已经大大领先了。他们渴望成功，也不惧怕失败，通过使用OKR管理方法快速推出产品，并取得辉煌的业绩。当然，谷歌也把OKR管理方法应用到企业的其他业务领域，同样实现了非凡的业绩，取得了令人难以置信的成果。无论是在手机端，还是电脑端，到目前为止，谷歌浏览器都是最受欢迎的。当然，也如你所知，没有什么是一帆风顺的。就像拉里·佩奇说的："当你设定的是一个疯狂而富有挑战性的目标时，即使没有实现它，你也仍然会取得一些不小的成就。"[2]假如你的目标是去一颗恒星，也许你永远也无法到达，但在这个过程中，你却可能飞到了月球。

桑达尔·皮查伊的重要职责就是使挑战性目标发挥其最大的价值。2015年10月，43岁的桑达尔·皮查伊成为谷歌公司第三任首席执行官。如今，他正领导着这家拥有6万余名员工、年收入达800亿美元的公司不断前行。

以下是桑达尔·皮查伊讲述的OKR在谷歌的故事。

桑达尔·皮查伊：20世纪80年代我在南印度长大，那时，我甚至都没有接触现代技术的机会，但我却深刻认识到，技术对我的生活具有深远的影响。我住在金奈这座大城市，父亲是一名电气工程师，但我们却过着极其朴素的生活。我们家有一个心愿清单，电话就是其中一项，那时的电话还是有旋转式拨盘的那种，我们全家都渴望拥有一部电话，但那是一个至少需要三四年才能实现的心愿。在我12岁那年，这一心愿终于实现了。对我们那里的人来说，这可是一件大事，邻居们都争相观赏和使用它。

我对我们家有电话前和有电话后的生活差异至今记忆犹新，这台小小的设备改变了太多东西。在安装电话以前，我的母亲会说："你去医院看看血液检查结果出来了没有，好吗？"于是，我就会搭公共汽车去医院排队等候，漫长的等待却往往等来这样的回答："不，还没有，明天再来吧。"然后我又要坐上公共汽车，一路颠簸返回家中。当我到家时，3个小时过去了。安装电话以后，我只需要拨动那个圆盘，就可以致电医院询问检查的结果。如今，这种技术于我们而言已经太过于司空见惯，但它却实实在在地改变着我们的生活,并使我们的生活变得更加美好。对我而言,那些有电话前和有电话后零碎的记忆对比,是我永生都难以忘怀的。于是我开始读一切我能找到的关于计算机和半导体的书籍。我梦想着有一天能够去硅谷工作,要实现这个梦想,我最好能够先进入斯坦福大学学习。这就是我那时的目标,我立志成为硅谷中的一名工程师,为那里的改变做出一定的贡献。但是,我知道,这个目标过于宏大,我或许有些痴心妄想了,因为那时在南印度,我们几乎不了解什么新技术,我只不过是受想象力的驱使罢了。

新的应用平台

曾经有 5 年的时间,我在圣克拉拉的应用材料公司从事研发工作。因业务需要,有时候我会去英特尔。一踏入英特尔公司的大门,我就能强烈感受到安迪·格鲁夫对公司文化的影响。这是一家组织纪律非常严明的公司,即便是针对细枝末节也是如此(我还依稀记得我为每杯咖啡所付的钱)。在从事半导体工程的工作时,你必须井然有序地设定你的目标,并按照你设定的目标有条不紊地执行。因此,正是在应用材料方面的工作经验,让我学会了如何更精准地设定目标。

随着互联网的不断发展,我可以预见到它的巨大潜力。我试图了解谷歌公司所做的一切,我一直对谷歌开展的业务充满激情。当它推出 Deskbar 这一产品时,我异常激动,因为你无须打开浏览器就可以直接通过 Windows 上网——它还可以通过任务栏中的小窗口启动。当你需要时,它就在那里,但也仅此而已。Deskbar 是谷歌早期用于获取用户增长的工具，研发这一工具是为了将谷歌推广给更多的用户。2004 年，我作为产品经理加入谷歌时，谷歌正聚焦于搜索领域的研发。那时正是 Web2.0 的时代，也正是用户生成内容和 AJAX[①] 兴起的一年。

早期的网络实质上是一个内容平台，但它很快就发展成一个应用程序平台。于是，我们看到互联网模式转变的端倪，并且我感觉那才应该成为谷歌未来发展的核心。我的第一项任务就是扩大谷歌工具栏的使用和分布范围，该工具栏可以让你使用任何浏览器都能进行谷歌搜索，最终，这被证明是"在正确的时间做了正确的事情"。于是，仅用了短短几年的时间，我们就将使用工具栏的用户规模扩大了 10 倍以上。那是我第一次感受到一个富有挑战性的 OKR 的力量。

重新定位浏览器

那时，我们为谷歌设定了一个新的目标——客户端软件开发，并为这一新目标搭建了一个团队。我们让曾开发火狐浏览器的员工来帮助改进 Mozilla 浏览器。2006 年，我们对浏览器的功能进行了重新定位，将其定义为一个计算平台，或者说是一个操作系统，这样用户就可以在网络上自行编写应用程序。这一根本性洞察最终催生出了 Chrome 浏览器。我们意识到，我们需要一个多程序处理结构，使每个窗口都保持自己的进程，并在其他应用程序都崩溃时依然可以保护用户的 Gmail 不受损毁。我们还意识到，需要让 JavaScript（一种直译式脚本语言）更高效地工作。

[①] 一种网页开发技术模块，它允许用户无须重新加载页面或刷新浏览器就可以与服务器通信。

但我们始终没有忘记，我们的终极任务是开发最好的浏览器。

我们的首席执行官埃里克·施密特对从零开始开发浏览器有多么困难深有体会，因此他会告诉你："如果你正准备这样做，请你一定慎重考虑，做好充分的准备并认真对待。"如果Chrome在提供更方便、更快捷的服务方面与市面上现行的浏览器之间没有显著差异的话，那我们这么做就完全没有意义。2008年，Chrome首次亮相，我们的产品管理团队当即制定了一项对谷歌的未来产生持久影响的年度最高目标：开发下一代网络应用程序客户端平台。我们将关键结果确定为：Chrome的周活跃用户达到2 000万。

升级目标

据了解，在谷歌的OKR管理氛围中，70%的完成率（平均而言）就被认为是成功的了。你不需要将你设定的每一个OKR都实现，让它们都处在目标结果的绿色区域，那样反而不会起到激励团队的作用。但是，这并不意味着你在谷歌没有压力，事实上，谷歌的员工承担着很大的压力，因为，如果你不能驱动自己完成目标，你就会被解雇。而作为一名领导者，你一定也不希望自己在季度末，站在醒目地展示着红色方格（这表示OKR目标未完成，结果落在红色区域里）的大屏幕前，向整个公司的员工解释你为什么失败，以及是哪些因素导致了此次失败。那种经历所带来的压力和不适感，会激发我们的胆识，让我们敢于去做很多具有突破性的事情来避免失败。但在一些情况下，即使你给团队设定了正确的目标，失败也在所难免。

拉里总是很善于帮助升级公司的OKR目标。他总是用一些简练而富有哲理的语言来引导我。比如，他希望谷歌的员工保持"不舒服的兴奋"，他希望我们能"正视不可能"。我也尝试在产品团队使用同样的方法。设定一个可能会失败的OKR目标是需要勇气的，但如果我们想要变得更好，就必须这样做。我们有意设定了到年底实现"周活跃用户达到2 000 万"这一具有挑战性的目标，我们也知道这是一个难以企及的挑战性目标——毕竟我们初出茅庐，一切都是从零开始。

作为团队的领导者，你的作用之一就是激励团队让他们觉得目标是可以实现的。其实，我认为我们如期实现所制定的目标是不太现实的（说实话，我个人认为我们压根就不可能实现这个目标）。但我同样认为，尽可能把我们的能力推向极限甚至超越极限是非常重要的。我们的挑战性OKR给了团队前进的方向，并成为衡量我们工作进度的晴雨表。如此一来，我们就不至于取得一点成绩就沾沾自喜。它也可以时刻提醒我们，要对我们工作所遵循框架的合理性进行反思。所有这些都比在某个特定日期达成某种特定目标有意义得多。

早些时候，当Chrome浏览器一路挣扎，其市场份额达到3%时，一些意想不到的坏消息接踵而来。Chrome的苹果电脑版本推出时间大大滞后于既定的计划，我们只能依靠Windows用户实现"周活跃用户达到2 000 万"这一目标。

但同时，也不断传来一些好消息，凡是使用过Chrome的人都很喜欢它，这对用户数量的增长起到了复合推动作用。尽管小错误一直不断，但是，我们让人们开启了一种新的上网方式。

深度发掘

谷歌就是速度的代名词，公司始终在同影响其速度的潜在因素进行斗争，比如由于数据传输延迟而导致用户体验变差等。2008年，拉里和谢尔盖写了一篇关于OKR的精彩文章，这篇文章极具影响力，引起了人们的极大关注。我们意识到，应该让网络的使用速度像翻阅杂志那样快。正是这篇文章，促使整个公司开始深入探究如何把事情做得更好、更快。

对于浏览器项目，我们创建了一个二级OKR来强化JavaScript，目标是让在线应用程序使用起来就像桌面上已下载的应用程序一样顺畅。在高性能汽车引擎项目结束后，以"10倍速"为原则，我们又设定了"登月"式的改进项目，并将这个项目命名为"V8"。我们很幸运地找到了一位名为拉尔斯·贝克的丹麦程序员，他曾为太阳微系统公司构建了虚拟机，并拥有10多项专利。拉尔斯是他所在领域的杰出人才。他来到我们这里，并自信满满地说："我可以让它变得出乎意料的快。"果然，在4个月内，他就使JavaScript的运行速度提高了10倍，和在火狐上的运行速度一样快。而更令人难以置信的是，不到两年的时间，JavaScript的运行速度竟然提高了20倍。有时候挑战性目标并不像它看起来的那样疯狂，就像拉尔斯后来在《在丛中》一书中对史蒂芬·列维讲的那样："有时候，我们是会低估自己能力的。"

挑战性OKR是用于解决问题的高效工具。经历了谷歌工具栏项目后，我对如何战胜工作中不可避免的低谷有了更好的认识。我始终对我的团队保持谨慎乐观的态度。如果我们丢失了用户，我会告诉他们，让我们一起来做个实验，找到问题，弄明白为什么，然后解决它。如果在协调上出了问题,我会分配一个小组来专注于解决这个问题。我尝试着用深入且系统性的思考方式,来取代情绪化的思考方式,我认为前者更有助于问题的解决。

"登月"文化驱动谷歌公司不断挑战更高的目标。目标挑战越大,就越难以完成,这是毫无疑问的。在一切运行良好的前提下,我们的团队明白Chrome的成功将意味着它最终会有数亿用户。此后,每当我们在谷歌开发新的产品时,我们总是在想:我们如何将用户扩展到10亿?在项目初期,这个数字看起来好像遥不可及,但当你设定了一个可量化的年度目标,并将其按照季度逐个分解时,就会发现"登月"计划好像变得可行了。这就是OKR的巨大效用之一。它给我们提供了实现从量变到质变的清晰、可量化的任务清单。

2008年,我们没有完成冲击2 000万用户的目标,这次失败促使我们进行了更深刻的思考。我们从来没有放弃过目标,但我们需要改变制定目标的方式。我与团队分享了我的观点:"是的,我们没有达到目标,但我们正在为打破这个障碍奠定基础。现在,我们可以采取哪些不同的方式去实现它呢?"在由顶尖人才组成的团队中,你最好深思熟虑,并给出慎重的答案,这不是你一个人的舞台,你无法仅靠自己取得成功,每个人都不能独舞。在这种情况下,我们需要解决一个非常基本的问题:为什么让人们尝试使用新的浏览器会如此困难?

对以上问题的反思,促使我们为浏览器的推广寻找新的分销渠道。在这一过程中,我们发现人们不愿意使用新的浏览器是由于不清楚浏览器到底能为他们做什么。这一发现让我们开始通过电视营销来讲解浏览器的功能。这也使得Chrome浏览器广告成为谷歌公司历史上投入最大的线下广告。人们至今仍对《亲爱的苏菲》这个广告记忆犹新——这是一个围绕着父亲为女儿建立电子成长档案而进行的广告构思。[3] 它向人们展示了从谷歌浏览器到一系列基于网页的应用程序——比如从 Gmail 到 YouTube，再到谷歌地图——使用起来有多便利。这次广告把互联网当作一个应用平台介绍给了客户。

尝试失败，尝试成功

　　成功并不会一蹴而就。2009 年，我们给 Chrome 设定了一个更高的 OKR：周活跃用户达到 5 000 万。遗憾的是，这个目标又失败了，直到年底，周活跃用户也只达到了 3 800 万而已。到 2010 年，我们并没有被前两次的失败吓到，将目标设定为 1 亿用户，而拉里则认为我们应该设置更高的目标，他认为我的目标仅仅是全球 10 亿互联网用户的 1/10 而已。但我仍然坚持认为 1 亿用户的目标已经非常具有挑战性了。

　　拉里和我最终将目标确定为 1.11 亿用户，这是一个堪称经典的挑战性目标。为了实现这个目标，我们必须重塑 Chrome 的商业模式，探索新的增长模式。我们再次被迫开始思考，我们需要什么样的方法来实现这个目标？2 月份，我们扩展了与 OEM（原始设备制造商）厂商的分销协议。3 月，我们开展了"超快 Chrome"营销活动，以提高产品在美国的认知度。5 月，我们通过推出适用于 OS X 和 Linux 操作系统的浏览器，拓展了我们的目标用户。最后，我们的浏览器不再仅限于 Windows 平台的用户使用。

　　进入第三季度后，结果仍然不能确定。然而就在几周后，在第三季度末，我们的用户总数从 8 700 万激增到 1.07 亿。而在这之后不久，我们就达到了 1.11 亿的周活跃用户，我们终于实现了我们的目标。

2013 年，桑达尔在谷歌的 I／O 开发者大会上进行 Chrome 主旨演讲

现在，我们的 Chrome 仅在移动端就有超过 1 亿的周活跃用户。若不是因为制定了 OKR，我们是无论如何也无法实现这个宏伟目标的。OKR 已经成为谷歌思考和解决各式各样问题的指导方法。

下一个前沿

在我父亲生活的年代，使用计算机需要庞大的团队、大型主机和系统管理员，那时的计算机既不便于访问，又非常复杂。直到我开始开发

第13章 延展：谷歌浏览器的故事

Chrome时，我才意识到用户需要的只是一种简单、直接的方式来连接互联网。自此之后，我一直痴迷于把复杂事物简单化。我也很想把这种原则融入我们的Chrome浏览器中，我希望无论是印度的孩子，还是斯坦福大学的教授，不管是谁，只要他想，轻轻一点就能连接到互联网。如果你现在有一台可以联网的计算机，那么你一定会发现Chrome的快捷性体验绝对是很棒的。[①]

2008年，当我父亲退休时，我给了他一个上网本，并向他展示了如何使用Chrome。过了不久，一件奇妙的事情就发生了：他的计算机操作技术水平退化了。他能在网上众多的应用平台中做任何他想做的事情，但一旦他进入浏览器，就不再打开任何一个应用，也从未下载过任何一个软件。他沉浸在一个奇妙而简单的新世界里。

在谷歌，很早的时候，我就一直在思考：下一个前沿会是什么？比如，从谷歌工具栏到Chrome的转变。你永远也不能停止探索。我父亲的经历让我们意识到：我们是否可以设计出一款更便捷、更安全的操作系统，让Chrome浏览器直接作为用户界面？或者我们是否能够基于该操作系统发明一台笔记本电脑——ChromeBook，以便用户直接访问云中心的所有应用程序？

这些也许就是不久以后的挑战性目标了。

[①] 我在为Chrome工作时的运气非常好，有幸与研发团队的领导莱纳斯·厄普森共享一间办公室。在工作日结束时，我通常无法判断莱纳斯是否已经离开，因为他的桌子总是一尘不染（如果他的一支笔以某个角度躺着，我就知道有什么地方出了问题）。莱纳斯对简单性的关注可以说达到了痴迷的程度。他提供了我们所需的尖端技术，才让Chrome有了今天的完美体验。

第 14 章

延展：YouTube 的故事

在上一章，我们了解了谷歌公司痴迷于制定挑战性目标的故事，你可能觉得仅有这一个案例不够过瘾，那么，在这一章我们就一起来看看另外一个经典案例故事：YouTube如何利用OKR实现公司用户数的几何级增长？

苏珊·沃西基被《时代》杂志评价为互联网行业最具影响力的女性领导者。[1]她是谷歌公司第16位员工，在公司成立伊始就发挥了核心作用，并且担任过公司的第一任市场经理。1998年9月，谷歌公司刚成立时，苏珊·沃西基就将她在门洛帕克的车库出租给谷歌，作为其第一个办公场地。8年后，当许多分析人士怀疑YouTube能否存活下来的时候，又是苏珊·沃西基坚持说服谷歌董事会收购了YouTube。事实证明，苏珊是非常有远见的，她早就预料到在线视频最终会取代网络电视而成为主流。

到2012年，YouTube已经占据了市场领先地位，并成为世界上最大的网络视频平台之一。但是，和创业时期相比，它的创新热情已经开始减退。我们知道，热情就像开车，一旦踩了刹车，再提速就会变得十分困难。那时，苏珊已经晋升为主管广告和商业业务的高级副总裁，她对关键词广告的商业模式进行了重新构思，并找到了从相关广告业务中获利的新途径，鉴于此，苏珊帮助谷歌的两大广告业务成功找到了赢利模式。2014年，作为YouTube的新任首席执行官，她别无选择，接受了一项十分具有挑战性的目标：在4年的时间里，实现YouTube日均视频播放时间达到10亿小时，这是一个"10倍速"的增长目标。然而，苏珊不想不惜一切代价去实现这种增长，而是希望本着对公司和用户负责的态度去实现这种增长。于是苏珊同主管YouTube工程的克里斯托斯·古德洛一起停止了他们那时的工作，并通过OKR来实现这一宏伟的增长目标。

苏珊·沃西基和她在门洛帕克的车库，这里是谷歌创业开始的地方

挑战性的目标令人振奋，因为它可以通过彻底且能量化的改进计划，来迫使一个老态龙钟的组织恢复紧迫感，激发活力，并从中获得巨大的收益。正是因为使用了OKR管理方法，一度让

第14章 延展：YouTube的故事

YouTube陷入困境的网络视频业务扩展到了如今超过10亿用户的规模，其用户占互联网总用户数的1/3左右。YouTube网站可以在80多个国家，用超过70种语言浏览。它的移动平台比任何有线或广播网络都拥有更多的用户，这些用户的年龄主要集中在18到49岁。

一切事情的发生都不是偶然的，也不是因为受到了上天的恩泽与眷顾，而是需要遵循并严格执行OKR的结构和规则，并在细节上坚持一丝不苟。此外，还需要明确的是：在YouTube开始追求其极具挑战性的宏伟目标之前，它必须要弄清楚，只有抓住问题的症结才是实施一切方案的基础。

以下是苏珊·沃西基及其同事古德洛对这一项目的讲述。

——•◦•——

苏珊·沃西基： 我最初将车库租给拉里和谢尔盖的时候，并非是对谷歌这个公司感兴趣，我仅仅是想收他们的租金而已。后来，我对他们加深了了解，更多地知晓了他们看待和思考问题的方式。当时，我早已有了开办自己公司的想法，但我发现，拉里和谢尔盖更有能力实现它们。不久，我发现如果有一天谷歌搜索不存在了，我将无法完成我的工作。于是我意识到，谷歌已成为我生活中不可或缺的工具，没有它我将无法生活。我想，也许对每个人来说都是这样的吧！

1999年秋天，当约翰·杜尔与我们谈论OKR时，我已经加入谷歌了。那时，谷歌已经搬出了我的车库，我们将公司搬到了山景城湾岸公园大道2400号，那里是太阳微系统公司的一所旧工厂，整栋建筑的面积可能达到了4.2万平方英尺（约3 900平方米），然而我们的办公区域不到一半。于是我们就在给其他人预留的另一半办公区举行OKR会议。我至今还记得约翰对OKR这个概念的解释："这是一个目标，也是要实现的关键结果。"他还用橄榄球比赛做比喻，来说明OKR是如何被贯彻执行的。有一天，在我整理一些文件并对它们进行分类时，发现了约翰当年的演示文稿，这些文稿被制作成胶片，通过老式投影仪来展示。现在看起来，它们已经很老旧了。

拉里和谢尔盖喜欢与思维清晰、知道自己想要表达什么的人交谈。我记得他们与约翰发生了争论，但最终还是采纳了约翰的意见。在此之前，他们从未经营过公司，甚至从未真正就职于任何一家大公司。约翰边向里走边说："这是一个能够在事业上祝你们一臂之力的方法，它既可量化又可追踪。"对拉里和谢尔盖而言，可量化十分具有吸引力，而且他们必须承认一个事实，那就是英特尔公司使用的就是OKR管理方法。英特尔这样一家伟大的公司尚且在使用OKR这种方法，与它相比，我们这种初创公司更应该尝试一下。

从谷歌的成长经历来看，我不得不承认，OKR非常适合初创企业用来构建它的企业文化。特别是在创业伊始、资源匮乏的时期，清晰的方向是至关重要的。这就如同教育小孩一样，小时候不立规矩，等到他们长大后再告诉他们"喏，这就是规矩，你必须要守规矩"，他们是不会听的。条件允许的情况下，最好的方式是一开始就告诉他们你的规则。此外，我还看到许多成熟的公司会通过更换人员和流程来扭转局面。我想说的是，没有哪一家公司会因为太年轻而无法采用OKR进行管理，对任何公司而言，任何时候开始采用OKR都为时不晚。

OKR需要有专门的组织为依托，还要有一个领导者来掌控整个过程，并需要一名助理人员具体跟进评分并进行审查。当我受拉里的委托，负责在公司实施OKR时，我与他的领导团队进行了4个小时的会谈。拉里全方位描述了公司的所有目标，他希望每一位成员都清楚这些目标，并为这些目标的实现保驾护航。尽管在谷歌，对OKR的指导意见经常是自上而下的，但是这些意见都经过了团队专家深入而广泛的讨论，关键结果也越来越清晰，即找到我们要走的方向，并告诉我们要怎么走到那里。这些耗时较长的会议使拉里能够强调他所关心的事情，并且还能帮助整个团队降低挫败感，特别是围绕我们的产品和所提供的服务而设定的OKR。他会说："告诉我你现在的进度。"然后，他接着问："为什么你不能把它的完成速度提高一倍？"

　　尽管谷歌现在非常庞大而且业务多元化，我们很难将所做的每件事情及时传达给每一个地方的每一个人，但我们仍然会在每个季度以特殊的视频广播方式召开一次OKR会议。在这个会议上，我们将交流和通报公司的顶级OKR。在YouTube前任首席执行官萨拉尔·卡曼加的全力支持下，我们完成了一项惊人的工作，形成了公司的整个OKR列表。萨拉尔有一个绝招，他可以把任何事情联系起来。但通常情况下，我们更倾向于在团队内部进行更详细的讨论。时至今日，你依然可以在谷歌的内网上找到OKR，这些OKR实时更新，任何内部员工都可以访问和查看它们。

当你不能打败他们时……

　　谷歌视频，即我们的免费视频分享网站，于2005年就推出来了，比YouTube还早一个月。当我开始运营它时，我们为用户上传的第一个剪辑视频是一个紫色的小玩偶唱着一首荒诞的歌。谢尔盖和我无法理解这样的调子。但我的孩子们听后却嚷嚷着："再放一遍！"于是音乐重新开始，蓝色的小灯又亮了起来。这激发了我们的灵感——让我们在下一代身上发现了商机——我们可以用一种全新的方式帮助人们编辑并在全球发布小视频。于是，我们为此创造了一个链接接口，并收获了第一个让我们倍感惊喜的点击：两个孩子在宿舍里唱着"后街男孩"乐队的歌，另外一个室友则在学习。我们自己也会上传一些专门制作的视频，然而不得不承认，源自用户的视频好像更受欢迎！

谷歌视频的美中不足之处在于，其上传会延迟，这违反了企业产品研发的基本规则——快速，用户上传的视频无法被及时观看。而在YouTube上，用户可以及时观看到自己上传的视频。这是一个很致命的问题。不幸的是，当我们解决了这个问题时，我们已经失去了相当大的市场份额，仅为YouTube的1/3。然而YouTube也有它的问题，它的发展受到了资金的制约，需求的激增致使它们迫切需要资金来进行基础设施建设，因此不得不将其出售。

于是，我看到了将两个视频服务业务合并的机会。我利用电子表格计算出可以用16.5亿美元的价格收购YouTube，并证明谷歌能够把这笔钱再赚回来。最后，我说服了拉里和谢尔盖。在收购的最后一刻，YouTube创始人让我将计算出的数据带到董事会会议上，董事们问了很多问题。最终，虽然他们没有完全根据我对用户年增长率的预期进行出售，却给我们亮了绿灯。而且很有趣的是，YouTube的用户使用量一直以来都在快速增长。

第14章 延展：YouTube的故事

巨石理论

克里斯托斯·古德洛： 2011年2月我加入这个团队，比苏珊加入这个团队还要早3年，当时我是从谷歌搜索产品到这里来的，正值YouTube的OKR开始运作的时候。公司那时拥有800名左右的员工，每季度会设定上百条OKR。每一个团队都会打开一个谷歌文档，然后开始设定目标，他们会为每十个人设定三四十条目标，但目标完成率达不到一半。

我认为有两个原因影响了工程师们设定目标的准确性，一方面他们讨厌放弃自己认为的好想法，另一方面他们习惯性地低估了完成任务所需要花费的时间。我在做搜索产品时曾有过同样的经历，那时我们的工程师常说："多设定几个目标吧，没有关系，我很聪明，我能完成的必然只多不少！"因此我们需要依靠明确的规则迫使人们将其团队目标清单缩减到3至4个，别小看这一步，它具有非同寻常的意义。因为这使得我们的OKR更加严格，也使得每个人都开始明确知晓什么任务才是符合公司最高利益的，应当被优先执行。当我开始在YouTube负责搜索业务后，我将谷歌设定OKR的方式运用在YouTube，OKR才开始显现出作用。

然后，萨拉尔·卡曼加便将YouTube技术方面的日常管理权交给了希希尔·梅赫罗特拉（Shishir Mehrotra），于是希希尔开始带领整个公司关注核心问题。他以"巨石理论"来比喻核心问题的重要性。"巨石理论"是由史蒂芬·柯维提出来的。假设你有几块石头，一堆鹅卵石和一些沙子，你的任务是尽可能地把所有东西都装进一个一加仑的广口瓶中。如果你先放沙子，再放入鹅卵石，那么再想放石头时你会发现瓶子已经没有空间留给它们了。然而，当你先放石头，再放鹅卵石，最后放沙子，你会发现一切如你所愿——沙子将石头之间的缝隙填满了。这就告诉我们要善于抓住主要矛盾，重要的事情要先做，否则有可能永远都没有机会去做了。

那么，何为YouTube的巨石呢？人们各自忙于自己的工作，看起来好像是"百花齐放"，但是，没有人关注公司最高级、最重要的OKR。现在，管理层经常问工程师们："你们的想法都非常棒！但我们是否能从中提取出本季度或者本年度最大的'石头'，也就是最重要的议题呢？"在此之后，YouTube的每个人都能够清晰地知道我们的"石头"，也就是我们的首要任务。就这样，我们所有的石头都能够装入瓶子里了。

这是实现目标飞跃的关键一步，接下来的4年里，我一直为之奋斗。

更好的衡量标准

YouTube已经探索出了赢利模式，但对于如何提高点击率却没有清晰的思路。然而，不管是公司还是我个人都很庆幸的是，谷歌搜索团队的一名工程师早已在这方面走在了我们前面。在一个叫Sibyl的团队中，吉姆·麦克法登正在开发一个可以引导观众选择"观看下一个"的推荐系统，也就是列出相关的视频或进行"推荐"。显然，它能够对我们点击率的提高产生巨大的影响。但需要思考的是，点击率的提高是我们真正想要的吗？

正如微软首席执行官萨提亚·纳德拉指出的那样："在一个计算能力几乎无限的世界里，真正稀缺的商品才会越来越受到人们的关注。"[2]当

第14章 延展：YouTube的故事

用户花更多宝贵的时间来观看YouTube视频时，这些视频必须能够给他们带来乐趣。这便会形成一个良性循环：更满意的观看带来更长的观看时间，更多的观看会吸引更多的广告商，从而激励更多的内容创作者进行创作，于是又会吸引更多的观众。

我们真正的收益来源不是观看率或点击率，而是观看时长。这个逻辑是毋庸置疑的，因此，YouTube需要一个新的核心衡量指标。

"观看时长"是最重要的衡量标准

2011年9月，我向我的老板和YouTube领导团队发送了一封极具刺激性的电子邮件。邮件的核心思想是"关注观看时长，并且只关注观看时长"。这是一个帮助我们重新思考如何衡量成功的提议："在许多目标上我们与竞争对手都是一致的，但在目标设定上我们需要增加观看时长。"对于谷歌的许多人来说，这听起来就像是"异端邪说"。谷歌搜索设计的初衷是作为一个中转站帮助用户尽可能快地到达其所希望到达的站点。"最长的观看时间"好像看起来与谷歌的这一使命是背道而驰的。此外，强调"观看时长"对视频而言带来的可能是负面影响，因为无论是对观看用户还是创作者而言，这都是一个很严格的衡量指标。最后，更重要的是，强调增加"观看时长"可能会导致收入下降，至少在初期阶段是这样的。由于YouTube广告仅在视频开始前播放，因此，较少的点击率意味着较少的广告，而较少的广告则意味着更少的收入[①]。

[①] 尽管这项工作正在进行，但YouTube现在会在视频中间插入一些广告，以符合其新的价值定义。

我的观点是，谷歌搜索引擎和YouTube是两个不同的产品。为了让人们更加鲜明地理解这两个业务的不同，我举了这样一个例子：让用户在YouTube输入搜索"如何打领结"，然后，我们提供两个关于这个话题的视频。第一个视频时长为1分钟，以快速而精准的方式教你如何打领结；第二个视频时长约10分钟，以幽默、风趣又搞笑的方式向你讲述如何打领结。然后，我问我的同事们：哪个视频应该在搜索结果中被置顶？

对于谷歌搜索的员工而言，答案很简单："当然是第一个。如果有人想到YouTube上学打领结，我们当然是要帮他们成功学会打领结啊！"

然而我却说："我想给他们看第二个视频。"

搜索团队集体抗议，他们质疑："你为什么要那样做？这些可怜的人只是想把他们的领结绑在一起，然后去参加活动而已！"（他们可能在想：这家伙一定是疯了！）但我的观点是，YouTube的使命与谷歌搜索从根本上是不同的。用户能够在YouTube上学会绑好领结当然很好，如果这就是他们想要的全部，他们会选择1分钟的那个教学视频。但这不是YouTube的使命，至少不完全是。我们的使命是让用户参与并互动。根据这个逻辑，用户观看10分钟视频中的7分钟（甚至是10分钟视频的2分钟）所获得的快乐要远远高于1分钟的教学视频。当他们感到快乐时，我们的目的就达到了，我们也会感到更快乐。

这场争论持续了将近6个月，我最终赢得了这场争论。2012年3月15日，我们推出了以"观看时长"为衡量标准的优化版本，这个版本基于算法为用户进行推荐，旨在提高用户的参与度和满意度。

制定不可思议的"数字"目标

2012年11月,在洛杉矶举行的YouTube年度领袖峰会上,希希尔把我们几个人召集到一起。他表示,他即将宣布一个更大的挑战性目标来启动下一年的工作:日均用户观看时长达到10亿小时。这是一个简单但又很有分量的数字。他问我们:"我们什么时候能完成这一目标?时间框架如何规划?""日均用户观看时长10亿小时"意味着我们要实现10倍速的增长,我们知道这需要花费几年的时间,而不是几个月能做到的。我们认为2015年以前完成有点太离谱,而如果到2017年完成又有点太慢了。就在希希尔上台演讲之前,我们设定在2016年底完成这一目标,为此,我们制定了一项为期四年的OKR,这四年的目标中包含一系列的年度滚动目标和随季度递增的关键结果。

目 标

到2016年底,达到日均观看时长10亿小时,增长率受到如下因素驱动:

关键结果

1. 搜索团队+主要应用程序(+××%),直播室(+××%)。
2. 增加参与度和游戏观看时长(每天×小时观看时长)。
3. 启动YouTube VR(虚拟现实)体验,并将VR目录从X视频增加到Y视频。

设置挑战性目标的规则

如果人们不相信挑战性目标是可以实现的，那么它就真的无法实现，这就是设定目标的艺术所在。希希尔是一个非常聪明的管理者，他将我们"胆大包天"的目标分解成一个个小目标。虽然每天10亿小时听起来非常恐怖，但它还达不到全世界电视观看时长的20%。这一背景信息对我们来说很有价值，至少对我来说是一项重要的信息支撑。我们并不是想任意扩张我们的规模，相反，本来就有比我们规模还大的对手存在着，我们只是想迎头赶上而已。在接下来追逐目标的4年中，我们并非机械地坚持"10倍速"增长原则。事实上，为了维护用户的利益，我们甚至会做出一些缩短观看时长的决策。例如，我们制定了一项政策：叫停"点击诱饵"视频。3个星期后，这一举动被证明导致观看时长减半。但我们依然坚持这一决策，因为它可以带来更好的用户体验。减少"点击诱饵"，从侧面反映了我们追求的是负责任的增长。3个月后，这个小组的观看时长已恢复至原有水平，甚至有所增加。一旦"诱饵性"内容变得不易访问，人们就会寻求更令其满意的内容了。

但是，一旦建立了"日均观看时长10亿小时"的宏大目标，我们就会紧紧围绕这一目标开展各项工作，也不会轻易做出任何改变。如果改变可能会减慢我们实现这个目标的进度，那么，我们会仔细估计一下这个变化将在多大程度上影响目标的进度，并且我们一定会在进行改变之前达成内部共识。

第14章 延展：YouTube的故事

加快进度

苏珊： 萨拉尔·卡曼加最喜欢的是初创公司，因为他非常擅于将公司引领到下一个发展阶段，他自己也十分享受这种感觉。到2012年时，YouTube已经发展成为一个大型组织，萨拉尔决定继续推动公司向前发展。当时，公司分成了两个派系——业务派和技术派，此时急需有人把他们团结在一起。在领导谷歌关键词广告业务的近10年时间里，我得到了很大的锻炼，已经善于应对复杂的系统了。同时，我也非常渴望迎接整合YouTube这一极具挑战的任务。

当YouTube领导层设定"日均观看时长10亿小时"的目标时，我们中的大多数人认为这是一件不可能完成的事情。他们认为这会破坏互联网的发展模式。但在我看来，这样一个明确又可量化的目标能够恰到好处地激励人们前行，我为他们感到振奋。

2014年2月，当我来此任职时，YouTube几乎刚完成这个为期4年的超级OKR的1/3。也就是说，虽然目标设定得很好，但实现速度不尽如人意。"观看时长"的增长率远低于我们的计划，巨大的压力如乌云般笼罩了我们。虽然谷歌的政策是达到挑战性目标的70%就可以了，尽管有时候人们也会彻头彻尾地失败，但没有一个团队在设定OKR的时候会说："70%就好，达到70%我们就算成功啦！"每个人都尽力去实现100%的完成率，特别是当目标看起来似乎触手可及的时候。可以肯定地说，YouTube的任何人都不会满足于7亿小时的日均观看时长。

说实话，即便如此，我也并不确定我们会按时达到"日均观看时长10亿小时"这一目标。但是我认为，只要我们的团队能保持团结一致，即便与所要实现的目标之间有一定的差距也是可以接受的。我在谷歌也曾经历过延迟实现目标的情形，其实这会促使我们不断更新我们的关注点，推动目标继续实现。2007年，我们推出相关广告收费模式——这是一个季度性的OKR，我们工作非常努力，全力以赴地实现这个目标，但最终目标的实现还是比预期晚了两天，不过这并没有带来什么不好的后果。

OKR最棒的地方在于它教会你如何跟踪目标的进度，特别是当你的进度落后时。在谷歌，当我们在每季度中期对OKR进行更新时，我们关注的焦点在于如何解决出现的问题并使其回归正轨。更新目标是凝聚团队的大好机会，我对大家说："现在我希望每个人都可以列出5个能够帮助我们更接近最终目标的项目。"这种做法不仅可以促使OKR得以继续，同时还可以促进更多积极行为的产生。所以，我并不会在"日均观看时长10亿小时"这一目标截止日期的凌晨钟声敲响前产生过多的压力。

OKR的负责人克里斯托斯·古德洛则认为，日均10亿小时的观看时长已成为他的"白鲸"。就在我加入公司后不久，在我们的"提速"会议上，克里斯托斯向我展示了一套包含46张幻灯片的演示文稿来说明他的观点。特别是展示到第五张幻灯片时，他非常明确地强调：我们必须要迎头赶上了。

克里斯托斯·古德洛： 我很担心。我们每年都会公布我们的年度目标和重点关注领域。从2013年到2016年，"日均观看时长10亿小时"这一目标每年都会在报告中呈现，我们也没有清晰的短期目标去实现它。

第14章 延展：YouTube的故事

当我第一次见到苏珊时，我非常感谢她接受了我们提出的"10倍速"增长的目标。然后，我说："顺便说一句，我们已经落后了。我很有危机感，希望你至少也能感到一点紧迫。当你决定优先考虑什么，以及资源向哪里倾斜时，请始终记住，如果我们什么都不做，我们是不可能实现这个宏伟目标的。"

苏珊：我对目标是否能够达成也有些担心。为了确保我们能够获得保障目标实现的基础设施，我们与谷歌工程师们做了最大的努力。要想把YouTube的视频从数据中心传送到用户那里，需要数量巨大的字节，远不是邮件或社交媒体可比拟的（技术术语是"出口带宽"）。我们竭尽所能，保证谷歌有足够的服务器来承载和传输所有这些字节，以便将用户想看的视频传送到他们的手机或笔记本电脑上。

在宣布了"日均观看时长 10 亿小时"的OKR之后，YouTube的领导团队上演了一场"魅力攻势"，保证我们在 2016 年能承载如此大量数据的带宽。当我接手时，谷歌的服务器组要求重新谈判，似乎是想要求我们支付一笔高昂的费用。我遇到了一个棘手的问题：我刚上任，而且我们那时并没有达到预计的使用量。但是我知道，一旦我们削减我们的服务器使用量，再想恢复就没那么容易了。于是我采用了"拖延策略"，我对那些技艺精湛的工程师们说："给我们一点时间继续这个计划，从现在开始，3 个月后再看成果。"我当时想，我们需要在知道事情到底会发展成什么样之前，保留当前的服务器使用量。令人欣慰的是，3 个月后，我们获得了更多的流量、更快的增长率，事情也变得容易解决了。

"10亿小时"的OKR是YouTube的一个重要目标，我非常想支持这一目标的实现。但任何事情都有两面性，我担心如果管理不当，就会导致不利的结果。我的工作是关注细节——那些可能被忽略的细微差别。"日均观看时长"受两个因素驱动：日均活跃观众量（或DAV）及每日人均观看时长。YouTube在第二个指标方面已经做得很好了，很难再进行突破。我们发现，深化关系比建立新的连接要容易得多。但我们的研究也发现，相对于让现有用户的观看时间提高到两倍，我们在扩大用户数量方面有更好的潜力。更何况，我们需要新用户，我们的广告商也是如此。

相互支持

克里斯托斯：每当你接替新的领导职位时，一切都有待重新评估。当苏珊接管YouTube时，她并没有义务去支持"日均观看时长10亿小时"这一OKR，这是上届管理团队的目标。她本可以站在自己的角度重新提出一个目标，或者更多地以收入为导向，或者继续保留这一目标，同时增加3个相同或更高优先级的其他目标。当然，如果她做了这些事情，我们将永远无法按时达到10亿小时的日均观看时长，我们的注意力会被分散，且永远也无法实现这一目标。

苏珊接手YouTube后，我们开启了一种新的监督与激励方式：我们在公司的目标旁边分别用绿色、黄色和红色的彩色条来标记目标进度，并在彩色条的前方写上每个人的名字。"克里斯托斯"的名字紧紧地挨着"10亿小时"目标，并且在每年、每季度的员工大会上被反复提及。这使得我自己觉得我个人需要对"日均观看时长10亿小时"这一OKR负主要责任。

我非常欣赏谷歌鼓励员工设定高风险、有挑战性的目标并允许失败的做法。我知道这已经产生了一些积极的效果。自我们宣布这一"胆大包天"的目标以来，我的团队已经对视频搜索和推荐方式做出了显著改进，我们成为通过OKR管理帮助提升YouTube在整个谷歌公司的形象和地位的经典案例。公司的士气从未如此高涨，我甚至听到营销人员发自内心且饱含热情地讨论"观看时长"的问题，这是我从未想到的。

即便如此，对于公司和我来说，这个OKR都意义非凡。早些时候，我就告诉过希希尔，如果我们未能如期完成我们的四年之约，我会从谷歌辞职——我是很认真的。我知道这听起来有些夸张，但这就是我当时的想法。也许正是这种强烈的责任感成为我坚持下去的动力。

━━━━━━━━━━━━━━

到2016年的新年，也就是四年之约最后一年的开始，尽管我们仍在按照计划进行，但却已经是勉强为之了。随之而来的一个暖春，现实又打了我们一个措手不及，人们似乎更愿意将时间花费在拥抱大自然而不是拿着手机刷视频上。我们不断问自己：这些用户会流失吗？直至7月底，我们用户的增长率仍远低于我们的年度目标。随之而来的是巨大的压力，我甚至要求我的团队考虑重新规划他们的项目以增加"观看时长"。

到了9月，人们结束了休假，我们对搜索和推荐的优化效应开始显现，老用户依旧保持了以往的观看习惯，同时不断有新用户开始加入。

"10亿小时"的任务仿佛变成了一场胜利在望的游戏,我们的工程师也开始专注于寻找各种方法,哪怕这些方法只能提高0.2%的观看时长。仅仅2016年一年,他们就找到了150项能够带来这种微小改进的方法,而它们全部都被应用在实现"10亿小时"这一目标上了。

到10月上旬的时候,日均观看时长已远远超出了我们的预期。那时,我已胸有成竹,我们就快实现我们的目标了。但我仍坚持每天都要查看"观看时长"统计表,一周七天,天天如此,即使是在休假的时候,甚至是生病的时候。就在那年深秋,一个风和日丽的周一早上,当我又一次拿起数据报表时,我惊喜地发现这个周末我们的观看时间达到了10亿小时。令人难以置信的是,我们竟然提前实现了令很多人认为难以企及的挑战性OKR目标。

在这之后的一天,成为我近三年来第一次没有查看统计报表的一天!

与此同时,我们这一具有里程碑意义的OKR还带来了一些意想不到的收获。通过四年的努力,我们不仅实现了"日均观看时长10亿小时"的目标,之后的"日均观看时长"也一路飙升。挑战性OKR具有强大的驱动力,并且你永远也无法预知在这个过程中你会有哪些收获。对我来说,一个重大的收获就是我明白了获得高层领导支持的重要性。

苏珊和其他YouTube的领导人对我们设定的目标都很有信心,他们很乐于见到如此有野心却又十分清晰的目标,同时他们也坚信我们会选择正确的方式去实现这些目标。当谷歌搜索团队质疑我们的目标时,谷歌的高层管理团队不但站出来对我们予以支持,还赋予了我们极大的自主权。

第14章 延展：YouTube的故事

苏珊·沃西基庆祝YouTube成立十周年，2015年

学会宏观思考

苏珊： 有挑战性的目标可以促使整个组织进行再设计。就我们而言，它激发了整个YouTube公司最根本的创造性和主动性。员工们开始讨论："如果我们要做到这么大，也许我们需要重新设计我们的架构，也许我们需要重新评估我们的存储能力。"它为整个公司打造更加美好的未来注射了一针强心剂，使得每个人都开始学会站在宏观的角度去思考问题。

回首往昔，若不是依靠OKR的程序、结构及清晰的挑战性目标，我不敢相信我们能够顺利实现那个四年之约。在一个高速发展的公司中，将每个人团结在一起，为一个共同的目标奋斗是一个不小的挑战。人们需要一个标尺来确定和衡量他们的方向和表现。我们的任务就是找到那个正确的标尺,于是"日均观看时长10亿小时"的目标就成了为技术团队引航的那颗启明星。

  但是,没有什么是一成不变的。就如在2013年,"观看时长"是衡量YouTube用户体验的最佳方式,而现在我们已经开始在寻找其他变量了,比如,视频及照片的网络增量、用户的观看满意度,以及对社会责任的关注等。如果你分别看了两个时长10分钟的视频,观看时间是一样的,但是哪个会让你觉得更快乐呢?

  所以,到这本书出版的时候,我们可能已经找到了一个新的衡量增长的指标。

下 篇

OKR 引领组织变革

第 15 章
持续性绩效管理：OKR和CFR

交流可以改变个体思维方式，
进而改变个体行为方式，最终改变组织行为方式。
——谢丽尔·桑德伯格

年度绩效考核不仅成本高昂、耗时费神，还大多是徒劳无功的。平均每个报告都需要耗费每位管理者约7.5个小时的时间。仅有12%的人力资源主管认为这个过程在推动商业价值方面"非常有效"，[1]只有6%的人认为值得花时间去做这件事情。[2]受近因效应、员工排名，以及正态分布曲线的约束和影响，这些年终评估报告无法公平公正地衡量员工的绩效。

领导者们历经苦痛才深刻领悟到的一个教训就是"不要把人数字化"。即便是彼得·德鲁克，这位目标管理的首创者，也认同标准化管理的局限性。在德鲁克看来，管理者的"首要角色"是"自己本身"，管理者需要和他人建立有效的人际关系，激发共同的信心，构建命运共同体。[3]或者如阿尔伯特·爱因斯坦所言："并非所有可以用数字计算的东西都是有价值的，也并非所有有价值的东西都可以用数字来衡量。"

为了实现那些遥不可及的目标，我们必须对员工进行更高层次的管理。我们迫切需要升级目前在工作场所中所使用的沟通体系，正如现在使用的基于季度的OKR管理法已将年度目标管理法淘汰出局一样，我们也需要一个类似的工具来对过时的绩效管理体系进行革新。简而言之，我们需要一个新的人力资源模式来适应新的工作环境。这一模式就是持续性绩效管理体系，用于取代当前的年度评估体系。持续性绩效管理是通过一种叫作CFR的管理工具来实现的：

对话（Conversation）：经理与员工之间真实的、高质量的交流，旨在对绩效提升起到驱动作用。

反馈（Feedback）：同事之间面对面进行双向沟通或通过网络进行交流，以评估工作进展情况并探讨未来的改进方向。

认可（Recognition）：根据个体所做贡献的大小施以对等的表彰。

和OKR一样，CFR在组织的各层级都强调透明、问责、授权和团队合作。CFR是有效沟通的"刺激物"，它能激发OKR，并将其送入正确的轨道。CFR是一个完整的交付系统，用于衡量什么才是最重要的事情，让绩效管理"直击要害"。CFR完全体现了安迪·格鲁夫创新方法的精髓和力量，也使得OKR更加人性化。

最为重要的是，OKR和CFR是相互促进的。道格·邓纳莱恩是BetterWorks公司的首席执行官，也是首先将这两种管理工具引入云计算和智能手机的先锋人物，已帮助数以百计的企业实现对绩效目标的有效管理。道格说："两个工具'联姻'，才有真正的威力。如果会谈的内容仅限于你是否达到了目标，那就失去了它的价值。你需要持续的绩效管理来解决那些关键问题，比如这个目标比你原来设想的更难以实现吗？这是最初的那个正确目标吗？它是激励性的吗？我们是应该对上个季度真正发挥作用的两三项工作加倍投入，还是另外选取一个新的核心工作任务？你需要从全局出发，从整个组织中寻找这些答案。"

"另外，如果你连目标都没有，那还有什么好谈的呢？你实现了什么？你又是如何实现的呢？依照我的经验，当团队有明确且一致的目标时，他们更有可能感到满足。他们才不会在工作中因感到困惑而进入'神游'状态，他们可以清楚地知道自己所做的事情是如何与组织息息相关，并对组织产生促进作用的。"

再举一个足球的例子。假设球门是最终目标，是你想要瞄准的地方，而关键结果就是你需要持续不断运动以到达那里。为了使整个团队良性发展，球员和教练都需要付出更多，为共同的目标贡献自己的力量。CFR包含了各种各样的互动方式，比如周一利用录像进行事后观摩总结，一周中期开内部小组会交流，队员通过预先的演练进行切磋，以及周末比赛结束后召开一个庆祝会。这些方式可以把整个团队紧密地连接在一起，从一场比赛走向下一场比赛。

重塑人力资源管理

好消息是，变化正在逐步开始。在评选的世界500强公司中，有10%的公司已经放弃了一年一度的绩效评估体系，并且这一数字还在不断增长。而无数的初创公司，也并没有选择那些传统的绩效考核方式，而是拥抱新的绩效管理制度。我们正处在一个需要重塑人力资源管理的重要时刻，一个灵活、敏捷、无等级的工作环境是所有成功企业都必不可少的。

当公司开始用持续沟通和实时反馈来取代传统的年度绩效考核时，或者至少增加一点这些内容，就更有可能在全年取得进步。行为校准和透明化成为日常准则，比如当员工们陷入困境时，他们的经理不会坐以待毙，他们就像消防员奋不顾身地跳入火海那样，立刻就员工所面临的困难与他们进行实时沟通。

这听起来似乎十分简单，但持续的绩效管理确实会提升每个人的绩效水平。它可以帮助员工自下而上地全面提高业绩。它能够很神奇地帮助提升士气与促进自我成长，无论是对领导者还是对员工，都是这样。如果再配合OKR基于季度的目标跟踪体系，效果会更加明显。

表 15.1　年度绩效管理与持续性绩效管理的区别 [4]

年度绩效管理	持续性绩效管理
年度反馈	持续性反馈
与薪酬挂钩	与薪酬脱离
指令/专制	指导/民主
聚焦结果	聚焦过程
基于劣势	基于优势
易有偏见	客观驱动

在转型期，许多组织会拓宽其评估标准，比如对能力和团队合作进行评估。也有很多公司采取"两条腿走路"的策略，既使

用传统的年度评估方法，同时也使用CFR。这种新旧思维的平衡对大公司尤其适用，其中一些甚至可能乐意一直这样做下去。其他公司则可能会彻底抛弃传统的基于等级和排名的评估方式，以便更好地提高透明度、促进合作及使用多维度评估标准。

Pact的持续性绩效管理

Pact坐落于华盛顿特区，是一个从事国际贸易与发展的非营利组织，它切身体验了OKR与持续性绩效管理之间的协同效应。以下是Pact的负责人蒂姆·斯塔法的分享。

我们选择了OKR，是因为我们对绩效管理过程的需求愈加强烈。因此，当Pact选择OKR时，我们正式放弃了年度绩效评估方法。我们在经理与雇员之间建立了一系列更为频繁的交流方法来取代它。在内部，我们称之为"推进"。它包括以下四个要素。

1. 雇员与经理每月进行一次关于事情进展的一对一谈话。

2. 对OKR进行季度审查。我们会一同坐下来进行沟通：本季度的计划是什么，哪些能做，哪些不能做，为什么会出现这样的状况，以及我们可以做出哪些改变？

3. 我们还会进行一个半年度职业发展座谈。员工们可以陈述他们的职业规划：他们从事过什么岗位的工作，现在在什么岗位，将来想要去什么岗位，以及他们的工作经历和需要组织对他们的规划提供什么支持。

4. 持续而自我驱动的洞察力。我们其实一直被正能量和积极反馈所包围，但由于缺乏正式训练，我们中的许多人无法发现它。比如说

> 你给你的团队做了一个报告,然后有人走过来对你说:"嘿,干得漂亮!"绝大多数人会回应说:"那真是太棒了,谢谢您!"然后转身离去。但我们却希望你能够进一步追问:"谢谢,请问你认为我什么地方做得很棒呢?"我们需要的是获得及时而具体的反馈。

"友好"分手

对于那些准备推动和实施持续性绩效管理体系的公司来说,第一步要做的事情就是把薪酬与OKR分开,不管是加薪还是奖金都不能直接和OKR相关联,因为这是两种不同的对话机制,有着各自的节奏和周期。年度绩效管理是回顾性的评估,通常在年底举行。而持续性绩效管理是领导同员工之间持续跟进的前瞻性对话,通常以五个问题为中心:

> 你正在做什么?
> 你做得怎么样?你的OKR进展如何?
> 你的工作有什么阻碍吗?
> 你需要我提供什么来帮助你实现目标?
> 你需要什么帮助来实现你的职业目标?

我并不是建议现在就可以或应当完全摒弃年度绩效考核方法。一项定量研究的结论表明:个人报酬的增加可能会消除一个人对目标完成得分的偏见。由于OKR能够恰当反映一个人的工作价值，因此它是一个可靠的周期性反馈来源。但是当目标直接与薪酬挂钩时，员工就不会报任何期望了。他们开始有所防备，他们会消极怠工并失去创造更好业绩的动力，随后又会因为缺乏挑战而感到无所事事，而组织才是这种行为的最终受害者。

我们假设员工A设定了一个很困难的挑战性目标，她完成了设定目标的75%，那么她的优异表现是否值得获得100%或是120%的奖金呢？相比之下，员工B达到了他的关键业绩的90%，但是他的经理知道他并没有竭尽全力，更重要的是，他还缺席了好几个重要的团队会议，那么他应该获得比员工A更多的奖金吗？

如果你还想保住员工的士气和自主性，那就干脆利落地说"不"吧！

在谷歌，按照拉兹洛·博克的说法，OKR只占绩效考核比重的1/3甚至更低。他们还可以从跨职能团队的反馈中获得员工的综合信息，对反馈的结果，都会结合具体情况而加以综合考虑。拉兹洛说："即便是专门的目标设定系统，所设定的目标往往也会有错误或不合理。也许是市场的突然下滑或是客户的突然离职，都会使你不得不从头开始。你需要试着把所有这些因素都考虑在内。"谷歌一向谨慎地将原始目标得分与薪酬决策分离开来。在每个循环之后，他们的OKR数据就从系统中清零了！

目前，我们还没有发明出任何一个公式，可以用于准确解释人类复杂的行为，因为对他人的判断都存在主观性，掺杂着个人因素。在今天许多工作场景中，OKR和薪酬是"好朋友"，它们结伴而行,永不分开,但它们也无须"生活"在一起,这样可能更健康一些。

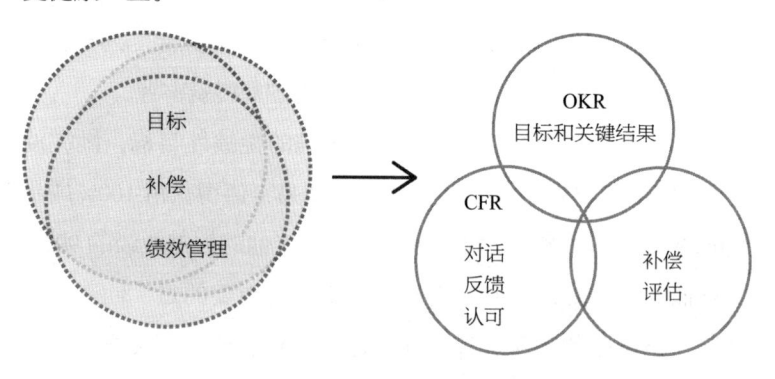

随着企业管理向持续性绩效管理过渡,OKR和CFR大多变得独立于薪酬和正式评价之外

对　话

彼得·德鲁克是最早关注到管理者与下属直接对话会带来价值的人,他强调管理者和下属之间的一对一定期会谈对工作改进有很大的价值。依据安迪·格鲁夫的测算,管理者与下属的谈话"将提升下属的工作质量,90分钟的谈话可以影响下属两周的工作效率"。[5] 为了保持领先地位,安迪在英特尔公司强制执行了这一模式。关于会议的目的,他写道:

> 对话可以"教学相长"。通过谈论具体的问题和情况,主管向下属传授他所掌握的技能和知识,并提出解决事情的

具体方法。同时，下属应向主管详细说明他正在做什么事情，以及他所担心的问题。一对一会议的关键在于：它应该被看作一个以下属为主导的会议，会议的内容和整个基调是由下属决定的，而主管的作用是倾听并做出指导。[①]

主管也应该大力提倡在一对一会议上开诚布公地探讨一些问题，因为这是一个深入了解工作细节和下属工作中所遇到的问题的绝佳机会。他对自己的表现满意吗？他有遭受一些挫折或障碍的困扰吗？他对自己未来要做什么有疑问吗？

格鲁夫的原则是比以往任何时候都更强调及时性，因此他强调利用现代工具来跟踪和协调当下频繁的对话。[②]有效的一对一会谈源自日常工作，可以根据实际需求进行由周到季度的调整。基于BetterWorks对数百家企业经验的总结，管理者和员工之间的对话通常出现在五个关键领域。

1. 目标设定和反思：员工的OKR计划是为即将到来的周期设定的，讨论的重点应当是如何将个人目标和关键结果与组织的当务之急进行最有效的结合。
2. 持续进度更新：依托数据对员工工作的实时进度进行

---

① 安迪认为"下属"应当主导90%的谈话内容。当我在英特尔和我的老板见面时，他的关注点始终放在如何帮助我取得关键成果上。[6]
② 根据盖洛普公司的数据可知，更频繁的一对一谈话会将员工的参与度提升3倍。[7]

快捷监督,并随时待命准备解决问题。[①]

3. 双向辅导:帮助员工发挥他们的潜能,并帮助管理者更上一层楼。

4. 职业发展:帮助员工提升技能,发现成长的机会,并让其看到未来在公司的升职空间。

5. 轻量级的绩效评估:这是一种以组织需求为基准,将上次会议以来的组织投入与员工产出进行总结比较的反馈机制。(如前所述,这一谈话与员工年度薪酬和奖金无关。)

随着职场对话变得越来越不可或缺,经理们的角色由监工转化为指导者、辅导者或是引领者。例如,产品负责人在产品设计决策上摇摆不定,导致产品发布日期面临延期的风险时,在下一次执行团队会议之前,一位资深的首席执行官或辅导者可能就会说:"你能想到在这种环境下如何更果断地做出决策吗?是不是可以列出两个最好的选择,然后说明你更倾向于哪一种?你认为你能做到吗?"如果产品负责人同意的话,就可以形成一个计划。不同于单纯进行消极的指责,辅导者更关注的是未来的改进结果。

[①] 进度更新包含两个基本问题:哪些工作进展顺利,运行良好?哪些工作受到阻碍,表现不佳?

反 馈

谢丽尔·桑德伯格在她的经典之作《向前一步》一书[①]中指出:"反馈是一种基于观察和经验的意见,可以帮助我们了解自己给别人留下的印象。"[8]为了使OKR的价值最大化,必须将反馈融于这个体系之中。因为如果你连自己表现得怎样都不知道,又怎么可能表现得更好呢?

现在的员工都希望能够被"授权"和"激励",而不是管理者对他们的工作指指点点。他们希望向管理者表达自己的观点,而不是努力工作一年,最后才知道经理对其工作表现的褒贬。他们渴望定期将自己的目标、计划与他人分享,并时刻关注同事工作的进展情况。[9]公开、透明的OKR可以帮助激发他们从不同角度思考问题:这些是我/你/我们应该关注的正确的事情吗?如果我/你/我们完成了它们,会被视为一个巨大的成功吗?你对我/我们怎么才能做得更好有什么建议吗?

反馈可以是非常有建设性的,但前提是它必须足够具体。

> 负面反馈:"由于你上周的会议组织晚了,才导致了这种一团糟的结果。"
>
> 正面反馈:"你的演讲真是太棒了!先是通过开场白吸引了全场的注意力,又用我最喜爱的极具指导性的'下一步规

---

① 此书中文版于2014年由中信出版社出版。——译者注

划'来完美收尾。"

在发展型组织中，反馈通常是由人力资源部门主导和安排的。在更为成熟的组织中，反馈多是不受约束、实时和多方向的，并且多是不分时间、不分地点在组织内以开放式谈话的方式进行的。我们能给优步司机打分（他们也能给我们打分），甚至在点评网站Yelp上给评分者打分，那么为什么工作场所不能支持经理和员工之间的双向评价呢？这是员工与上级之间实现双向交流的宝贵机会，比如他们可以询问管理者需要自己做什么才能取得成功，同时也可以让管理者知道自己需要从他那里获得什么帮助。

就在几年前，员工们还需要通过将匿名纸条放进办公室意见箱的方式为自己发声。而今天，一些领先的公司已经用24小时在线且可进行匿名反馈的工具替代了意见箱——从突击式员工调查到匿名社交网络，再到会议及会议组织者评分的应用程序，员工与管理者之间的反馈方式不断多元和丰富了。[10]

双向（或360度）反馈是持续性绩效管理的一个附加手段。它可以是匿名的，也可以是公开的，或是介于两者之间的。反馈旨在帮助员工更好地实现其职业生涯的发展吗？（如果是这样的话，它应当是以私下的方式向个人传播的。）它是为了揭示一个组织的问题吗？（这是HR的工作。）也许这些问题都包含在内吧！

通过培养团队之间的联系，双向反馈在跨职能活动中将发挥出极大的价值。随着平行沟通的普及，部门间的团队合作已经成为新的常态。随着OKR与360度反馈的完美结合，传统的绩效考核方式将很快成为历史。

认　可

这是CFR中最容易被低估的部分，也是最不容易被理解的部分。因为金表贵重，且可以保存长久，传统的认可方式常常把金表当作奖品，这样的时代已经一去不复返了。现代的认可是基于绩效表现和员工横向之间的对比，这有点像"认可众包"，每个人都可以随时认可他人的业绩，也可以随时得到他人的认可。比如，捷蓝航空公司设计了一个由价值驱动的双向认可系统，让领导者开始注意到那些在一线工作的员工，由此让员工满意度双倍提升。

持续性的认可是提高参与度的一个强有力的驱动因素："尽管看起来很容易，但一句简单的'谢谢你'对于打造一支高参与度的队伍却有出其不意的效果。那些文化认可度高的公司的员工自愿离职率比文化认可度低的公司低31%。"[11] 以下是一些提高员工对公司的认可度的方法。

鼓励同事间认可。当雇员的成就获得同事的一致认可时，就会激发一种感恩的文化。在Zume比萨公司，每周五全员都会参加公司的"总结"会议，会议结束时，组织中的每一个成员都会对做出杰出贡献的成员给以主动、真诚、发自内心的称赞。

建立明确的标准。正确识别员工目前进行的是行动还是结果：完成特殊项目、实现公司目标，还是展示公司价值。同时用"当月业绩"代替"当月最佳员工"。

分享有利于增加认同感的故事。实时通信工具或公司博客都可以用于分享这些成就背后的故事，赋予认同更多的意义。

提高认同发生的频率和可获得性。即便是很小的成就，也应当予以赞扬。比如：为在截止日期前完工而付出的额外努力，对提案进行润色完善，或者是做一些在管理者看来是理所应当的小事。

对公司目标和战略的认同。无论是客户服务、创新、团队合作还是成本削减，任何符合组织最高利益的事项都应当被及时提出并获得支持。

OKR平台就是为实现这种双向认可而打造的。在反馈效果好和认可程度高的区域，季度目标被不断地设立又重建。OKR的透明性使得无论是大成功还是小胜利，都可以在同事那里收获真诚的祝福。每一个人取得的成就都应当得到他人的关注与认可。

一旦团队和部门开始以这种方式进行互动，会使越来越多的人加入其中，而认可度高的组织文化也会激活整个公司的活力，使公司焕然一新。在这种文化中，不论职位高低，每一个人都可以为他人的目标加油鼓劲。但要明确的是，每一次鼓舞都是为了向卓越更近一步，都是为了实现OKR和CFR的最高目标。

第 16 章

抛弃年度绩效评估：Adobe 的故事

6年前，像绝大多数企业那样，Adobe软件公司每年都要进行一次过时的年度绩效评估。经理人需要在每位员工身上花费将近8个小时进行测评，这使得无论是经理人还是员工都感到无奈而沮丧。然而其导致的结果却是，每年2月都会有大批员工因对考核结果感到失望而自愿离职，到其他公司去施展他们的才华与抱负。总体算下来，该公司管理者总共投入了8万小时用于评估——相当于将近40个全职员工一年的工作时间——这就是一个无法创造出明显价值的机械而呆板的过程。面对竞争，Adobe不得不全速转向基于云服务业务的商业模式，因为它需要持续赢利，才能够保证公司的正常运营。然而不得不提的是，尽管该公司已在产品和客户关系方面引入了一种现代化的、实时运营的管理方式，但其人力资源管理方式的滞后仍然阻碍其发展。

2012年，在一次前往印度的商务旅行中，Adobe高管唐娜·莫里斯表达了她对传统绩效管理体系的不满。由于受时差影响，她的警惕意识有所降低，所以对记者说，公司计划取消年度考核和等级排名，进而引入频次更高且正向的反馈机制。这是一个很好的想法，但问题是，她还未曾同她的人力资源部职员和Adobe的首席执行官商讨过这一想法，就提前把它泄露了。

VIRTUAL COMPULSIONS

Adobe Set to Junk Annual Appraisals

Company to rely on regular feedback round the year to rate & reward stuff

DEVINA SENGUPTA
BANGALORE

About 10,000 employees at Adobe Systems, including 2,000 in India, have just completed what could probably be their last performance review. The global product services company plans to scrap the age-old practice of being pitted against colleagues and measured up by the bosses once a year.

"We plan to abolish the performance review format," says Donna Morris, senior VP-HR at the company. Still in its blueprint, the plan is to have managers give regular feedback to their teams to ensure a quicker and continuous self-actualisation, rather than wait for the year end.

Adobe took the plunge after it entered the digital marketing space, which required a completely different gamut of customer base and marketing strategies that called for an overhaul of HR processes as well.

Should Cos Scrap Yearly Reviews?

WHY . . .
Once-a-year review may be based on top of mind recall
Regular feedback can help improve performance continuously
Unfair to pit employees against one another in an annual exercise

WHY NOT . . .
Difficult to monitor employee's work constantly, especially in virtual teams
Promotions and increments may get complicated
Difficult to get the best out of employees without annual targets and reviews

Jaleel Abdul, HR head for the Indian arm. Not a borrowed practice, the roots can be traced to management guru Marshall Goldsmith's theory on how instant and real-time feedback can boost performance.

"Course correction is also faster and more immediate this way," says Abdul.

Companies constantly innovate and tweak their appraisal systems.

《Adobe 跨时空的飞跃》，载于《印度时代周刊》，2012 年

唐娜以其特有的活力和说服力，想要促使公司扭转现状。正如她在Adobe公司内网上所写的那样："目前面临的挑战是评估贡

献、奖励成就、给予和接收反馈。是否需要将它们合并到一个烦琐的过程中？我不这么认为。是时候采取完全不同的思维方式了。如果我们取消了年度评估，那么你希望用什么样的替代工具来进行绩效评估呢？是否需要一个新的方式来更有效地激发、激励和重视贡献？"她的帖子引发了公司有史以来参与度最广的讨论之一。

唐娜的坦诚成了"签到"（Check-in）模式得以推广的催化剂，这是Adobe新采用的持续性绩效管理模式。为了调动全体员工的积极性，共同努力推动公司向前发展，管理层之间、管理层和员工之间、员工和员工之间每年都要进行多次会谈。在整个组织中，管理层也不再仅仅依靠人力资源团队进行员工管理，而是主动投身于整个过程，进行掌控。

由于具备轻评估、灵活、透明且结构简单又无须追踪或记录等特质，签到模式适用于三个重点领域：季度"目标与期望"（Adobe企业中代表OKR的术语）、定期反馈、职业发展和进步。对话由员工发起，并与薪酬分离。原来强制的等级排名已经被年度签到奖励所取代。管理人员也逐渐学会根据员工的表现、对业务的影响力、技能的相对稀缺性及市场状况来分配薪酬，不再墨守成规。

2012年秋季起，自从实施签到模式以来，Adobe的自愿离职率开始大幅下降。从开始实施CFR持续性绩效管理后，Adobe公司的整个业务生机勃勃，公司运营充满活力。[1]

以下是唐娜·莫里斯关于在Adobe公司实施CFR的讲述。

---

[1] 有关这些最新方法的更多信息，请您通过访问公司的开放数据库进行了解，网址如下：www.whatmatters.com/adobe。

唐娜·莫里斯： Adobe公司建立在四个核心价值观之上——真诚、卓越、创新和参与。我们过去的年度绩效考核过程与以上每一个都矛盾。因此我对我们的员工说：如果没有评级，没有排名，也不流于形式，你们觉得怎么样？如果你们都知道公司对你们的期望，并且有机会在Adobe实现自己的职业理想，你们觉得怎么样？

签到模式可以帮助我们每天都践行Adobe的价值观。为了解释这个新流程是如何运作的，我们在一系列30~60分钟的网络课程培训中将其放在首位。我们首先将其介绍给高层管理者，其次是经理，最后是员工（我们的员工参与率是90%）。每个季度，我们都会选取签到模式中的某一个过程进行宣讲，从建立期望到给予、接收反馈都包含在内。

我们还投资建设了一个员工资源中心，提供能够帮助员工提高建设性反馈技能的模板和视频。因为在Adobe，很多工程师几乎没有通过开放性对话进行沟通的经历，建设该中心的目的就是帮助他们更轻松地融入这个过程。

在推进签到模式时，领导者的角色至关重要。我们需要领导们树立标杆、以身作则。他们需要表现出自己乐于接受反馈，并且欢迎别人对自己的想法提出质疑的态度。

现在，我们把每个管理者都当作一个业务的领导人。公司给他们分配预算，相当于给了他们一个资金池，允许他们基于激励和公平的原则进行资源分配。通过对管理者们的高度授权，让他们明白自己是工作的第一责任者。与此同时，员工也被赋予了参与整个过程的权利。通过在一年中定期"签到",员工可以让他们的经理了解自己在先前谈话中制订的行动计划和目标的进展情况,以及他们要推进工作所需要的支持和他们在工作中产生的最新想法。既然我们已经废除了固定的薪酬制度,队友们就不再是竞争对手了。

唐娜·莫里斯,2017 年

每个人都渴望成功。员工们也不想等到年底才得知他们的工作评分。他们想在工作的时候就能够获得及时反馈,知道自己做得怎么样,以及还需要做什么额外的事情。在我们的新系统中,理论上我们的员工至少每 6 周就可以获得一次非常具体的反馈,而实际上这种反馈每周都会发生。每个人都知道他们该做什么,以及如何做才能为公司贡献价值。绩效管理不是进行事后管理，而是参与整个过程并进行实时把控。

我们在签到模式下的反馈通常是经理对员工的，但它也可以迅速转换为员工对经理的，比如："我感觉项目X现在很危险，需要更多的支持。"而且由于Adobe采取的矩阵式结构，反馈也可以是双向的。例如，在我的部门，我有一个谈判合伙人、一个财务合伙人和一个法律合伙人。当他们向其他人进行报告时，我们之间是有极高关联度的。我们需要共同评估我们的预期，并通过我们的绩效向他人提供反馈。

从Adobe的经验来看，我认为，想要运作好一个持续性绩效管理系统，需要做到如下三点：一、管理层的支持；二、明确的公司目标，以及它们如何与个人目标相匹配——正如我们在"目标与期望"中所说的那样，其实就相当于是OKR；三、针对提高管理者和领导者的效率进行适当培训和投资。我们不是把人送去上课，而是引导他们参加一个一小时的在线会议，这种会议通常采用角色扮演的方式进行，这样更有利于帮助他们学习，如："你要对现在遇到的困难进行反馈吗？下面是反馈的步骤。"

对人们来说，正确的反馈是很难做到的。但如果能做好，那就是你能给予他人的最好礼物——因为它能改变人们的心态，并通过最积极、最有价值的方式改变他们的行为。我们创造了这样一个环境，在这个环境中，人们会说："你知道吗？犯错是再正常不过的，因为这就是促进我成长的最重要的方式。"这也是我们组织进行文化变革的重要组成部分。

表 16.1　Adobe 新旧绩效管理方法对比

	以往：年度绩效评估	如今："签到"模式
设定优先次序	在年初设定员工需要优先处理的业务，通常不再进行更改	经理定期对业务优先次序进行重新设定或调整
反馈程序	是一个提交成果、征求反馈和撰写评论的漫长过程	是一个无须书面评估而是通过反馈和对话进行的持续性过程
薪酬决策	对每一名员工进行评分和等级排序后，确定股权份额和薪水涨幅的烦琐过程	没有正式的评分和等级排名，经理依据绩效确定薪水和年度股权份额
评估效果	反馈过程不连贯且不受监督。员工绩效通常在年底时会出现峰值，与绩效审查同时发生	反馈按季度进行，持续性反馈成为常态。员工绩效水平基于持续的讨论和反馈的效果
人力资源团队角色	人力资源团队对文件和流程进行管理以确保所有的步骤都得以完成	人力资源团队帮助员工和经理进行匹配，帮助推进富有建设性的对话
培训与资源	管理培训团队和资源来自人力资源部，但往往无法落实到每一个人身上	建设共享式员工资源中心，为员工在需要时提供帮助和回答

签到系统让人力资源管理的定位更加清晰，人力资源管理者存在的价值是为了帮助企业迈向成功。我们的职责是与其他管理层共同探讨如何使所有员工顺利完成公司赋予的使命。成功并不是通过表格、排名和评级来体现的，也不是由那些使人们陷入困境或阻碍他们前行的政策和程序驱动的。真正的成功机制是构筑能力，并激发员工真心为公司服务

的动力。

  对一个服务行业来说,没有什么比员工更有价值的了,特别是那些充满自信、相信自己能够创造价值并愿意为公司长期效力的员工。人员流动的代价是昂贵的。最好的人员流动方式是内部流动,即员工在你的公司中实现职业发展,而不是跳槽去别的企业。人们天生不愿成为流浪者,他们只是想找到一个觉得可以体现自身价值的地方。在Adobe,签到模式正在使这种愿景成为可能。

第 17 章

每天烘焙得更好一点：

Zume 比萨的故事

正如我们所看到的那样，OKR和CFR是两种能够用于提高工作绩效和工作效率的管理方法。除此之外，它们还有更微妙、更深层、更频繁的影响，比如提高管理者的修养，或者给默默奉献的员工们一个展现自我的机会。在通往卓越这条漫长且艰辛的路上，正是由于他们的奉献，才有了组织日复一日的进步与成长。当领导者能够成为更好的沟通者和激励者时，企业的普通员工更容易成长为自律而严谨的思考者。当对话和反馈高效且富有价值时，结构化目标设置更有助于指导员工如何在资源有限的条件下进行工作，即便最初他们是十分抗拒的——对小型企业来说，这更是一门非常重要的课程。

Zume比萨的故事形象生动地说明了这些内在变化。这是一个关于初创企业如何通过使用OKR和CFR管理方法，再加上一些机器人，一步步成为行业巨头的故事。

长久以来，接近100亿美元的美国比萨外卖市场被三个主要的全国连锁店控制着：达美乐、必胜客和棒约翰。这些比萨品牌并不能使人们的生活变得更加美好，但是它们却具有品牌优势和巨大的规模经济优势。2016年春天，当Zume比萨在硅谷一个偏僻的混凝土仓库中开业时，曾受到大多数人的质疑。"机器人手工比萨"被嘲笑为又一个"左海岸噱头"（Left Coast gimmick）[①]。成功并非那么容易，通往成功的路遍布荆棘。

两年过去了，Zume通过制造具有价格优势的世界一流比萨斩断了那些荆棘。公司通过把机械性的工作交给机器去做，解放员工的生产力进行创造性工作，产生了更多的价值。节省下来的人力成本则会用来购买更高质量的原材料：非转基因面粉、有机番茄、源产地为本地的新鲜蔬菜和健康的熏肉。这样做的结果就是在你下订单5分钟后就送到你手中的美味热比萨。

当互联网或手机订单发送到Zume比萨的传送带时，机器人便开始进行和面、造型、撒酱汁等一系列制作程序，然后将比萨安全地送入800度的烤箱中。随着机器人工艺的日渐成熟，公司开始计划将整个流程自动化，从添加奶酪和定制配料，到将半熟比萨装进Zume高科技卡车，实现真正的在途烹饪。（未来，这些卡车极有可能会采用无人驾驶技术。）

仅仅进入市场3个月的时间，Zume就已经成功占有当地比萨市场10%的份额。2018年，它开始打破旧金山湾区的比萨垄断。照这个速度下去，它很快就将席卷西海岸，进而风靡全美。到2019年时，Zume的创始人希望Zume能够走出过国门，走向世界。联合创始人亚历克斯·加登（Alex Garden）在初次使用OKR管理方法时还是Zynga游戏公司的总裁，他说："我们将成为食品界的亚马逊。"

---

① 左海岸指在政治上倾向于左派、选民支持民主党的美国西海岸地区。——编者注

第17章　每天烘焙得更好一点：Zume比萨的故事

Zume联合创始人茱莉亚·柯林斯（Julia Collins）和亚历克斯·加登与他们的"在途比萨烹饪"卡车

《圣经》中大卫战胜歌利亚的故事告诉我们，时间和机会才是"王道"。如果公司在运作上不专业或者员工没有明确的工作方向，公司将没有任何利润可言。Zume的领导者将会告诉你，OKR是如何以他们预想不到的方式帮助这个年轻公司逐步茁壮成长的。

以下是茱莉亚·柯林斯、亚历克斯·加登及其他人关于这个故事的讲述。

————)·●·(————

茱莉亚·柯林斯： 最开始，Zume比萨所有的事情都由我和亚历克斯两个人决定，无论你问亚历克斯和我什么问题，我们都会给出一致的答案。因为相处的时间太久了,任何事情都能做到心有灵犀,我们一直合作得很愉快。当我们的首席技术官加入董事会后,我们变成了"三块奶酪",但工作仍然运转良好。可是当我们把帕马森干酪加入意大利干酪、罗马干酪和波萝伏洛干酪当中后,事情就变得不那么简单了。当Zume的人数增加到7个人时,你要是问我们今天的主要任务是什么,那么好吧,你可能会得到8个不同的答案。

最开始我们使用的是一个叫作"液体计划"(Liquid Planner)的项目管理软件,它用的是一种"瀑布式"的计算机软件开发方法。在我们建造厨房的过程中,这种方法真的给了我们非常大的帮助。首先,你需要浇筑混凝土,等它变干后,涂上环氧树脂,等它也变干后,将它覆盖并把移动式冰箱安装进去。对于一个线性过程而言,这是个很好的方法。

但是,到2016年6月的时候,我们已经准备将产品投放市场了,这时候我们发现,Zume的操作流程并没有那么简单。我们招了16名全职雇员,再加上后厨的36名小时工和"飞行员"(这是我们不可或缺的比萨送餐员)。于是我们冒着风险进行大规模开发,包括增加集成型机器人、开发软件、创建菜单等。基于"瀑布式"的开发进行得并不顺畅,有太多事情需要同步进行,有太多程序需要交叉作业,我们知道我们必须保持机动性。为了最后冲刺的成功,我们的工程师每天早上都会登录JIRA管理软件进行跟踪查看,但无论是JIRA还是"液体计划",都无法回答我们:"到底什么对我们来说才是最重要的?"这是一个最重要的问题。

Zume最大的财富就是我们这支极有天赋和创造力的团队。当我们的员工来到自己的岗位时,能够立即全身心投入他们认为最重要的事情当中去。他们的想法通常都很棒,然而总是无法同步。于是我们较早地在全流程业务中采用了OKR管理方法,大约在第一份比萨送出后的3个星期之后就开始了,因为我们想要每个人都知道我们的头等大事是什么。一开始,为了保证关键结果的完成,亚历克斯和我设定了一个百分百由上而下的标准,为Zume制定了最初的两个OKR目标。未来,当生存不再是问题的时候,我们会适当放宽这一标准。

正在工作中的Zume比萨机器人

设定能够实现的目标

亚历克斯·加登: OKR所显示出来的价值是毋庸置疑的,特别是如何把整个组织的努力都团结到领导者的真正意图上,并让所有员工都为此做出自己的贡献。但对像Zume这样的年轻公司来说,一个相当重要的"隐性"价值被忽略了。不管是对公司的高级管理人员,还是普通的管理人员来说,OKR都是超级棒的培训工具,它教给你在各种资源受限的情况下如何管理你的公司。突破企业的能力边界固然很重要,但也不要忽视边界也是实实在在存在的。每个人都面临着资源的约束——时间、金钱、人员,并且通常情况下组织越大越无序。在我担任微软Xbox Live游戏平台总经理期间,我有幸和一些具有远见卓识的管理者一起工作。但是,我也发现领导意愿和组织真实能力常常"错位",为此,我们经常很痛苦。而且,我还发现绝大多数"怎样做"和"是什么"的问题都留给了我和其他分部的一些基层员工。我们的任务就是为一个超出执行能力的任务提供一个不切实际的框架。如果我们从一开始就能有一个很好的目标设定程序,想必团队中的每个人都无须如此苦恼了吧!

传统的学院派商业模式认为,领导者的角色会随着职位的提高而愈加抽象。因为你的中层管理者会帮你处理更多的日常问题,从而使你更加有精力去关注全局。也许在那个慢节奏的时代,这确实很奏效。但是,据我的经验,如果高层管理者不能像信仰宗教那样对目标抱有坚定执行的信念,OKR是不会奏效的。而改变宗教信仰是一项既艰辛又吃力不讨好的工作。你的员工可能会不喜欢你锐意创新的精神,因为这需要占用一年时间来落实。但我觉得它是值得的。

更严肃的纪律

茱莉亚:如果我们探讨OKR的内在价值,作为联席首席执行官,我们首先学到的就是纪律。

亚历克斯：OKR指导我们如何对可以实现的目标进行全方位的思考，并且把同样的观点灌输给我们的执行团队和他们的项目团队。在职业生涯的早期，作为一名普通员工，你的工作数量和质量都在不断升级。然后有一天，你突然被提拔成了经理。我们假设你做得很好，并且不断高升，管理越来越多的员工。这时候，你不再需要承担大量的日常工作，而是需要为你做出的决策负责。但是却没有人告诉你规则已经变了。因此，即便当你撞上南墙，你仍然在想，我需要更加努力工作，只有这样才能够让我继续站在这个位置上。

你应该做的事情是摆脱这种直觉，停下来，排除一切杂念。闭上眼睛去看看你眼前都有什么，然后为你和你的团队选出与组织需求相匹配的最佳方向。OKR管理方法最巧妙的一点就是它使"反思"程序化了。每个季度，至少保证有一次为员工提供一个安静的地方，让他们思考该如何决策才能与公司的利益保持一致，于是员工学会了站在宏观的角度思考问题，学会如何更加直接而具体地执行目标。因为你不可能写一篇90页的关于OKR的论文去指导他们，你必须选择3到5件事并为他们制定明确的衡量标准。这样，当那一天到来时，有人对你说："好了，你是经理了。"而你早就已经学会了如何像一个经理那样思考，这真是太棒了！

大部分初创企业的领导者都不会关注结构化的目标设定，他们有各种各样的理由：我们并不需要这个，我们已经发展得很迅速了，我们只需要想办法解决问题就好，等等。确实，他们通常是能够想出解决办法的。但是我认为他们错失了在公司规模扩大之前为公司培养优秀管理者的良机。如果企业不在一开始就养成这些思维习惯，企业的扩张规模往往会超过管理团队的能力，这就会导致两种结果：公司倒闭，或者管理团队被取代。这两种结果都是很可悲的。更好的方法是从一开始就培养员工的管理意识，即便他的部门只有一个人。

因此，OKR管理方法可以锻造你的员工，可以帮助你塑造更加强大的管理者，帮助他们避免犯低级错误，同时，也把大公司的严格和有序植入小公司当中。当我们在Zume实行OKR的时候，最直接的收益就是流程本身。提升绩效最简单的方法就是强制人们对业务进行深刻、透彻和关联性的思考，这对绩效的提升具有很好的促进作用。

更积极地参与

亚历克斯： OKR让目标变得更加清晰，不会含糊不清。执行OKR的时候，一些人可能会说："这不是我想要做的，我要放弃了。"但是另一些人可能会说："我很受鼓舞，因为我终于知道我们在做什么了。"无论哪种反应都会存在。对于留在那儿的人，将来就是积极参与公司管理的骨干分子。每个人都有自己的任务和使命，只有整个团队团结一心，组织才能良好运行。

茱莉亚： 随着人们对OKR的流程越来越熟悉，自然就会加强协作。在2016年第三季度，亚历克斯和我设定了公司的最高OKR，然后部门负责人将我们设定的一些关键结果转化为每个部门的目标，我们只需将这些目标和关键结果逐级传达给员工就好。到了第四季度，当亚历克斯

第17章 每天烘焙得更好一点：Zume比萨的故事

和我准备设定公司顶层目标时，我们的团队却已经开始站在公司的角度考虑整体目标了，这真的很棒。他们扮演了一个更具创造力的角色，OKR被执行得越来越好。我们的目标仍然有很大的挑战性，但是员工却觉得它已经变得越来越近在咫尺了。

Zume称自己的关键技术为"在途烹饪"。这颠覆了行业传统，最大限度地使顾客满意。在第四季度，公司的顶层目标之一就是部署我们的"大家伙们"——26英尺（约8米）的卡车和56台烤箱，并与复杂的物流和订单预测系统相连接。它们能够在你下单后5分钟内通过"算法"帮助我们完成比萨的制作，并通过我们的卡车将比萨运送到你家门口——而且还是热气腾腾的哦！维巴夫·戈埃尔是我们的产品经理，他目前正根据OKR系统来指挥、协调并开始执行我们"在途烹饪"车队的第一项任务，这个"在途烹饪车"是完全密封的。我们知道当维巴夫实现他的第三个关键结果时，就意味着我们的目标实现了。

每个企业都有一些坚持自己观点并擅长表达的人。如果他们在第一次发表观点时没有得到认可，他们很乐意再说一遍。但是还有一些默默无闻的员工，他们的心声却很难被听到甚至常常被忽略。OKR框架给了每个部门"平等发声"的机会和权利。谁也不需要选择默默接受——事实上，就没有那个选项。你的目标就是让他们每一个人都出现在大屏幕上，像其他人那样发表观点并获得支持。

此外，我还要补充一点，那就是一个真正优秀的公司是可以做到兼容并蓄的。它能够挖掘出不同观点，并找到一种方式引导并引爆它们。这就是我们鼓励"人人贡献智慧"的原因。

目 标
为北极星250（美国加州山景城总部）完成车队配送。
关键结果
1. 在11月30日之前交付126个完全合格的烤箱。 2. 在11月30日之前交付11个完全合格的货架。 3. 在11月30日之前交付2辆完全格式化的送餐车。

亚历克斯：在将OKR普及到每个员工之前，我们先在管理层试行了两个完整的季度。我们的首要任务是构建企业文化。在这个过程中，我们发现很奇怪的一点是，最积极的参与者往往就是最初最持怀疑态度的那些人。

约瑟夫·铃木（市场主管）：我认为OKR就像一个减肥计划——只要按照"说明书"去做，你就能实现让身材苗条的梦想。OKR又像是个记账簿，只不过是多了一个"管理项"而已。不过说真的，OKR的效果完全超乎我的想象，当我进行每两周一次的"签到"时，它会促使我花几分钟的时间去思考我都做了哪些事情，以及接下来我要如何做才能使我的目标与公司这个季度的需求相匹配。

在企业的初创阶段，你可能会迷失在战术细节中——特别是我所在的部门，被扣着那么多的"帽子"。这是很危险的，这就像你在波涛汹涌的海洋里游泳时，很容易就找不到岸的方向。但是OKR的思维模式能够帮助我重新找到航向：我朝什么方向努力才能够按计划行事？OKR的实施绝不是为了撰写一份报告，也不是一场运动，更不是竞赛，而是让我们思考更宏观、更有战略意义的事情。

更高的透明度

茱莉亚： 从一开始，整个OKR流程就迫使我们进行明确分工。举个例子来说，当一个球飞到两个球员之间时，必须有一个人去接住它，否则球就会坠落；如果两个人同时扑向它，又会导致两个人撞向对方。最开始，市场营销部和产品部就是我们的两个"球员"，可是Zume的收益目标这个"球"该由谁来接呢？两个部门的领导都已经与我们在一起共事一个多月了，然而他们不仅对OKR是陌生的，对Zume同样陌生，甚至连Zume自己也并不完全了解自己。当亚历克斯和我看到他们的困惑时，我们就将收益目标拆分为两个子目标：新增收入和重复收入。第一个目标由市场营销部承担，第二个目标则由产品部承担。于是两个部门领导便从自己的目标着手设定OKR。那是一次非常重要的谈话，从本质上讲，它不仅仅让两个部门共同支持了公司整体的目标，更让我们加强了沟通，提高了目标的透明度。当某样东西没有被清晰地勾勒出来时，它往往是一闪而过转瞬即逝的，你一定要把握住机遇，千万不要错过它。

更团结的队伍

亚历克斯： 在8个月的时间里，我们推出的是一家食品公司、一家物流公司、一家机器人公司，同时也是一家制造公司——而这一切都是从零开始的。我们以OKR作为教学工具进行思维培训，培养一种"关心文化"。它会教给你如何换位思考，让你知道你所做的工作是如何对周围的人产生影响，而你又是如何受到他们影响的。

茱莉亚： 我们的团队是非常多元化的。亚伦·布特库斯是我们的大厨，他曾提出在纽约经营餐馆的创意。迈克·贝索尼是我们的车队经理，他曾经在电影工厂上班。此外，我们还有一位产品大咖和一位软件工程师。团队中的每个人都来自不同的地方，说着不同的语言。但OKR是我们的共同语言，是我们可以进行良好沟通的桥梁。每周一，领导团队的7位成员都会进行一次午餐会，并且每隔一周也会就OKR的相关问题进行探讨。你可以经常听到人们在讨论："谁拿下了那个顾客？""你打算怎么实现你的关键目标？"每个人都知道他们想要表达的是什么。

即使是世界上最美味的比萨，如果送到顾客手中已经变凉，顾客也会感到十分愤怒。让客人满意是迈克和亚伦共同的目标。迈克可能会说："我已经达到了一个关键结果，扩大了我们的配送范围，但现在看起来是有点冒险。"这里的风险在于，我们的制作团队可能会因订餐范围的扩大而延迟交付。因此，我们需要针对"延迟交付"对我们的配送范围和收入的影响进行一次跨部门会谈。当然，这同样也与我们的市场部主管约瑟夫·铃木相关，他的OKR是增加收入。

为了提高客户满意度，迈克可能会对产品部主管大叫："我的天！你能不能快点，究竟什么时候能把它完成？我都等了多久了！"如果他换一种说法，"我的关键结果已经有风险了"，可能会显得更幽默，富有创造性，而且少了一些控诉感。这种冲突会经常发生，在很多企业里也都很普遍。自从我们公司进行了全面调整后，各个团队都完全认同关键结果的设定需要彼此之间的相互依赖。在我们公司中，没有对错之分，大家都是为了解决问题。猜猜看，这会导致什么样的结果？两个团队的主管开始联合起来，并设法从亚历克斯和我这里获取更多的资源。

亚伦·布特库斯（高级厨师）：如果我正在研发一种新的季节性比萨，我不会马上去做。市场部至少需要提前一周知道产品信息，需要拍照，需要作图并进行设计。因为推出一款新产品直接影响着每个部门——产品经理的网页设计，技术团队和他们的手机应用程序。OKR让我始终没有偏离轨道，保证我及时把每个人都在等待的"菜谱"准备好。于是，我把"产品上市时间"设定成一个关键结果，这样我就有更大的视野，能更清晰地看到我们的全局业务。

这绝对是一个进行团队建设的绝佳过程。它会时刻提醒你，你是这个团队的一分子。你很容易被你自己手头的事情缠住，特别是当你在厨房工作的时候。但是OKR会让人们意识到：太棒了，我不是在孤军奋战，我们是一个团队，我们可以相互扶持，解决所有的问题和困难。

更优质的对话

亚历克斯：每两周，Zume的员工需要选择一个人与之进行一对一谈话，谈话的时间为一个小时，谈话的对象根据自己的意愿来选择（茱莉亚和我彼此交谈）。这真是个"神圣"的时刻，你不能迟到，也不能将其取消。对话只有一条规则：不能聊工作。聊天内容围绕着你未来两三年想要达成的个人心愿进行，还有，你要说明如何把它们分解成两周的计划。我喜欢以三个问题开启这场对话：什么事情让你感到高兴？什么事情会耗费你的精力？你的理想职业是什么样的？

然后，我就会说："我想和你谈谈我所期望的是什么。首先，坚持讲实话。其次，坚持做正确的事。当你能够满足我们的期望后，我们将百分之百无条件地支持你的梦想。我以个人的名义向你保证，你一定能够在未来三年实现你的个人目标和职业规划。"于是，这场谈话便自然而然地开始了。

人们可能会将这看作一种利他主义，但实际上这是让企业与员工建立联系的最有效的方法——同时，可以防止员工产生困惑，并帮他们看清楚周围的阻碍。领导可能会说："这个目标看起来对你非常重要，但是你在过去的两周却没有取得很大的进展。你觉得这是为什么呢？"这看上去可能有点"反常"，但是这种非工作性质的一对一接触式谈话和讨论，恰恰能够帮助员工获得持续性绩效反馈。从员工对个人目标的谈论中，你可以收获很多，你最终会明白是什么力量在推动或阻碍他们的职业发展。

当你完成一场与员工的深入对话后，你会感知到何时需要拨出一些时间给你的员工，让他们为自己充电。比如，在组织全面完成了季度目标后，你可能需要在下一个季度拨出一些时间给员工去实现他们的个人发展目标。你可以拿出 5%到 15%，甚至 20%的时间给你的员工去做他自己的事情。这听起来好像是一笔巨大的开支，但它却可以为公司带来未来两三个季度的高效执行力。

更开放的文化

茱莉亚：文化是让个人与组织保持一致的通用语言，确保人们所谈论的事情在同一个频道上，并且对这件事的讨论是有价值的。除此以外，文化可以为组织决策建立起一个共同的框架。在文化缺失的组织中，人们常常会对如何复制和提升组织的核心职责感到困惑。

此外，文化还有更高层面的作用：价值观对话。我们想成为什么样的组织？我们希望员工如何感知他们的工作和我们的产品？我们怎样影响世界？

亚历克斯： 当我们初次相识时，茱莉亚在电话里跟我说，Zume的基本原则，也就是我们的使命，就两件事。这给我留下了深刻的印象，于是我做了一张巨大的海报贴在厨房的墙上。我们要让每一个位员工知道我们的使命：第一，基于神圣的信任为人们提供食品服务；第二，每位美国公民都有权利享用到美味、实惠而又健康的食物。

这是由我们的使命直接衍生出的OKR：

目　标
让顾客满意。
使　命
我们基于神圣的信任给人们提供食物。为了维护这种信任，我们必须提供最好的外卖服务和品质最佳的食物。为了成为一个成功的企业，我们必须保证我们的顾客对我们的服务和产品都非常满意，他们会不由自主地订购更多的比萨，并与他们的朋友一起分享。
关键结果
1.净推荐值（Net Promoter Score）达到42分或者更高。 2.订单评级达到4.6～5分，甚至更高。 3.在与竞争产品的盲品测试中，Zume比萨的受欢迎率达到75%。

茱莉亚： 许多日常决策都是受公司使命支配的。比如，在比萨里多加点盐或者糖来调味，可能比去数公里外寻找最新鲜的西红柿来调味要容易得多。但是，千里之堤溃于蚁穴，一旦这些看似微不足道，实则暗

礁潜藏的妥协悄悄混入企业里，就会使企业文化受到侵蚀，最终导致大厦将倾、独木难支的局面。

每一位新入职的员工都要进行使命和价值观的培训才可以正式上岗。亚历克斯和我非常清楚我们对员工的期望。无论作为一个组织还是个人，我们都非常明确地要求每一位员工首先成为一名具有高度责任感的人。我们有一种"最佳想法说了算"的企业文化，每个人都可以随意召唤任何人，包括首席执行官。

亚历克斯：首席执行官是整个公司为"最佳想法"提供服务的最佳人选。当员工在公开的讨论中质疑我们时，我们总是会停下来思考一下这个人说的话是否有价值。我们努力做到这一点，致力于为员工创造一个言论自由、兼容并蓄的工作环境。

更卓越的领导者

茱莉亚：我曾有幸跟几位出色的领导共事过，他们风格迥异，但却有几个共同的特质：冷静、清醒和专注。你只需跟他们在一起坐 20 分钟，就可以发现他们的思路是如此的清晰。他们非常清楚需要做什么事情，以及应当从哪里入手。当你为机器人比萨募资并进行厨房建设时，会发现很多事情需要灵活变通，有时甚至会让你产生一丝慌乱之感。但是，当你对公司的目标了如指掌时，你就真正能够做到临危不惧、镇定自若了。正是 OKR 管理方法帮助我成了一个专注而能够时刻保持头脑清醒的领导者。无论发生了多么疯狂的事情，我都有信心让它回归正确的轨道。

第18章
文　化

你需要一种鼓励创新的文化,无论这种创新是多么微小。
　　——杰夫·贝佐斯(亚马逊集团首席执行官)

人们常说，战略只是文化的"早餐"。文化是一家企业的立身之本，也是我们工作的意义所在。领导者尤其热衷于创建企业文化，公司的创始人总是在不断地追问：如何在公司成长的过程中捍卫公司的文化价值观？许多大公司的首席执行官开始把OKR和CFR视为公司文化变革的工具，越来越多的求职者和职业顾问们也逐渐开始重视职业标准与文化价值的一致性。

正如你在本书中看到的那样，OKR可用于指导领导者设定公司的最高目标和关键结果，CFR则可用于确保这些最高目标和关键结果能够被很好地传达下去。但是目标不可能凭空达成，就如同声波需要通过媒介来进行传播一样，OKR和CFR同样需要这样一个载体。而就组织来说，这种媒介就是组织文化，它是一个组织最重要的价值观和信仰的生动体现。

因此，问题的关键也变为公司如何制定并创建一种积极向上的文化。就在我对这个问题的答案一筹莫展时，是OKR和CFR为我提供了一幅文化建设的蓝图。首先，通过设定一些共同目标调整整个团队的方向，然后采用轻松却具有目标导向的交流方式将整个团队团结在一起。OKR和CFR帮助构建了一个透明、有责任感和持续保持高绩效的组织。健康的文化和结构化的目标设定是相互依赖的，它们在追求卓越的路上如影随形。

安迪·格鲁夫对这种相互作用的重要性具有深刻的见解。他在《格鲁夫给经理人的第一课》一书中写道："简而言之，文化是一系列价值观和信仰的体现，也是公司中行事的准则。一个公司成功的本源在于构建起积极向上且强有力的企业文化。"①

作为一名工程师，格鲁夫将文化和效率关联起来，他认为文化在某种程度上也是一个可以帮助我们快速做出可靠决策的指南。当一个公司能够在文化上保持一致时，其前景是十分乐观的。

> 坚持公司文化价值观的员工将在各种相似的条件下表现出一致的行为，这就意味着管理者无须担心由常规制度、程序和规章等带来的低效率。管理需要发展和培养共同的价值观、目标和构建信任的方法。那么我们该如何做呢？一种方式是以口头或文字的形式传达，另外一种更重要的方式则是树立标杆。

作为首席执行官，格鲁夫将自己视为英特尔文化价值观最高标准的代言人。在iOPEC研讨会上，他极力将公司最高文化标准灌输给新员工。下面是1985年的幻灯片上的内容，它们是安迪·格鲁夫对英特尔公司7点最核心文化价值观的讲解。

---

① 该书中文简体版由中信出版社于2010年出版。——译者注

第18章 文化

intel

企业经营风格——我们的文化价值体系

- 以人为本
  - 我们重视彼此之间强有力的承诺
  - 尊重每一位成员的工作
  - 我们愿意迎接挑战和机遇
- 公开
  - 重视已出现的或可能出现的问题
- 解决方案
  - 简洁而干脆
  - 冲突必须是有建设性的
- 结果
  - 所有工作以结果为导向
  - 一知半解是不被尊重的
  - 以积极的回馈来奖励成功
- 原则
  - 在一个高度竞争、复杂的环境中想要表现良好需要坚守原则
- 风险承担
  - 高科技导向必然伴随着高风险
  - 不害怕失败和自我揭露
  - 防范风险，捍卫利益
- 信任和诚实

IOPEC

集体责任感、无畏的风险承担精神和可量化的成果是安迪·格鲁夫所重视的核心价值，这在谷歌公司也同样受到高度推崇。"亚里士多德"项目对谷歌公司内部180个团队的绩效进行了研究，结果表明团队的绩效表现与以下五个问题息息相关。[1]

1. 结构和清晰度：我们团队的目标、角色和执行计划是清晰而明确的吗？
2. 心理安全：我们能够感到安全而且从容地在这个团队中承担风险吗？
3. 工作的意义：我们是否在做一些对我们每个人都很重要的事情？
4. 可靠性：我们能彼此信赖并按时完成高质量的工作吗？
5. 工作的影响：我们是否发自内心地认为我们做的工作是真正有意义的？

上述问题中的第一点——结构与清晰度对目标和关键结果具有决定性的影响。其他几点同样对创建一种健康的工作文化至关重要，同时也对OKR强大能力的释放和CFR交流工具的有效使用具有重要影响。对于同事间的相互依赖，在OKR高效运行的环境中，透明度和一致性会让员工更加积极地履行他们的义务。在谷歌公司，团队会共同承担项目成功或者失败的责任。与此同时，每个人也会对特定的重要结果负责。最佳绩效往往是团队高效合作和对产品高度负责的结果。

OKR文化是一种强调责任的文化。你不会仅仅因为老板给你下了命令就应付了事，而是会竭尽全力认真地完成每个目标，不只是因为它们对公司至关重要，更是因为你不能让信任你的团队成员失望。没有人想成为拖后腿的那个人，每个人都会由衷地为团队的进步而感到自豪。这虽说是一个社会契约，但也可以说是一种自我约束契约。

在《进步原则》(*The Progress Principle*) 一书中，特丽萨·阿马比尔（Teresa Amabile）和史蒂文·克莱默（Steven Kramer）分析了26个项目团队、238位员工和1.2万条员工工作日志，发现高驱动力的企业文化主要取决于两种核心要素的相互作用：催化剂和营养液。作者将"催化剂"定义为"支持工作的一切行为"，这听起来非常像OKR。它包括设定清晰的目标，允许授权，提供充分的资源和时间，团队协作，从问题和成功中总结经验教训，并允许思想上的自由交流。"营养液"被定义为"个人之间相互支持的一切行动"，和CFR有很大的相似之处。它包括尊重、认可、鼓励、情感安抚和拥抱机会。[2]

文化变革的风险非常高，正是OKR为我们提供了新文化环境下清晰的目标，而CFR则为我们提供了完成目标所需的"营养"。当人们进行真诚的交谈，并从中获得建设性的反馈意见和对卓越成就的高度认可时，热情会变得富有感染力。这种效应对于挑战性思维的发展和日常改进任务的有效完成也同样有用。那些将员工视为有价值的合作伙伴的公司，也往往是能够提供最好的客户服务的公司，因此，它们也往往有着最好的产品和最强劲的业绩增长，也是真正可以做到基业长青的公司。

随着持续性绩效管理的不断兴起，一年一度的员工问卷调查正在被实时反馈所取代。当前最前沿的一种模式被称作"脉冲"（pulsing），它是一种对工作场所的文化特征进行"在线快拍"的技术。信息采集问卷可以每周或每月由人力资源部门制定并收集，也可以作为"水滴"（drip）活动的一部分。不管怎样，"脉冲"是简单、快速和广泛的。例如，你睡得好吗？你最近和你的经理讨论过目标和期望吗？你有清晰的职业规划吗？你有获得足够的挑战、激励和能量吗？你是否感觉自己"始终处在状态之中"？

反馈是一种倾听系统。在新的工作环境中，领导者不能坐等公司的负面评论在Glassdoor网站[①]上传播，更不能等优秀的员工辞职后才采取补救措施，领导者需要去聆听并捕捉这些信息。如果一个目标设定平台能够在员工登录时发送两三个问题，会产生怎样的效果？如果能够在频繁的对话和"脉冲式"反馈后，对目标的进展输出一些量化数据，又会产生怎样的效果？不久的将来，我们将拥有这样一个软件，它会提醒经理们："与鲍勃谈谈吧，他的团队目前出现了一些状况。"

---

① 美国求职类网站，求职者可以在该网站上找到对某个具体公司的评价。——译者注

打个比方，如果说OKR就是目标的"肌肉"，那么CFR的作用就是让这些"肌肉"变得更加灵活，反应更快。"脉冲"式的评估能够让我们实时检测组织的健康程度——无论是身体和心理，还是工作和文化，都能检测到。

Coursera公开课是世界上在线高等教育模式的引领者，它成立于2013年。2014年，它便开始采用OKR管理方法。时任主席莱拉·易卜拉欣（Lila Ibrahim）非常尊敬安迪·格鲁夫，她也曾经在英特尔公司工作过。莱拉加入Coursera后，便开始尝试推动和实施在当时还比较少见但可效仿的管理方法。他们将OKR管理方法与公司的价值观和崇高的使命紧密联系在一起："我们憧憬这样一个世界，在那里，任何人无论身处何地，都能获得世界上最好的学习体验，从而改变自己的命运。"Coursera将团队层面的目标上升至最高战略层面，这些目标可依次总结为以下五个核心的价值观。

学生永远是第一位的。鼓励学生参与并促进其价值的提升，惠及更多的学生。

做良好的伙伴。与大学相辅相成，成为其良好的合作伙伴。

高瞻远瞩，推动教育发展。为创建一个创新的世界级教育平台不懈努力。

关心合作伙伴，保持勇气，保持谦逊。建造一个强大而健康的组织。

要做好事并将事做好。实践并开发出一个可持续发展的商业模式。

每个核心的价值观都可以映射在OKR相应的部分中。例如，以下是一个与"学生永远是第一位的"相关的OKR。

目　标
将Coursera的课程传播给新同学。
关键结果
1. 通过进行A/B测试、学习活动和重复反馈等方式吸引新学生，同时让现有的学生参与进来。
2. 每月增加移动端活跃用户15万人。
3. 创造一个内部工具来跟踪关键增长指标。
4. 发挥老师们的积极作用，创造出更多有吸引力的视频。

OKR管理方法为Coursera完成使命铺平了道路。它们能够引导团队更明确地表达自己的目标，同时又能够很好地结合公司的目标和崇高的价值观体系。如今，Coursera打造的友好、包容的文化理念与很多硅谷创业公司粗暴、好斗的文化特性形成了鲜明对比。

正如Coursera前首席执行官理查德·莱文（Richar Levin）所说："我已经无法想象在一个没有OKR管理方法的组织中我们该

何去何从。因为它可以迫使我们每个季度不断进行反思，并赋予我们自身更高的责任感，同时还激励我们每个季度不断地展望未来，思考如何做才能更好地发挥我们的价值。"

Coursera前主席兼首席运营官莱拉·易卜拉欣（左一）、联合创始人达芙妮·科勒（左五）、联合创始人吴恩达（Andrew Ng）（前排右一）和他们的团队，以及约翰·杜尔（左六），2012年

⋙•◆•⋘

2007年，著名的商业哲学家多弗·塞德曼（Dov Seidman）出版了一部在企业文化领域具有开创意义的作品《HOW时代：方式决定一切》。多弗在书中指出，文化会影响个体的行为，也会影响一个组织的行事方式。如今，在我们这个开放且高度关联的世界里，组织成员的行事准则给公司造成的影响要远远超过产

品线和市场份额。正如多弗最近对我说的："行事风格是无法被复制或商品化的。"

多弗的一个重要观点是，那些授权更充分的公司将会在绩效上超越他们的竞争对手。他倡导建立自我管理型组织，并创造了一个价值驱动模型，这一模型的核心思想是，领导者要重视组织的中长期资产收益，而不是仅仅将目光放在下一季度的投资回报率上，这是自我管理型组织最为核心的特征。这些组织绝不是把员工雇用进来就算完事，而是对他们予以充分的激励。它们用"分享原则"来代替"规则"，用"共识性的目标"来替代"胡萝卜加大棒"式的管理手段，并且一切都以信任为根基，这种信任不仅能够提高抗风险能力、创新能力，还能够给企业带来更高的绩效和生产力。

多弗告诉我："在过去，员工们只需要按照手册上的'指令'正确地做好下一件事情即可，文化的存在毫无价值。但如今，我们生活在一个管理的新世界里，我们需要每个人都知道如何去做下一件正确的事情。一本规则手册或许可以告诉我什么能做，什么不能做，但其实，我更需要的是一种文化价值观来驱动我去做正确的事情。"

这是一个很有前瞻性且极具变革价值的想法。但是，正如多弗所说的那样，赞美勇气、热情、创造力是一回事，如何衡量它们又是另一回事。衡量价值观需要一个测评体系。多弗说："我们选择用什么标准来进行衡量，正是我们的价值观体现，也反映出我们所珍视的品质是什么。因为当你想要衡量某种事物的时候，你就是在告诉别人它很重要。"

为了证实他的观点并验证他的观察,多弗需要大量的数据。于是,他和他的团队在LRN公司进行了一项严谨的实证分析,并经过多年的修改和完善,将一系列研究成果发表在年度《方法》(HOW)报告中。[3]

安迪·格鲁夫曾经通过增加定性目标来平衡定量目标,多弗则发现了一种新的方式,可以对抽象的价值观(比如信任)进行量化。他提出了"信任指数"这一指标,并认为其可通过具体的行为来测量。比如,直接用一系列"方法"来测量信息的透明度。多弗告诉我:"我避免直接询问被测试者的感受,我不会直接问'你觉得你的公司对你坦诚吗'这样的问题,我会观察公司的信息流动。该公司是否会'雪藏'信息?是在不得已之时才进行信息公开,还是允许信息在公司内自由传播?如果你绕过你的上司,直接同更高层级的领导者交流,你是会被批评还是会被表扬?"

2016年,该报告覆盖了17个国家和地区的超过1.6万名员工。报告显示,自我管理型组织的比例已经从2012年的3%上升到了2016年的8%。对于这些采用价值观驱动的公司,其中96%在系统创新方面表现良好,95%有着更高的员工投入和忠诚度。"授权充分"实际上就意味着"绩效突出",另外,还有94%的公司市场份额有所增加。

当多弗告诉我,没有比"增强透明度"更强有力的组织文化力量时,我仿佛看到了安迪·格鲁夫的微笑。在透明度高的文化中,人们更加开放,愿意分享真理,愿意接纳他人,并且更加敏捷。OKR/CFR所倡导的文化正是上面所说的透明文化，它让我想起了最初在英特尔公司学到的经验，这些经验我也屡次在谷歌和很多其他深谋远虑的公司里看到过，那就是基于使命感的领导力要远胜于指挥控制型领导力。组织结构越扁平，组织就越敏捷。当绩效管理成为一个网络化和双向的系统时，员工的个人表现也会越来越好。

最后，它在我们与他人之间形成了一个纽带。正如多弗所看到的那样："合作本身就是我们彼此连接的能力，也就是增长和创新的动力和源泉。"

OKR和CFR能够帮助组织进行自上而下的调整，创建"团队第一"的工作关系网，实现组织成员"自下而上"的自治和参与，这是价值观驱动型公司的核心特征，正是这些特征使得组织充满活力。但在另一些案例中，比如你即将看到的Lumeris公司的故事，文化变革需要先于OKR的部署而启动。在其他案例中，如波诺和他的"ONE运动"所展示的那样，一个有魅力的首席执行官或创始人（在本案例中，是一个摇滚歌星）能够号召整个企业从组织顶端通过OKR管理方法实现文化变革。因此，我们最后的两个案例故事将从文化变革与结构化目标设定之间的密切关系这一角度进行讲述。

第19章

文化改变：Lumeris 的故事

当一个组织没有准备好完全开放和承担起责任时，在实施OKR前需要先进行文化建设工作。正如吉姆·柯林斯在《从优秀到卓越》中所说："首先你需要为组织找到合适的人，淘汰掉那些不适合的人，然后让合适的人处在合适的位置上。"只有当这一切准备就绪时，才可以发动机器并开足马力。

不久前，一家以价值观为导向的医疗机构领导人站在了发展的十字路口。Lumeris公司的总部在美国密苏里州圣路易斯，它是一家提供技术和解决方案的公司，主要为医疗健康机构提供软件、服务和专业技能，其客户涵盖大学的医院系统和传统的保险公司。这家公司从2006年开始和圣路易斯地区的200个医师合作，通过当地一家由联邦管理的保险公司Essence来为密苏里州的6.5万名老人提供医疗保险优先计划。

通过挖掘大量的病人数据，Lumeris帮助合作机构将大量疾病护理的传统收费服务变成一个医疗保健系统，这个系统可以促进疾病预防，减少不必要的检测和住院治疗。在这个基于价值观的模式中，初级护理医师将会为病人的终生健康负责。它的目标是在节约稀缺医疗资源和金钱的同时，提高病人的生活质量。Lumeris公司已经验证了这些目标是如何协同作用而产生积极效果的。

Lumeris公司首席执行官迈克·朗（Mike Long）指出："挑战性的目标是使国家的医疗卫生供应链合理化，在其他行业，商业成功的前提是成本、质量、服务和可选择性的公开透明。但在一个医疗卫生体系中，这些都不起作用，因为它是完全不透明的。医生不知道采取哪些服务对病人更有利，也不知道这些服务的成本是多少。所以，你如何让这些医生对财务结果负责？"这是一个需要持续变革的挑战，Lumeris通过实施OKR，正在引领这个行业的变革。

　　由于高度依赖数据的透明度，Lumeris公司非常适合采用安迪·格鲁夫所提倡的目标设定系统。公司前任首席人力资源官安德鲁·科尔认为，企业需要根据外界的变化来不断调整自己的模式，他还提道："如果无法解决文化障碍，变革的'抗体'就会被释放出来，组织就会拒绝被植入OKR系统。"作为一个经验丰富的组织变革架构师，安德鲁是确保OKR系统成功植入组织的合适人选。

　　以下是安德鲁关于这个过程的讲述。

　　安德鲁·科尔：我刚来Lumeris时，他们名义上采用OKR已经有3个季度了，我还听说他们的员工参与度非常不错。但进行深入分析后，我发现他们对OKR的应用是非常浅显的。上季度末，有一个人力资源管理专员就像杰克罗素犬一样紧跟在经理后面跑来跑去，希望在董事会会议前拿到最新的数据。员工们进入一个软件平台，灵活地调整了指标，还开心地说："噢耶，我完成了！"他们随意选择一个日期，表示自己完成

第19章 文化改变：Lumeris的故事

了目标。虽然这在PPT上看起来很棒，但并不是真实的。

很少有员工能真正理解OKR背后的商业原理。我们正在失去高层领导的认可，因为大部分员工并没有承担起让组织变得更好的责任。当我检查员工们的目标时，发现它们没有和实际工作挂钩。我找经理们询问原因："为什么这种现象出现在你们的OKR中？"大多数情况下，他们不知道如何将目标和他们想要达成的工作成果建立联系，工作中有很多"作秀"的成分。

当我对一个组织进行改革时，我首先会去理解这个组织当前的运作模式。但在两个季度后，我仍不确定OKR系统能否被保留下来。在一个闭门的董事会会议上，我问约翰·杜尔："如果我觉得OKR不适合我们，我们要不要终止它？"他毫不犹豫地说："当然可以。"那时，我一下子找到了问题的根本原因，大家都把OKR视为消极被动的工作方法。在Lumeris，每个人都在问："OKR对我有什么好处？"但公司里并没有人解决这个根本问题。尽管OKR系统旨在改善目标设定，加强协作与沟通，但人们却一点都不信任它。除非我们改变环境，否则它不可能成功。

变革不会一蹴而就，高管团队引进OKR是为了协助整合两个互不兼容的内部文化。Essence这家由圣路易斯医师团队组成的医疗卫生保险公司是保守的；而Lumeris却极力去寻找下一个科技和数据领域的"风口"，是冒险型的。Essence在一个高度竞争的行业中培养了独特的自营模式，Lumeris正在努力学习这种模式，并把模式分享给外部的伙伴。

当市场对我们服务的需求量增加时，这两种公司文化的差异却开始让我们的发展变缓。2015年5月，也是我来到这里的11周后，我们在Lumeris宣布了全面重组。我知道OKR最终会成为连接每个人目标的最佳工具，只是还需要时间去实现。没有文化的融合，世界上再好的经营战略也不会成功。

人力资源变革

人们更关注你做了什么，而不是你说了什么。Lumeris公司的核心价值观是尊重所有权、承担责任、对工作热情和忠于团队，但是，公司里有一些守旧、专制的资深领导者，他们并不遵循这些价值观。如果他们不离开公司，什么变革措施都不会有效果。当然，我们需要确保他们离开时得到应有的尊严和尊重，唯有如此，变革才会产生积极效果。

在每次关于公司文化的会议上，我们都告诉员工："你们有这个权利——不，是义务——督促高层管理团队为了让公司文化变得更好而承担更多的责任。如果我们没有做好，你们可以和我们约个时间交流，或者发个邮件，或者直接走到我们面前告诉我们差距在哪儿。"

我们总共花了3个月时间，才让大家逐步接受我们的号召。我们的首席执行官迈克·朗在一次午餐上反问说："为什么大家都不想在一个不愿承担责任的环境下工作？"这是一个重要的转折点，从那之后，大家才开始接受我们的理念。但公司文化的改变都是从微小之处开始的，也需要员工有亲身体会。比如，需要持续沟通，这样才能让员工相信合作、共担责任和透明的做事风格将会被奖励，还要不断告诉他们不要害怕新的公司文化。

人力资源管理可以对企业的成功经营给以强有力的支持，它也是集中体现文化变革的地方。文化是一种筛选机制，它决定企业招聘什么样的人，选拔秉持什么价值观的员工。以前，Lumeris将中层管理人员主要分为A类和B类，当然，也有一些C类管理者，这些人基本上都是因为公司使用了错误的招聘和面试标准雇用进来的，当时，公司没有任何包括OKR在内的辅助工具以帮助纠正这些错误。

时间是变革的敌人。在不到18个月的时间里，我们替换了公司中85%的人力资源管理人员。在资深的领导者和核心专业人员到位后，我们就开始解决更加困难的问题：加强中层管理人员的能力。从开始变革到实现稳定状态，大约花费了3年时间。但当这个过程完成时，新的公司文化就建立起来了。

目　标
建立一种能吸引和留住人才的文化。

关键结果

1. 专注于雇用优秀的管理者。
2. 优化招聘职能以吸引优秀人才。
3. 将职位描述得更加清楚。
4. 约束参与面试流程的每个人。
5. 确保拥有持续的培训机会。
6. 为新老员工的能力提高创造一种学习文化。

OKR的"复活"

2015年末，我要求我的人力资源团队仔细分析公司早先实施OKR时所遇到的问题。如果打算再尝试一次，我们需要重新培训公司中的每个人。如果这次没有成功，我们不会再有第三次机会了。

2016年4月，我们重新发布了一个平台，开始了为期60天的试点计划，这次试点计划主要覆盖了运营部门的100名员工。公司负责运营和物流的高级副总裁也带着疑惑加入了该计划，但随着训练的不断强化和软件功能的不断改善，这位副总裁成了该计划的热衷者。在不到两周的时间里，他给试点小组成员发送了大量的邮件，主题包括：你们为什么以那种方式制定目标；目标的衡量标准是什么；我没有得到高质量的OKR，目前的OKR并没有反映顾客的需求。由于这位副总裁的积极参与，他的员工们不断开始重新思考自己的工作：老板正在密切关注，我最好还是更努力点。

赢得公司员工们对OKR的认可绝不是轻松和一蹴而就的事，尤其保持工作的透明度有时会令人感到"可怕"，公开而坦然承认自己的错误可能会令人感到恐惧，所以我们不得不采取一些新的引导方式启发大家，如引导员工们回忆幼儿园时期的教育方式，让大家思考公开与坦诚的作用。这有点像你的第一次"蛙潜"，当你潜到35英尺（约10.7米）以下时，你的肾上腺素将会激增，你会被吓到不知所措，但是当重新回到水面上时，你会变得兴奋不已，也开始明白下次在水下该怎么做了。

"蛙潜"和深入OKR系统的感觉的确很相似。一旦你和你的直接下属们进行了诚实而深入的双向沟通，你就会明白他们的行为动机。你能够感受到他们渴望连接更多的信息和更多的资源，你也能够听到他们希望自己所做的事情被认可。通过透明的"目标和关键结果"这一扇开放的窗口，每个人都可以知道其他人的缺点和不足。对于管理者而言，OKR系统另外一个特别的好处是可以帮助他们招聘到能够弥补自身不足的人才。员工们不再像以前那样遇到挫折就变得手足无措,他们开始意识到,只要付出最大努力,即使失败了也没有什么丢脸的,总之,OKR系统能够帮助员工更加理智地对待自己的失败。

好的变化开始了,之前反对OKR的声音渐渐消失了。我们开始听到这样一些积极的评论:"我之前总爱跟OKR唱反调,现在我知道它能帮助我更好地工作了。"现在,试点小组中有98%的员工变成了OKR平台的活跃用户,72%的员工设定了至少一个和公司目标紧密联系的工作目标,并且有92%的员工更加明白上司对自己的期望是什么。

透明度是"毋庸置疑"的

2016年春季,阿特·格拉斯哥进入公司董事会,担任董事会主席和首席运营官,我开始和他一起工作。我们达成了默契:除非我们一直推行下去,否则OKR将没有任何意义。阿特主动担任了我们的项目监督人和目标制定指导者,他总是在全体员工大会上强调OKR的重要性:"我们将采用OKR来管理公司,同时我们也将用它来评价领导者。"(这是一种软硬兼施的策略。)阿特在这场变革运动中起到了非常重要的作用,他为"毋庸置疑的透明度"设定了基调,也让我在推动变革的过程中不再孤单。

2016年的第三个季度,当我们把OKR向Lumeris公司全部800名员工推广时,我们开发了导师培训计划。在5周的时间里,重组后的人力资源部门发挥了重要作用,员工们加班加点地工作,和超过250位经理进行了单独的沟通。我们为经理们提供了开放的房间,以便他们遇到任何问题都可以随时找我们单独聊天。这些谈话是加深了解OKR的重要契机,因为这些谈话有助于增强员工的参与感，激励他们很好地完成预期目标。

与其说目标设定是一门科学，不如说它是一门艺术。我们不仅指导员工如何细化目标，如何衡量关键结果，我们还通过目标设定来塑造企业文化。我们会引导员工对以下问题进行深入思考：

为什么透明度非常重要？为什么你想让其他部门的同事知道你的目标？为什么我们现在做的工作很重要？

什么是真正的责任感？"尊重型问责"（对于别人的失败）和"脆弱型问责"（对于我们自己的失败）的差异是什么？

OKR如何帮助经理借助他人完成工作？（在一个高速成长的公司，这是快速扩张的一个重要因素。）我们如何吸引其他团队将我们的目标作为优先级目标，并且帮助我们完成目标？

什么时候是增加或者减少团队工作量的合适时间？什么时候将目标转移至其他的团队成员？什么时候重新设定目标让其更加清晰？什么时候完全改变目标？在培养团队自信心的时候，时机非常重要。

这里没有解决以上问题的具体指导手册。处理这些问题的智慧蕴藏在管理者的头脑中，这些管理者善于与他们的员工建立有效的连接，善于描绘成功的景象，并准确把握宣布胜利的时机。

我们在训练计划上的投资得到了回报。2016年的第三季度，也就是所有员工第一次尝试使用OKR系统时，75%的员工至少创造了一个OKR。

越来越多的人理解了OKR系统的重要性，他们正走在正确的路上。现在，Lumeris里主动辞职的员工也越来越少，我们不仅招聘到了合适的新人，并且能够留下老员工，让他们一起为公司的繁荣而努力工作。

"推销"未完成的目标

阿特来到公司后不久，他就为Lumeris的领导团队举行了一场为期一天的业务评估会议，如今，这成了公司的每月工作例会。当我们把公司最高级别的OKR投在屏幕上时，大家可以清楚地看到每一位领导者的目标完成情况。由于阿特不喜欢黄色，所以根据完成情况，每个OKR指标要么被标注成绿色，要么被标注成红色，其中绿色表示目标处于正常进展中，而红色则表示目标落后于预定的计划。这里没有模棱两可的钟形曲线，也没有任何地方可以隐藏问题。

评估会一般持续3个小时，会议期间，12个高级主管轮流发言。高级主管们很少讨论那些处于正常进展中的目标，而主要讨论处于风险中的目标，这些目标大大落后于既定的计划。主管们投票决定哪些处于风险中的OKR对于公司最为重要，然后开始进行头脑风暴，讨论如何让这些目标回到正轨上来。在跨部门协作精神的鼓舞下，每个高级主管都需要主动帮助同事完成目标。正如阿特所说："我们在一起是为了相互帮助，我们应当同心协力。"据我所知，"推销"未完成的目标是OKR的运用中一个独一无二的环节，并且非常值得推广。

今天，变革后的Lumeris非常重视员工之间的相互依赖，也更加鼓励内部的相互协调。"OKR能让你从整体业务的视角来关注自己的工作，而不是仅仅将眼光盯在自己的工作上。"负责美国市场的高级副总裁杰夫·史密斯说，"我们的区域负责人不再单打独斗，而是相互协作。我们正从英雄式文化转向团队式文化。"史密斯惊喜地发现，运营和交付团队将他们的目标直接和公司的销售目标联系在了一起。史密斯说："在过去，你经常听到这样的声音——我是负责交付的，你是负责销售的，我们各自做好自己的工作就行了。而现在不同了，我们召集更多的人来完成同一个目标。我们常常听到'我在这里，让我来帮助你吧'。我从来没想到OKR会有这样好的效果。"

首先，Lumeris需要培养正确的文化，让OKR站稳脚跟。然后，公司需要用OKR来巩固和深耕这种新的文化，以便赢得员工对新文化的信任。这场变革永无终点。

Lumeris公司的领导者：后面，苏珊·亚当斯（左）、首席运营官阿特·格拉斯哥（右）；前面，汤姆·黑斯廷斯（左）、首席执行官迈克·朗（右），2017年

通过各种指标来看，2017年对于Lumeris来说是成功的一年，它成了价值观驱动的医疗机构的市场领导者。"市场开始发生变化了。"阿特·格拉斯哥告诉我，"我第一次感觉到我们的销售计划变得更加可实现，我或许需要提出一些更大的目标了。"

在写作本书时，Lumeris已经和客户、供应商及18个州的健康系统建立了合作关系，这将会影响100万人的生活，发展潜力巨大。如果公司所探索的"密苏里"模式能够在全美被广泛采用，每年将会节省8 000亿美元的医疗支出。更重要的是，它还将大大改善人们的生活水平。

对于今天的Lumeris而言，OKR已经成为公司文化的一部分。安德鲁·科尔可能会说："一旦人们经历过成功的变革，他们就再也无法拒绝变革带来的益处了，他们会继续推动变革不断进行下去。"

第 20 章

文化变革：波诺的"ONE 运动"

从波诺这个案例故事中，我们将看到OKR如何重塑企业文化，推动文化进行深层次变革。波诺可谓是近20年来全球最大牌的摇滚明星了，他在全球范围内发起了一场运动，其主旨是"反对冷漠"，这的确是一场覆盖全球的试验和倡议。波诺制定的第一个"胆大包天"的目标来源于2000年的全球倡议，该倡议旨在将全球最贫穷国家的债务减免1 000亿美元。两年后，在比尔及梅琳达·盖茨基金会的启动资金支持下，波诺与其共同创立了DATA组织①，这是一个倡导公共政策改革的全球性组织。DATA宣称自己的使命是通过政府组织与国际性非政府组织的协同发展来解决贫困、疾病和非洲发展等重大问题。比尔·盖茨对这个项目给予了高度赞赏，并说这是他有史以来花得最值的100万美元。2004年，波诺推出了"ONE运动"，旨在促进无党派人士、草根人士及积极分子组成广泛的联盟，这是对DATA组织外部力量的重要补充。

从我们第一次见面，我就为波诺对"事实主义"或基于事实的"行动主义"的热情所震惊。ONE运动倡导理性分析，以结果为导向，在这样的环境中，OKR很容易被接受。在过去的10年，

---

① DATA是Debt（债务）、AIDS（艾滋病）、Trade（贸易）、Africa（非洲）四个单词的缩写。

ONE运动已经明确了组织发展的优先级目标，这是一种至高无上的规则，尤其是当你的使命是改变世界时，这更是一项重要的原则。该组织前首席执行官戴维·莱恩说："我们需要一个纪律规则来阻止我们试图去做所有事情。"

随着ONE运动的发展，它依靠OKR实现了文化的根本性变革。ONE运动最初主要是为非洲的发展提供外部援助和支持，现在，这项运动正在转向提高非洲内部自主发展的动力。正如戴维告诉我的："人们在帮助贫困国家'自己发展'、赋予这些国家'自主发展'权利的理念上发生了很大的改变，OKR在其中发挥了关键作用。"

为了改善非洲这一世界上最脆弱的生存环境，ONE运动为非洲的医疗保健提供了近5 000万美元的资助，这一资助具有历史性意义。此外，它还成功地说服非洲国家的政府制定透明的规则来防止腐败，并将石油和天然气的部分收入投入解决贫困人口生计的项目中。2005年，波诺与比尔·盖茨、梅琳达·盖茨一同被评为《时代》杂志年度人物。

以下是波诺关于OKR在ONE项目中实施情况的讲述。

波诺： 我们从一开始就对U2[①]制定了远大的目标。在早些时候，你

---

① U2，爱尔兰摇滚乐队，由主唱保罗·戴维·休森（即波诺）、吉他手戴维·荷威·伊凡斯、贝斯手亚当·克莱顿和鼓手拉里·木伦组成。1976年，U2在爱尔兰都柏林成立。——译者注

可能会说我狂妄自大。埃奇（Edge）[1]已经是一个很有成就的吉他手，而拉里是一位非常出色的鼓手，但我是一个刚出道的歌手，亚当也根本无法进行低音演奏。但我们当时的想法是：我们不如其他乐队那样优秀，所以，我们最好做得更好一些。

我们并没有像我们想要发展的乐队那样精致或完美，但是我们之间有"化学反应"，这似乎让一切都变得很神奇。我们认为，如果我们一开始不能用音乐"引爆"自己，就无法"引爆"世界。这就是我们要坚持走的路。其他乐队拥有一切，但我们拥有"化学反应"，这就是以前我们反复强调的独特优势。

U2乐队在演出，2009年

---

[1] 埃奇，吉他手戴维·荷威·伊凡斯的艺名。——编者注

我们如何衡量有效性？首先，我们问自己在世界上处于什么位置，我们不受限于流行排行榜或俱乐部的排名，我们需要超越这些传统的评价标准。我们问更深刻的问题，比如：我们的音乐是有用的吗？艺术能激发政治变革吗？1979年，那时我们只有18岁，我们最初的工作中，其中一次就是关于反种族隔离的演出。另一次演出是在爱尔兰，我们的演出主题是"支持避孕"，那是一次影响极大的演出。后来，到我们20岁出头时，我们故意变成让你感到讨厌的一群人，或许有人会把我们称作"爱尔兰的恐怖组织"，也有的人会对是否接纳我们感到非常矛盾。我们以投向我们身上的愤怒来衡量我们的政治影响力。

其次，有效性的第一个标准是你的歌曲要进入排行榜。实际上，我们很努力地冲破重重障碍，以成为主流。我们就是一个活生生的案例，我们依靠团队而非单打独斗，才做得很好。后来，我们通过演出门票和歌曲专辑的出售情况来判断我们是否成功。

向自己挑战

DATA是一个非营利组织，我们就像运营U2一样精心运营它。这就像是一支乐队，成员有我、露西·马修、鲍比·什里弗和杰米·德拉蒙德。我们是一个整体，分不清谁是歌手、贝斯手、鼓手或者吉他手。但我们知道我们并不是一群嬉皮士，也不是一群一厢情愿的思想家，我们是正宗的"朋克"风格的摇滚乐队。我们是"实际"的机会主义者，我们在工作时只有一个想法：消除最贫穷国家的债务。我们在这方面做得很好，稳步推进，一次选一个目标，然后严密规划，按时完成目标。

第20章　文化变革："波诺的"ONE运动""

然后,我们开始追求新的目标:推广和普及抗艾滋病药物。这个目标是非常明确的。我必须说,这个目标给我们带来很大的挑战,有些人竟然当着我们的面,不留情面地告诫我们说:"你们简直是疯了。这是不可能完成的目标。你们为什么要和这个'最昂贵'的疾病做斗争呢?你们完全可以选择与疟疾、河盲症或者脊髓灰质炎这些更容易治疗的疾病做斗争啊。"

我记得我是这样回答的:"不,我们是在为'平等'而斗争!任何艾滋病病人都应该有机会得到治疗,然而,现在的事实不是这样。如果病人住在都柏林或帕洛阿尔托,他可以获得这些药物。但如果病人生活在非洲马拉维的首都利隆圭,他就无法得到它们。病人的生死取决于他们住在哪里,但是没有人可以选择自己出生的地方,这对病人显然是不公平、不合理的。"

无论如何,我确信我们都会在这些争论中获得胜利,因为每个人都知道这种不平等是错误的,这是显而易见的事实。即便是在我们还未使用OKR的前几年里,我也经常说:"这就像是攀登珠穆朗玛峰,我们要先想象一下登顶后的成就感,然后再想象一下攀登的难度,最后再思考我们该如何达到峰顶。"对许多人而言,对抗艾滋病就像攀登珠峰一样,看似是几乎不可能完成的目标。但是,首先你需要能够清晰地描述目标,然后你才有攀爬上去的机会。

到了2017年,已经有2 100万人正在使用抗逆转录病毒治疗法治疗艾滋病,这是了不起的成绩。在过去的10年内,艾滋病的死亡人数下降了45%,新生儿的艾滋病病毒感染率也下降了一半以上。我们正在努力工作,争取在2020年之前完全消除母婴传播的艾滋病。我相信,我们在有生之年将看到一个无艾滋病的世界。

与OKR一同成长

我们运营非政府组织就像运营我们的乐队一样，充满创业精神，我们在内心深处渴望达成目标。但是，如果你没有明确的运营程序，你不可能走太远。当我们全力以赴时，DATA的业绩就会非常明显，不仅有清晰可衡量的运营程序，还有很多可衡量的结果。我们把11个不同的组织整合起来，构建了一个统一的ONE运动的联盟。尽管我们拥有众多的优秀人才，但是我们的目标过多，非常分散，比如非洲的绿色革命、女性教育、能源匮乏、地球变暖等，这些目标都在我们的规划之中。

DATA和ONE运动需要整合两种截然不同的文化——这是非常棘手的问题。我们意识到我们自己缺乏透明度。如果在签署目标时不透明，就不可避免地会出现工作重叠，甚至出现不和谐，人们也会对自己的工作感到困惑。曾经有一段时间，我们组织内就经历了一次"分裂"。

我们从来没有想过要做小事情，我们扩张的野心太大，以至于制定了如此宏伟的目标，我们总是认为自己扩张得太慢，这让人们感到疲惫不堪。OKR真的是拯救了我们，让我们不再分裂。是ONE运动委员会主席汤姆·弗雷斯顿看到了OKR的价值，所以将OKR植入我们的运营流程中。说实话，汤姆·弗雷斯顿功不可没。OKR不仅能使我们清楚地思考，而且让我们在如何利用现有资源来实现目标方面达成一致意见。OKR让我们保持了激情，但又给了我们一个思考和执行的框架，这个框架是非常必要的，没有它，思考就过于抽象。OKR就像是交通指示灯，通过其颜色的变化告诉我们目前的进展程度，改变了我们开会的方式。同时，OKR提高了我们的战略执行力，成为我们实现目标的强有力武器。

以客户为中心

当约翰·杜尔第一次参加ONE运动委员会的会议时，他问了一个简单而深刻的问题："我们为谁工作？客户是谁？"

我们说："约翰，我们正在为世界上最贫穷和最脆弱的人工作。"

约翰接着问道："那么，他们在会议上是否有一席之地呢？"

我们说："当然，整张桌子都是为他们准备的。"

但约翰却说："你们能看到那个人吗？难道我们不应该让他们真实地坐在这里吗？"

这种以客户为中心的思想最终成为我们ONE运动的关键转变点。约翰的建议与一位来自非洲塞内加尔的朋友说的一致，我们曾在巴黎和这位朋友有一面之缘。当时，他对我说："波诺，你知道塞内加尔的一个谚语吗？'如果你想给一个人理发，那么，他就需要坐在你面前。'"他说这句话的时候非常温情，甚至充满爱意，我们理解他的意思：如果你自认为知道我们的需要，你需要倍加小心。因为，只有我们知道自己想要什么。你不是非洲人，你可能并不知道非洲人的真实需要，而且，如果你一直怀着救世主的情结，结果可能并不好。

2002年，在非洲东南部，我看到大量艾滋病患者不断走向死亡。我与其他抵抗艾滋病的公益活动家一起，对外发布了这一疾病的规模和破坏性，结论引起轩然大波。我鼓励我们组织中的每个人永远不要在没有添加"紧急"字样的情况下提及"艾滋病"这个词，而应当把"艾滋病"与"紧急情况"联系在一起。到了2009年，在非洲出现了一些强烈的反弹。一些比较富裕的非洲人向我们提出了抗议，抗议我们对艾滋病病情的宣传，尽管我们是对客观情况进行描述，但是还是引来争议。一位名叫丹比萨·莫约的经济学家写了一本叫《致命援助》(*Dead Aid*)的书，书中毫不客气地写道："强硬式地推行你们的援助，我们并不需要。致命援助弊大于利。我们正试图重塑这个大陆，使其成为一个可以吸引投资、生活和工作的地方，而你们却正在搞破坏。"

我看到，ONE运动的信誉在非洲东南部受到了威胁。于是，我们把重点放在非洲北部的国家，这些国家的政府在制定政策时深受华盛顿、伦敦和柏林影响，它们也都是最为贫穷的国家。杰米和其他几位公益活动家，比如约翰·吉东戈、奥利·奥克洛和拉克什·拉亚尼都在提醒我们同样的事情——非洲的未来必须由非洲人自己决定。尽管我们把自己的活动称为"ONE运动"，但事实上我们只是解决这些重大问题的一部分人而已。如果没有赤道以南的人们的全力支持，仅靠赤道以北的人们来消除贫困只不过是幻想而已。

ONE运动致力于组织和文化的变革。即使是现在，我们仍然一直与非洲民众进行广泛合作，合作对象既有非洲国家的高层领导人，也有普通人。我们在约翰内斯堡及其周边地区建立了一个驻非洲办公室，它的工作开展顺利，影响范围日益扩大。OKR让我们专注于我们需要做出的具体变化，比如在非洲招聘员工，扩大我们的委员会，与以前的合作伙伴重新建立联系，发现新的网络并寻求建议。我想我们已经成为非洲人民的好听众。如果没有OKR，我认为我们不可能做到这一点。

第20章 文化变革：波诺的"ONE运动"

> **目　标**
>
> 以非洲人的视角积极推动ONE运动的工作，列出与非洲合作的优先事项，分享和利用ONE组织的政治资本，以推动非洲国家政策的变化。
>
> **关键结果**
>
> 1. 在4月成功招聘3名非洲雇员，7月在非洲工作委员会选任2位委员。
> 2. 非洲顾问委员会需在7月前到位，并在12月前召开两次会议。
> 3. 与10到15名活跃的非洲思想家建立关系，让他们挑战ONE运动的政策和工作。
> 4. 在2010年开展4次参与式的非洲之旅。

衡量热情

莫·易卜拉欣是苏丹商人，也是一位慈善家，邀请他加入我们的委员会具有重要意义。在非洲，他是一个大人物，一个很受欢迎的摇滚明星。他和他的女儿哈代尔为我们提供了许多关于非洲大陆的知识，这正是我们所缺乏的，这些知识对于我们拓展更强大的渠道非常必要。在我们见面之前，莫·易卜拉欣对我们的一些目标给予了非常严厉的批评。他建议我们将"透明度"作为中心目标——不仅在非洲如此，在欧洲和美国也要如此。我们研究发现：腐败导致发展中国家每年损失高达1万亿美元。莫·易卜拉欣告诉我们："这是比抵抗艾滋病更为重要的事情，它会拯救更多的生命。"

随着非洲人的不断加入和推动，ONE运动已经取得更大的进展。

我们与一些机构一起为了增加透明度而进行游说，现在，在纽约证券交易所上市的任何一家公司或欧盟的任何一家公司，如果隐瞒其在非洲为获得采矿权所支付的费用都是违法的。2017年，阿里科·丹格特加入了ONE运动委员会，他在非洲是和比尔·盖茨齐名的人物。

一切都进展得很好，但我们也必须直面事实。截至2017年12月，ONE拥有890万会员，这些会员要么是在网上注册的，要么至少参与过一次活动，其中超过300万会员现在住在非洲。然而，我似乎可以看到比尔·盖茨转着眼珠，略带轻蔑地对我说："这没什么大不了的。这些人并不是你的会员，他们只是注册了一下个人信息而已。"当然，我也承认，比尔·盖茨是正确的。这导致我们不得不思考一个问题：我们如何衡量会员的参与度？我们需要选用什么样的指标？是静态的还是动态增长的？我们需要想方设法将注册者变成真正的会员，再把会员变成积极的参与者。最终我们找到了一种方法来感谢和奖励积极参与活动的成员。我们经常在一些美国参议员和国会议员的选区进行活动，这使得他们感到不安。例如，如果你问来自得克萨斯州的共和党议员凯·格兰杰，她可能会说到处都是身穿"ONE"T恤衫的人，他们无处不在，这迫使她选择支持我们。但是，并不是我们无处不在，只不过她是我们积极争取的战略目标而已，她也的确帮助了ONE运动。

以前从未有人衡量过活动家的激情，这听起来感觉很奇怪，但是OKR做到了。OKR让每一个人思考：你对什么充满激情？这些激情将会让你做些什么？现在，当比尔·盖茨在我们的委员会会议上提出棘手问题时，我们可以拿出我们的OKR对他说："这就是我们所做的，这就是它所产生的影响力。"

第20章　文化变革：波诺的"ONE运动"

波诺带领ONE运动的人在尼日利亚的达罗里（Dalori）难民营看望背井离乡的人，2016年

OKR是一种思维方式

OKR会产生负面的东西吗？如果你错误地理解OKR，我想你可能会过于僵化。我们不能让ONE运动过于僵化，反而，我们需要让它保持一定的颠覆性。我总是担心我们变得像商业化组织那样，试图去完成每个季度的目标。我们需要约翰不时来提醒我们："如果所有目标都是绿色的，那么你们就失败了。"这对很多人来说是违反直觉的，因为，"绿色"表明我们完成了所有的目标。但约翰坚持认为："你们需要更深的红色！"我认为他是对的，我们需要更大的野心和颠覆式的增长，因为这正是我们这群聪明的人所擅长的，我们并不擅长渐进式增长。

ONE运动并非仅仅建立在激情之上，我们也不站在道德高地，我们建立在原则之上。我们从OKR中得到了思维框架，它就像是墙壁和地板，划分出了一定的区域，引导我们思考。为此，我们非常感激OKR带给我们的帮助。推动变革不仅需要周密的智慧，还需要非常严谨的战略。如果你的内心没有找到一种与大脑完美匹配的韵律，那么你的激情将毫无意义。OKR的框架培养了激情，刺激了同事们之间的"化学反应"。它为我们提供了一个风险与信任并存的环境，在这样的环境中，失败并不是不可饶恕的过错，人们可以放心地做"真正的自己"。如果你能培育这样的环境，并能找到合适的人，"魔力"就会显现了。

最后，我要说的是，埃奇从一开始就是一个非常有才华的吉他手，但我不是最好的歌手，亚当不是最好的贝斯手，拉里也不是最好的鼓手。但是，我们有共同的目标，有实现目标的想法。我想我们一定会成为世界上最好的乐队。

第 21 章
未来的目标

目标是推动我不断向前的动力。
——穆罕默德·阿里(美国著名拳击手)

有想法很容易，但关键是执行，没有执行，一切都是空中楼阁。

如果你已经阅读了这本书，就会非常了解OKR和CFR的功能，它们可以帮助组织的各个部门去攀登自己业务的顶峰。你也已经知晓了它们如何激励员工，如何培养领导者，以及如何凝聚团队去做更伟大的事情。通过衡量最重要的事情，也就是直击要害，OKR帮助波诺和盖茨基金会一同发起了解决非洲贫困、抵抗疾病的运动。我们正在驱动谷歌以"10倍速"的力度对未来进行大胆探索，以实现让人们自由获取世界各国信息的伟大目标。OKR和CFR也正在帮助Zume比萨专卖店通过使用机器人制作并烘烤比萨，将热气腾腾、新鲜出炉的比萨送到您家门口。

以上发生的事情令我们兴奋，但我认为这只是刚刚开始。

许多人可能会把OKR当成工具，当成解决方案，或者当成运营过程。但我将其视为一个机会"发射台"，不管是对新创企业的创始人，还是对大企业的领导者来说，OKR都可以助力企业业务起飞。我的梦想是看到安迪·格鲁夫所创的方法能够改变人们生活的每一阶段。我相信OKR会对GDP（国内生产总值）增长、医疗保障、学校教育、政府绩效、企业经营及社会进步等多方面产生重大影响。前沿思想家奥利·弗里德曼已经在这方面向前迈出了一大步，他已经给加利福尼亚州山景城可汗实验学校的学生们讲授了OKR。

我相信，如果结构化的目标设定和持续沟通能够在全社会进行推广，再加上我们对未来的想象，整个社会的生产力和创新力将会迅猛增长。

OKR之所以具有如此巨大的潜力，正是因为它的适应性很强。OKR没有死板的教条，也没有一个唯一正确的使用方法，一切都需要因地制宜。不同的组织在其生命周期的不同阶段，都会有不同的需求。对一些组织来说，制定简单明了和开放性的目标可能是一个很大的飞跃；而对于其他组织来说，每季度进行一次计划调整将可能改变整个游戏规则。每个人都可以找到自己的重点目标，并利用OKR进行管理，这一切都取决于你自己。

这本书讲述了一些关于OKR和CFR的幕后故事，还有数以千计的故事刚刚开始或尚未被发现。展望未来，我们将继续在whatmatters.com网站上讨论这个话题，也欢迎你加入进来一起讨论。你也可以通过给我发电子邮件加入讨论，我的邮箱是john@whatmatters.com。

我的终极OKR目标是让人们共同实现看似不可能实现的目标，让人们获得成功，体悟生命的意义，并创造一种代表成功和意义的文化。当然，我也希望能够为你的目标提供一些灵感，这将是我最为重要的事情。

致　敬

谨以此书献给两位过早离开我们的杰出人士，2016年，他们在短短4周的时间里相继去世。其中一位是OKR的杰出创立者安迪·格鲁夫，本书中已详细回顾了他的故事；另一位是睿智的"教练"比尔·坎贝尔，他总是让人印象深刻。所以，在这里，我们借此机会为比尔——这位做出了许多贡献的人致敬。他诚实、开放，极具沟通天分，又对数据驱动的卓越运营充满热忱，完美地体现了OKR的精神。所以，以他的故事来结束本书再适合不过了。

在那个晴朗的4月，比尔·坎贝尔的葬礼在美国加利福尼亚州阿瑟顿市圣心大教堂活动场地上的一个大帐篷里举行，这是他每周六教8年级学生夺旗式橄榄球或垒球的地方。当天，有超过3 000名哀悼者参加了他的葬礼，从拉里·佩奇和杰夫·贝佐斯，到好几代曾经为他效力过的年轻人。比尔·坎贝尔用他宽广的胸怀和无私的指导拥抱着我们每一个人。我们每一个人都相信，比尔·坎贝尔是我们最好的朋友，他用生命为我们撑起了一片最大的庇护伞。

比尔·坎贝尔的父亲是一位体育老师，曾在宾夕法尼亚州霍姆斯特德的钢铁厂上夜班。在20世纪70年代，比尔·坎贝尔首次在自己喜爱的母校——哥伦比亚大学获得了校队橄榄球教练的称号。[①]但是"教练"变成他的专有昵称，却是在他走出橄榄球场，进入一个更具竞争性的舞台之时，那个舞台就是硅谷的董事会和管理层。他是一位世界级听众、名人堂导师，也是我见过的最聪明的人。他雄心勃勃、富有爱心、有责任感、坦率，并成功地在谷歌公司和其他几十家公司中塑造了成功的公司文化。

正如肯·奥莱塔（Ken Auletta）在《纽约客》中写的那样："在世界工程之都，人均收入似乎与社交技能成反比，坎贝尔是教导创始人们不要盯着电脑屏幕看的人……他的讣告本不应该在大多数报纸的首页出现，也不应该在大多数科技新闻网站的顶部出现，但这些确确实实都发生了。"[1]

我们第一次见面，是在20世纪80年代后期。当时，我在给我最失败的企业之一——笔式平板电脑GO公司招聘首席执行官。比尔·坎贝尔开玩笑说，我们应该把公司称为"GO, GOING, GONE"（走，在走，走丢了）。他是由硅谷高管德布拉·拉达博（Debra Radabaugh）和他在苹果公司时的营销老板弗洛伊德·夸默

[①] 作为一名体重165磅（约75千克）的中后卫，比尔·坎贝尔在1961年曾带队获得了哥伦比亚大学的唯一一次常青藤联盟冠军。在半个世纪之后，他担任了该校的董事会主席。

（Floyd Kvamme）推荐来的。弗洛伊德是由我招募到KPCB公司的。在我拜访比尔·坎贝尔在苹果软件子公司Claris的团队时，我们就达成了协议。我通常很快能够判断我是否准备好与某位企业家合作，尽管说服他们同我合作可能需要一段时间。Claris拥有如此优秀的团队精神，还有对比尔·坎贝尔明显的尊重，所以我当场就做出了决定。

当苹果公司和约翰·斯卡利（John Sculley）在首次公开募股中拒绝剥离Claris时，正如比尔·坎贝尔相信并承诺的那样，他接受了GO公司的工作。尽管我们的商业模式一败涂地，但我们在一起度过了美妙的时光。在比尔·坎贝尔来之前，GO公司的管理团队在投票前都会对策略进行激烈的讨论，辩论之后就产生了赢家和输家，这通常会让人难受。在比尔·坎贝尔成为首席执行官之后，一切都改变了。他会跟各位高管坐在一起，向他们询问家人的情况，然后以口语化的方式讲述一两个故事，并逐渐了解他们对"手头问题"的看法。他有一种非凡的能力，能够让人们在事前达成一致，很快GO公司就再不需要投票了。比尔·坎贝尔考虑的都是整个团队和公司，从来就没有任何私人动机或议程。使命是最重要的。

比尔·坎贝尔是一位能培养伟大领导者的导师。他在GO公司的5个下属后来都成为他们自己企业的首席执行官或首席品牌官（CBO）。我支持了他们每一个人，并且他们每一个人最后都获利了。在许多经验教训中，比尔·坎贝尔教会了我们团队尊严的重要性。当公司遭遇失败时，团队尊严就更重要了。在把GO

公司出售给AT＆T公司之后，我们确保那些想要离职的同事都得到了很好的推荐，并为他们找到很好的下家以发展他们的事业。

2010年在高管培训会议上，比尔·坎贝尔（左）和他亲笔签名的饮料

1994年，我带着比尔·坎贝尔回到KPCB公司，并担任"驻企高管"，他的办公室挨着我的，我承诺为他找到另一家公司。大约在同一时间，财捷集团创始人斯科特·库克（Scott Cook）决定聘请一位首席执行官。于是，我就将比尔·坎贝尔介绍给了他，他们只是在比尔·坎贝尔家附近散了散步，然后库克就把这份工作交给比尔·坎贝尔"教练"了。后来，他们建立了很好的关系，比尔也成立了很好的公司。

比尔·坎贝尔在财捷集团干了4年，前期他面临这样一个危机：收入不能达到季度目标。公司的董事会有些不切实际，他们想通过增加投资来帮助企业渡过这个难关。当董事会成员在拉斯维加斯的一个酒店套房里见面时，比尔·坎贝尔"教练"并不买账。他说："少废话，我们要削减并裁掉一些人。我们要变得更加精简，因为我们必须达到目标。这是我想要的纪律和文化的一部分。"比尔·坎贝尔为达成目标态度强硬，对股东、对团队和客户，他经常如此。

在房间里进行讨论时，越来越多的主管选择通过多花钱来撑过去，但比尔·坎贝尔看起来却越来越心烦意乱。轮到我发言时，我说："其实，我认为我们应该听'教练'的。"我虽然不确定他是对的还是错的，但我认为这是他的使命。我的立场扭转了局势。后来，比尔·坎贝尔告诉我，我的话对他来说意味着什么，如果当时我没有做出那个决定，他可能会辞职。

从那时起，我们就建立起了牢固的关系。我们可能会不同意对方的观点，并说一些相当苛刻的话，但第二天总会有一个人打电话道歉。我们两个人都明白，我们对这种关系的忠诚度、对团队的忠诚度，已经超越了任何不同意见。

当我招聘比尔·坎贝尔担任网景公司的董事时，他仍然在财捷公司就职。不久，每当我支持一位新企业家时，他总是我第一个联系的人。这似乎成了我们的独特方式：克莱纳投资，杜尔赞助，杜尔致电比尔·坎贝尔，比尔·坎贝尔来辅导团队。我们一次又一次地采用了这个策略。

1997年，史蒂夫·乔布斯以最惊人的非敌意收购一家上市公司的方式回到了苹果公司，而且没有投入一分钱。史蒂夫·乔布斯要求只留下一个主管，其他主管全部辞职，然后他打电话给比尔·坎贝尔，请他加入他的新董事会。比尔·坎贝尔"教练"拒绝了这份工作的报酬，他在回馈为他做了这么多事情的硅谷。当很多公司劝他接受股票时，他却将收益投到了他自己的慈善组织。

2001年，在帮助说服谷歌公司创始人聘请埃里克·施密特担任首席执行官之后，我建议埃里克让比尔·坎贝尔担任他的教练。埃里克是一位非常骄傲的人，他已经在诺威尔（Novell）公司担任过首席执行官和董事长，我的建议让他感到不快，他说："我知道我在做什么。"所以，他和比尔·坎贝尔并不是"一见钟情"。但在不到一年的时间里，埃里克的自我评估显示了他的巨大变化："比尔·坎贝尔在指导我们所有人方面做得非常棒。在事后看来，我们一开始就很需要他。我应该更早些聘请比尔·坎贝尔，要是在谷歌公司创建的那一刻就聘请比尔·坎贝尔就最好了。"[2]

比尔·坎贝尔认为，他在谷歌公司的任务是开放式的。他曾教导过拉里·佩奇、谢尔盖·布林、苏珊·沃西基、谢丽尔·桑德伯格、乔纳森·罗森伯格及谷歌公司的整个管理团队。他以他独特的风格进行创作，既有禅的启迪，也有百威啤酒的助兴。比尔·坎贝尔几乎没有什么指示，他只会问很少的问题，但他的问题总是切中要害。不过，在大多数情况下，比尔·坎贝尔都是在倾听。他知道，在大多数时候，商业实践都会同时存在几个正确答案，而领导者的工作就是选择其中一个答案。他会说："只要做出决策就好。"或者会说："你要向前走了吗？你在打破关系吗？

让我们继续吧。"

在谈到谷歌公司的OKR时,比尔·坎贝尔非常关注那些不那么有魅力的承诺性目标。(他最喜欢的一句话是:你必须让火车准时运行。)正如谷歌公司首席执行官桑达尔·皮查伊所回忆的那样:"他一直关心运营的卓越性。"就像比尔·坎贝尔那听似谦虚的格言,"每天都会变得更好",没有比这更具挑战性或更充实的了。

如果你想知道事实真相,我可以告诉你,实际上,比尔·坎贝尔"教练"就是谷歌公司每周一高管会议(我们的非官方董事会主席会议)的幕后人物。与此同时,他还担任着苹果公司董事会首席外部董事。任何人都可能觉得这是个冲突,这也让史蒂夫·乔布斯抓狂,特别是在安卓开始挑战苹果手机之后。史蒂夫·乔布斯慷慨激昂地想说服比尔·坎贝尔选择苹果公司并离开谷歌公司,但"教练"拒绝了:"史蒂夫·乔布斯,我不会帮助谷歌公司改善他们的技术,我甚至不会写HTML(超文本标记语言)。我只是帮助他们每天把生意做得更好。"当史蒂夫·乔布斯坚持时,"教练"会说:"不要让我选择,你不会喜欢我将要做出的选择。"而最后,史蒂夫·乔布斯因为"教练"是他唯一真正的知己而退让了。(他"让史蒂夫·乔布斯继续前进",就像埃里克·施密特告诉《福布斯》的一样,比尔·坎贝尔是史蒂夫·乔布斯的"导师,也是朋友,更是他的守护者、灵感激发者,史蒂夫·乔布斯相信比尔·坎贝尔,而且对他信任度胜过了其他任何人"。)[3]

虽然"教练"并不像他所表现的那样不了解技术,但他绝不会控制工程师或产品开发人员。他的卓越见解是关于领导力,关于什么可以激发业务团队和人员，以及如何保护员工免受公司流程的压榨和束缚的。如果他看到有人受到不公平的待遇，他会拿起电话打给公司的首席执行官，说："这是一个错误流程。"然后他会解决这个问题。

人们往往不鼓励将"爱"带入商业之中，但"爱"是比尔·坎贝尔最显著的特质。我仍旧记得，当他走进财捷集团参加一次会议时，每个人的脸都亮了。有时候，他很会打趣。（如果看到你穿着一件丑丑的毛衣来工作，他会问："你是在洗手间和哪个人打了一架才抢到那件衣服的吗？"）但是，每个人都知道"教练"一直在关心着自己，知道他在支持着自己，知道他就在团队里。人们真的很难找到能够同时传达爱与大胆反馈的领导者。比尔·坎贝尔是一个强势的教练，但他一直是一位属于球员的教练。

相较于我们圈子里的大多数人而言，他是很顾家的。当他在指导自己的女儿玛吉（和我女儿玛丽）打垒球的时候，他绝对是最幸福的人。无论有什么事情，他都会在下午 3:20 准时出现在球场。你永远都不会发现"教练"会分心查看他的手机。他特别投入，在那个环境中总能"闪闪发光"。

即使生病了，比尔·坎贝尔也从未停止过自己的教练工作。当我决定担任 KPCB 公司总董事长时，他的建议也是一个很重要的因素。当时，我的两个女儿都上大学了，时机很好。"教练"知道我不会放慢速度，也不会"往上爬"。我愿意接受这份工作来做我喜欢做的事情：寻找并资助最优秀的企业家，帮助他们在扩大规模的同时建立出色的团队。这是我成为下一代领导者和合作伙伴的"教练"的机会，我是在效仿比尔·坎贝尔。

在去世前几个月，比尔在他与兰迪·科米萨（Randy Komisar）——我在KPCB的合作伙伴的播客中解释说："我一直想要成为解决方案的一部分……人是我们所做的事情里最重要的一部分。我们必须努力让他们变得更好。"[4]

虽然比尔·坎贝尔教练已经离我们而去了，但是对于他的数百名学员、这些年来他所指导过的所有高管来说，他的工作依然还在继续，我们仍然在努力让每天都变得更加美好。

怀念你，教练。大家都怀念你。

约翰·杜尔
2018年4月

比尔·坎贝尔教练，2013年

资源1 谷歌公司的内部OKR模板

在集体实施OKR方面,没有哪一家公司比谷歌公司更有经验了。随着公司规模的扩大(或者说已经扩大了),谷歌公司定期发布OKR的指导方针和应用模板。以下摘录主要为内部资料,转载得到了谷歌公司的许可。(注:这是谷歌公司的OKR实践方法,读者使用的方法可能与此不同。)

在谷歌公司,我们习惯于从战略角度进行思考。通过使用所谓的"目标"和"关键结果"工具来帮助我们进行沟通、量化,并实现那些宏大的目标。

我们的行动决定了谷歌公司的未来。正如我们多次看到的那样,谷歌搜索、Chrome浏览器和安卓系统,这些仅由公司百分之几的员工所组成的产品团队,只要能够树立共同的目标并采取一致行动,就可以在不到两年的时间内颠覆整个成熟的产业。因此,作为谷歌公司的员工和管理者,我们应该如何分配自己的时间和精力呢?作为个人和团队成员,我们又应该如何分配自己的时间和精力呢?在这些问题上,我们需要做出有意识、谨慎且明智的选择,这才是至关重要的。在OKR管理方法中,处处都体现了这种谨慎的选择。同时,这种方法也是我们协调个人行动以实现战略目标的有效手段。

我们使用OKR管理方法来制订员工的生产计划,并跟踪他们的进度和计划实施情况。同时，我们也利用OKR，对员工和团队之间的重要事件及业务的优先处理顺序进行协调。此外，我们还使用OKR帮助人们专注于最重要的目标，避免其被紧急的次要目标分心。

OKR很宏大，它不是渐进性的——我们并不是非要全部实现不可。（如果这样的话，我们就没有表现出足够的进取性。）我们利用彩色进度条来衡量我们的业绩：

0~0.3 分是红色的；

0.4~0.6 分是黄色的；

0.7~1.0 分是绿色的。

设计有效的OKR

OKR的设计应该是有效的。设定无法完成或是无法控制的OKR，都是在浪费时间，那只是一种管理上的形式主义。有效的OKR是一种具有激励性质的管理工具，它可以帮助团队识别什么是重要的、什么是最优的，以及在他们的日常工作中需要做出哪些权衡。

但设计有效的OKR并非易事，应该注意以下几个基本规则。

首先，目标是"什么"。

明确目标和意图。

有进取心，但要认清现实。

目标必须是有形的、客观的、明确的。对一位理性的观察者而言，目标是否已实现应当是显而易见的。

目标的成功实现，必须能够为谷歌公司带来明确的价值。

其次，关键的结果意味着"怎么做"。

设置可衡量的里程碑事件，如果得以实现，将以一种高效的方式推进目标。

一定要描述结果，而不是行为（活动）。如果OKR中包含有诸如"咨询"、"帮助"、"分析"或"参与"等词汇，这类描述其实就是指行为（活动）。相反，应当是描述这些活动对终端用户所产生的影响。例如，"在3月7日之前发布分布式文件系统Colossus的6个储存单元的平均延迟和尾延迟测量值"而不是"评估Colossus系统的延迟情况"。

必须包含完整的证据。这些证据必须是可用的、可信的和易察觉的。例如，证据应当包括：变更列表、文档链接、注释和发布的测量报告。

跨团队OKR

谷歌公司中的许多重要项目都来自不同团队的贡献，而OKR恰好完美地适用于团队之间的协调。跨团队OKR应该由实质性参与该OKR的所有团队共同完成，并且每个团队的OKR都应该清晰地呈现在整个项目的OKR中。例如，如果广告开发团队、广告运营维护团队和网络部署团队都必须支持新的广告服务项目,那么在这三个团队中都应该有各自的OKR来描述他们在该项目中所承担的责任。

OKR主要有两种表现形式,承诺型OKR与愿景型OKR,对其进行区分至关重要。

承诺型OKR是指我们一定会实现的OKR,是我们甘愿通过调整工作时间和资源配置以确保其得以实现的目标。

承诺型OKR指标预期得分应该是1.0。若得分小于1.0,则需要解释未完成部分的原因,因为它表明团队在制订计划或执行计划时存在着某种失误。

与此相对,愿景型OKR则表达了我们对世界变化的预期。不过,我们可能并不清楚如何到达那里,以及实现这一OKR所必需的资源。

愿景型OKR指标的平均得分为0.7,且方差较大。

OKR设定的错误和陷阱

陷阱1:未能正确区分承诺型OKR与愿景型OKR

一方面,如果将承诺型OKR当作愿景型OKR来看待,一般会增加失败的风险。团队可能不重视它,也可能不会改变其业务的优先顺序去专注于该OKR的实现。

另一方面,错误地将愿景型OKR当作承诺型OKR,会人为地制造障碍,结果使团队无法有效找到一条实现该OKR的路径,并且可能会导致优先级的反转,使致力于实现承诺型OKR的人员转而专注于愿景型OKR。

陷阱2：一如既往的OKR设定

OKR的设定，常常是基于团队认为"可以在不改变目前正在从事的任何事情的情况下"所能达到的目标，而不是基于团队或顾客真正想要的结果。这就是OKR设定的第二个陷阱。

陷阱3：畏首畏尾的愿景型OKR设定

愿景型OKR通常是始于现状，并且需要有效回答这样的问题：如果我们有富余的劳动力和一点点好运气，我们还能做什么？除此之外，还有一个更好的问题：如果我们的资源不受限制，那么我（或我们的顾客）几年后将会生活在一个什么样的世界中？通常来说，当OKR的雏形刚制定出来时，你是无法知道如何实现这个目标的——这也是为什么称其为愿景型OKR的原因。但是如果无法理解并清晰表达最终期望达成的目标状态，你就毫无实现它的可能。

试金石：当问顾客他们到底想要什么时，企业的期望目标是否已经满足甚至超越了顾客的需求？

陷阱4：负重前行

承诺型OKR应该会消耗掉一个团队大部分资源，但不是全部资源。而承诺型OKR再加上愿景型OKR所消耗的资源，应该会超过企业的全部资源。否则，它们就构成了完美匹配的承诺型OKR了。

如果一个团队不需要利用全部团队成员或资源就可以满足所有OKR，那只能说明他们要么是囤积了资源，要么是没有设定具有挑战性的目标，或两者兼而有之。这对高层管理人员具有很好的启示作用：

重新把人员和资源分配给可以更高效利用它们的团队,以确保物尽其用。

陷阱5: 低价值目标(无人在意的OKR)

OKR必须体现明确的商业价值,否则没有理由浪费资源去加以实现。所谓低价值目标是指即使目标得以实现并获得1.0的评分,也根本没有人会注意到它的实现。

一个经典的低价值目标示例是:把CPU的利用率再提高3%。这个目标本身并不能直接为用户或谷歌公司带来价值。然而,与之大致相关的目标"减少3%的峰值查询所需内核数量,而不改变质量/延迟时间,并能够将多余的内核资源返回到自由池中"就具有明显的经济价值,这就是一个很好的目标。

试金石:在合理的情况下,在没有提供直接终端用户利益或经济效益的时候,OKR是否能够达到1.0的得分?如果可以,那么可以重新设定OKR来关注有形利益。一个经典的例子是"启动X"这一目标很难说出具体的成功标准。相对而言,更好的表达方式是:"在大规模集群管理系统borg的90%以上的储存单元cell中运用X,从而实现双倍的Y。"

陷阱6: 指向承诺型目标的关键结果不理想

OKR包括期望结果(目标)和实现该结果所需的可衡量标志(关键结果)。关键是在所设定的关键结果,所有关键结果得分都是1.0,进而实现的目标得分也是1.0。

常见的错误是,关键结果的设定很有价值,但却无法通过有效合作完全达成目标。这种错误往往十分具有迷惑性，因为它可以让团队避免制定实现关键结果所需要的艰难承诺（在资源/优先次序/风险方面）。

这个陷阱的危害性极大，因为它会使人们无法及时发现实现目标所需要的资源，也不能及时发现无法按计划完成相应的目标。

试金石：在所有关键结果都得 1.0 分的情况下，有仍然没能实现目标真正意图的可能性吗？如果存在这种可能性的话，则需要添加或重新设定关键结果，直到其成功完成并足以确保目标也能够成功完成为止。

OKR 的阅读、理解和执行

承诺型 OKR

团队希望重新对其业务优先顺序进行排序，以便确保可以获得 1.0 分并实现目标。

不能在承诺型 OKR 上获得 1.0 分的团队，需要迅速进行升级。下面这一点至关重要：在这种（常规）情况下，升级不仅是应该做的事情，更是必须要做的事情。无论问题产生的原因是 OKR 的设定有分歧、对其优先顺序有分歧，还是无法获得足够的时间/人力/资源等，升级都是最好的选择。它有助于团队的管理层扩大选择范围，并解决冲突。

其实，每一个新的 OKR 设定都不可避免地涉及一定程度的升级，因为重新设定需要改变现有的优先次序和目标。一个不需要改变任何组织活动的 OKR，属于普遍型 OKR，它不太可能是新设定的，可能只是以前没有被记录下来而已。

如果在截止日期到来时，承诺型OKR没有达到1.0分，那么就需要对其进行重新审视。这不是为了惩罚团队，而是为了让团队了解他们在OKR的计划和执行中出现了哪些失误，从而帮助他们提高在执行承诺型OKR的过程中获得1.0分的能力。

承诺型OKR的等级划分是为了确保服务能够满足该季度的服务水平协议，或是在特定日期之前实现基础设备的某些清晰功能或对其进行改进，或者在某个成本点上制造并交付一定数量的服务器。

愿景型OKR

愿景型OKR的目标将超过团队在给定季度内执行的能力。OKR的优先级别应该告知团队成员：在达成团队承诺型OKR之后，还应该将剩余时间用在什么地方？一般来说，优先级别较高的OKR应该在优先级别较低的OKR之前完成。

愿景型OKR及其相关优先目标应该保留在团队的OKR列表中，直到完成为止。必要的时候，可以将它们从一个季度带到下一个季度。由于进度缓慢而将它们从OKR列表中删除是错误的做法，因为这样会导致目标优先次序的错乱、资源可获得性的误判或问题缺乏完整性而无法被全面理解等。

推论：如果一个团队拥有比当前OKR执行者更有效完成该OKR的专业知识和带宽，那么将该OKR转移到这个团队的列表中未尝不是更好的选择。

团队管理者往往会对完成愿景型OKR所需的资源进行评估，这是他们的职责。他们会在每个季度告知公司管理层他们所需要的资源数量。但团队管理者不应该对获取所有需要的资源抱有幻想，除非其愿景型OKR享有在公司达成承诺型OKR之后的最高优先权。

更多的试金石

一些简单的测试可以帮助验证OKR的合理性。

- 如果五分钟之内就可以把它们全部都写下来，那么它们的质量可能不会太好，这就需要多思考一下了。
- 如果设定的目标不具有内在一致性，可能它们还不够成熟。
- 如果关键结果是用团队内部术语来表达的（比如发布Foo 4.1），那它可能也还不够好。真正重要的不是发布，而是它的影响力。为什么Foo 4.1很重要呢？更好的说法应当是"通过发布Foo 4.1增加25%的注册率"或干脆简单地说"提高注册率"。
- 应用真实数据。如果每个关键结果的取得都是在这个季度的最后一天发生的，那么你可能并没有真正地完成这一计划。
- 确保关键结果是可衡量的：必须在每个季度末分配一个客观的等级衡量标准。"提高注册率"并不是好的关键结果。相对而言，更好的表达应该是"5月1日前实现每日注册率提升25%"。
- 确保衡量标准是清晰、明确的。如果说"100万用户"，到底是指整个目标期限内达到100万用户,还是周活跃用户达到100万呢?

- 如果团队中有重要活动(或者完成目标必不可少的一部分)没有被OKR覆盖,那么请将其添加进去。
- 对于较大型的组织而言,需要对OKR进行等级划分——对于整个团队而言,需要制定高层次OKR;对于子团队而言,需要制定详细的OKR。确保"横向"OKR(需要多个团队参与的项目)能够支持每个子团队的关键结果。

资源2 典型的OKR周期

假设你正在为公司、团队和员工设定OKR（大公司可能有额外的层级），以下可以作为参照。

OKR开始前4~6周	**为公司制定年度OKR和第一季度OKR而进行头脑风暴** 高层领导开始通过头脑风暴设定公司的顶层OKR。如果是在为第一季度设定OKR，那么这也是管理者设定年度计划的最佳时刻，因为有助于把握公司的整体方向。
OKR开始前2周	**为即将到来的一年和第一季度而在全公司范围内讨论OKR的设定** 最终确定整个公司的OKR，并将它们传达至每一位员工。
OKR开始	**讨论设定团队第一季度的OKR** 基于整个公司的OKR，各团队开始设定各自的OKR，并在会议上分享。
OKR开始1周	**分享员工第一季度的OKR** 在对团队OKR进行讨论之后一周，各参与者与同伴分享自己的OKR。这可能需要参与者同其管理者进行一对一协商后加以确定。
OKR开始后的整个周期	**员工进度跟踪及签到** 整个季度，员工都需要对自己的进度进行评估和分享，定期在管理者那里签到。在该季度里，员工会定期评估他们完全实现自己OKR的可能性。如果希望渺茫的话，他们可能需要重新进行调整。
接近结束	**员工反馈和为第一季度OKR打分** 在季度末，员工对各自的OKR进行自我评估，以显示他们所取得的成就。

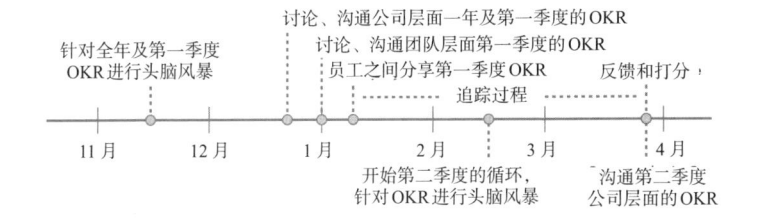

- 针对全年及第一季度OKR进行头脑风暴
- 讨论、沟通公司层面一年及第一季度的OKR
- 讨论、沟通团队层面第一季度的OKR
- 员工之间分享第一季度OKR
- 追踪过程
- 反馈和打分
- 开始第二季度的循环，针对OKR进行头脑风暴
- 沟通第二季度公司层面的OKR

11月　12月　1月　2月　3月　4月

资源 3　沟通：绩效对话

持续改进的绩效管理是相互交织的两个过程：第一过程是设定 OKR；第二过程是定期和持续沟通，并根据需求不断进行调整。

目标规划和反馈

为了促进沟通，管理者可能会向相关员工提出以下问题。
- 你打算把精力集中在哪些 OKR 上，以便为你的角色、团队或公司发挥最大的价值？
- 这些 OKR 中，哪些指标能够与组织中的关键计划保持一致？

过程升级

为了让相关员工开始对话，管理者可以提出以下问题。
- 你的 OKR 进展如何？
- 你需要什么样的关键能力来获得成功？
- 是不是有一些因素阻碍你实现目标？
- 考虑到优先级的变化，需要调整、增加或删除哪些 OKR？

由管理者直接指导

为了做好沟通工作，管理者应该考虑以下问题。
- 我希望在报告中持续地展示出什么样的行为或价值观？
- 我希望在报告中开始或停止展示什么样的行为或价值观？
- 我能够提供什么样的指导，才可以通过报告充分激发他或她的潜能？
- 在沟通中，领导者可能会问：

工作中最让你兴奋的东西是什么？

你想要改变自身角色中的哪些方面呢（如果有的话）？

向上反馈

为了从相关员工那里得到坦诚的反馈，管理者可能会问：
- 你从我这里得到了哪些让你觉得有用的东西？
- 你从我这里受到了哪些阻碍，导致你的能力没有效发挥？
- 我能为你做些什么，才能帮助你获得更大的成功？

职业发展

为了梳理出某个员工的职业抱负，管理者可能会问：
- 你愿意培养什么样的技能或能力来改善自己目前的角色？

- 为了实现你的职业目标，你愿意在哪些领域提升自己？
- 为了你未来的角色发展，你想开发出什么样的技能或能力？
- 从学习、成长和发展的角度来看，我和公司怎样才能帮你实现目标？

为绩效而准备的沟通

在与相关员工针对绩效开始沟通之前，一些准备工作已经就绪。具体来说，管理者应该考虑以下几点。

- 在此期间，员工的主要目标和责任是什么？
- 员工表现如何？
- 如果有员工表现不佳，他或她该如何改正？
- 如果员工表现良好或超出预期，我能做些什么以使其在不倦怠的情况下保持高绩效？
- 什么时候员工最投入？
- 什么时候员工最不投入？
- 员工给工作带来了什么优势？
- 哪些类型的学习经验可能会让这位员工有所收益？
- 在接下来的6个月里，员工的关注点应该是什么？以他或她目前的角色，是否达到了期望？如何最大化当前角色的贡献？或怎样为下一个机会做准备——无论是一个新的项目、一个拓展性的任务，还是一个新角色？

相关员工也应该为绩效沟通做好准备。具体来说，他们可以向自己提问：

- 我的目标实现了吗？
- 我是否发现了机会所在？
- 我是否理解自己的工作与更大的里程碑之间的联系？
- 我能给我的管理者反馈什么？

资源4 总结

> **OKR的四大利器**
> 1. 对优先事项的聚焦和承诺
> 2. 团队工作的协同和联系
> 3. 责任追踪
> 4. 充分延展进而挑战不可能
>
> **持续性绩效管理**
> **文化的重要性**

对优先事项的聚焦和承诺

- 为自己的OKR循环设置合适的节奏。我推荐双重追踪，即季度OKR（用于短期目标）和年度OKR（用于长期策略）并行部署。
- 为了制订实施计划并加强领导者的承诺，在OKR推出阶段中应该以高层管理为主。在征召个别员工加入之前，让这个过程获得动力。
- 指定一个OKR领头人，确保每个人在每个周期中花一定的时间来选择什么最重要。
- 在每个循环周期，需要承诺完成3~5个最高目标。太多的OKR会淡化和分散员工的努力。通过决定不做什么，放弃、推迟或相应减少什么来提升有效性。
- 在选择OKR时，要尽量寻找那些对杰出绩效最有影响力的目标。
- 在组织的使命宣言、战略计划或由领导者明确的广泛主题中寻找设定最高层OKR的依据。
- 强调部门目标并争取横向支持，需要把OKR提升到公司层面。
- 每个目标的关键结果都不要超过5个，而且这些关键结果是可以衡量的、明确的及有时间限制的。关键结果也即目标如何实现？根据定义，完成了所有关键结果就等于实现了目标。
- 为了平衡和质量控制，将定性和定量关键结果进行匹配。
- 当某个关键结果需要额外关注时，将其提升为一个或多个周期的目标。
- OKR成功的唯一最重要元素，是组织领导者的信念和支持。

团队工作的协同和联系

- 通过展示团队的目标与领导者的愿景及公司首要任务的联系来激励员工。实现卓越运营的捷径是透明的、公开的目标，员工直至首席执行官均是如此。
- 在全体大会上解释为什么OKR对于组织如此重要。然后，不断重复这个重要的信息，直到你自己都感到厌烦为止。

- 当部署由高层驱动的垂直层级OKR时，应欢迎一线员工的加入，与其针对关键结果进行相互交流并适当接受他们的意见。创新往往产生于公司的基层边缘，而很少产生于权力中心。
- 鼓励公司内自下而上的OKR应占合适比例（大约一半）。
- 通过将团队与横向的共享OKR联系起来，打破部门间的隔阂。跨部门、跨职能的操作使快速和协调的决策成为可能，而这是获取竞争优势的基础。
- 明确所有横向的、跨功能的依赖关系。
- 当修改或删除OKR目标时，请确保所有利益相关者都了解这一情况。

责任追踪

- 建立一种问责文化。植入持续的重新评估和诚实客观的分级制度，并且从顶层开始。当领导者公开承认他们的错误时，员工就会更轻松地承担犯错的风险。
- 要少用外在奖励来激励员工，更多采取公开的、切实的措施来衡量他们的成就。
- 为了使OKR具有及时性和相关性，指定专人来进行定期检查和进度更新。经常性检查使得团队和个人能够及时纠正错误或快速放弃。
- 为了保持高绩效，每周都鼓励员工与管理者之间进行一对

- 一的OKR会议，以及召开每月的部门会议。
- 随着环境条件的改变，只要适合组织的发展，可随时更改、添加或删除OKR指标，即使是在考核周期的中期阶段。谷歌公司有句名言：目标不是写在石头上的（目标并非一成不变的）。如果固执地坚持不相关或不可能实现的目标，只会适得其反。
- 在考核周期结束时，使用OKR等级加上主观自我评估法来评估过去的表现、庆祝业绩的取得，以及对未来进行规划和改进。在进入下一个考核循环周期之前，花点时间反思上一个周期完成的工作。
- 为了让OKR紧跟时代潮流，需要投资建设一个专用的、自动化的、基于云的平台。公共、协作、实时的目标设置系统最为有效。

充分延展进而挑战不可能

- 在每个周期的开始，区分一下必须达到百分之百的目标（承诺型OKR）和那些要非常努力才能完成的目标（BHAG或愿景型OKR）。
- 建立一种自由的环境。在这种环境下，允许每个人出现失败，而无须受到批判。
- 为了刺激人们解决问题并激励其取得更大的成就，要设定一些挑战性的目标——即使这意味着有些季度目标可能无法完成。但是，不要把目标门槛设得太高，以至OKR变得不现实。当人们知道他们不可能完成目标时，士气将会受到影响，甚至低落。
- 要想在生产力或创新上取得飞跃，请遵循谷歌公司的"10倍速"原则，并且用指数级来替换增量式的OKR。这就是企业被颠覆、品类被推新的原因。
- 设计具有延展性的OKR以符合组织的文化。一个公司的最佳"拓展"界限会随着企业发展周期的不同需求而有所变化。
- 当一个团队没能完成延展性OKR，假如目标仍是相关的，需要考虑把目标转到下一个考核周期。

持续性绩效管理

- 为了解决变成真正问题之前的"问题"，并为陷入困境的员工提供所需的支持，将年度绩效管理转为持续性绩效管理。
- 把前瞻性的OKR与事后反馈的年度评价区分开来，有助于实现那些野心勃勃的目标。将目标达成与奖金支票等同起来，会招致欺诈和规避风险的行为。
- 用透明的、基于强度的、多维度的绩效评估取代竞争性评级和员工排名。在这些数字背后，考虑员工的团队合作能力、沟通情况和目标设定的雄心。
- 依靠内在动机来激励员工，如提供有目的的工作和成长机会，而非单纯的财务激励，这些激励要素的作用将更为强大。
- 为了强化积极的商业成果，在制定结构性目标的同时，贯彻正在实施的CFR计划。透明的OKR使得指导变得更加具体而有效。持续的CFR计划保证每天的工作准时完成，并促进员工之间的真诚合作。
- 在管理者和员工之间的绩效驱动沟通中，允许员工设置工作计划，而管理者的角色则是学习和指导。
- 通过两种方式进行绩效反馈，一种是临时性的反馈，另一种则是多方向的、不受组织架构约束的反馈。
- 使用匿名"动向"调查，对专项工作或员工士气进行实时反馈。
- 在跨职能的OKR中，通过点对点的反馈，加强团队与部门之间的联系。
- 利用同行的认可来提升员工参与度和绩效。为了获得最大的影响，绩效的识别应该是频繁、具体及高度可见的，并与顶层的OKR绑定在一起。

文化的重要性

- 让顶层的OKR与组织的使命、愿景及核心价值保持一致。
- 通过语言传达文化价值固然重要，但最重要的是通过行动来实现企业文化的价值。

- 通过协作和问责来提升最佳绩效。OKR是总体目标，把这些关键结果分配到个人，并让他们对其负起责任。
- 为了发展高激励文化，在支持工作行为的"催化剂"（OKR）和人与人之间的支持行为甚至随机善举这样的"营养液"（CFR）之间构建平衡。
- 使用OKR，提高透明度、清晰度、目的性和大局方向；开展CFR，培养积极、热情、拓展性思维，并每天都有所改进。
- 在执行OKR之前，要注意解决文化障碍的必要性，尤其是其中的问责和信任问题。

资源5 延伸阅读

关于安迪·格鲁夫和英特尔

- 《高产出管理》,安迪·格鲁夫著。
- 《安迪·格鲁夫传》,理查德·泰德罗(Richard S. Tedlow)著。
- 《三位一体:英特尔传奇》,迈克尔·马隆(Michael Malone)著。

关于文化

- 《HOW时代:方式决定一切》,多弗·塞德曼著。
- 《向前一步》,谢丽尔·桑德伯格著。
- 《绝对坦率:成为好老板的终极秘诀》,金·斯科特著。

吉姆·柯林斯著作

- 《从优秀到卓越》
- 《选择卓越》

关于比尔·坎贝尔和他的指导

- 《剧本:教练——来自比尔·坎贝尔的指导》(*Playbook: The*

Coach—Lessons Learned from Bill Campbell》，埃里克·施密特、乔纳森·罗森伯格和艾伦·伊格尔（Alan Eagle）即将出版的新书。
- 《对初创公司直言不讳：100条可以击败困境的内部规则》（Straight Talk for Startups：100 Insider Rules for Beating the Odds），兰迪·科米萨（Randy Komisar）著。

关于谷歌公司

- 《重新定义公司：谷歌是如何运营的》，埃里克·施密特、乔纳森·罗森伯格著。
- 《重新定义团队：谷歌如何工作》，拉兹洛·博克著。
- 《在丛中：谷歌如何思考、工作和塑造我们的生活》（In the Plex：How Google Thinks, Works,and Shapes Our Lives），史蒂芬·列维著。

关于OKR

- 网址：www.whatmatters.com。
- 《OKR工作法：谷歌、领英等顶级公司的高绩效秘籍》，克里斯蒂娜·沃特克（Christina Wodtke）著。

致　谢

在本书定稿之际，谨在此向所有为本书的撰写提供过帮助的朋友及读者们表达最诚挚的感激与谢意。首先，我想说的是，能够继承并发扬安迪·格鲁夫所提出的激发人类潜能的管理方法，于我而言，何其幸哉！其次，看着众多企业家、领导者与团队在这一方法的指引下追逐梦想、实现梦想，并超越梦想，又何其令人欣慰！最后，我们提倡并奖励冒险精神，也何其令人感佩。但羞愧的是，在这之前，我竟从未对此有所关注。

最重要的是，我需要感谢本书的读者，正是由于您的深切关注、积极参与和及时反馈才给了我创作的不竭动力，非常期盼您阅读完本书之后能够给出宝贵意见，并真诚地希望能与您交流，感兴趣的读者可以通过电子邮件联系我，我的邮件地址是 john@whatmatters.com。

本书的问世，再一次验证了我常说的那句话：任何事情的成功，都离不开团队的精诚合作！因此，首先我要感谢企鹅兰登旗下 Portfolio 出版社的团队，正是他们的无私付出，使本书从构思到出版成为可能。他们是出版商阿德里安·扎克海姆，是他预见了本书的巨大潜力；最出色的编辑斯蒂芬妮·弗里奇，她虽然在工作中承担了很多额外事务，但却始终保持着热情与幽默；当然，本书的出版也离不开塔拉·吉尔布莱德、奥利维亚·佩鲁索和威尔·维瑟尔的辛勤耕耘。其次，我还要感谢我的经理人米尔斯尼·斯蒂芬尼斯和我的律师皮特·莫达维。最后，我还要感谢技艺精湛的全能型人才莱恩·潘查德拉姆的帮助，本书的顺利出版绝对离不开他敏锐的洞察力和准确的判断。

此外，我还要向那些在百忙之中抽出宝贵时间来阅读本书并提出宝贵意见使其更加完善的同人们致以崇高的敬意。

感谢宾·戈登，他先后把我引荐给了坎贝尔"教练"和黛布拉·阿达博。

感谢乔纳森·罗森伯格，他引导我开始进行"延展"的案例研究，并为我提供了有关谷歌公司大量使用OKR的鲜活案例。

感谢拉兹洛·博克，他是目标设定、持续性绩效管理和价值观构建领域的杰出的意见领袖；感谢多弗·赛德曼，他是一位善于将自己的聪明才智应用于企业文化和价值观构建的伟大哲学家。

感谢汤姆·弗里德曼、劳伦·鲍威尔·乔布斯、艾尔·戈尔、兰迪·科米萨和谢丽尔·桑德伯格，感谢这些善良又充满了智慧的朋友们愿意毫无保留地将他们独特的价值观与聪明才智奉献于团队和组织构建。

感谢吉姆·柯林斯，他是我最喜爱的财经作者之一，他的"数据驱动"和"晶体思维"让我印象深刻，使我的目标受到挑战且变得更加清晰。要不是吉姆用他在开创性工作中所积累的经验为我指明前进的方向，我对本书的创作根本就无从下手。

感谢沃尔特·艾萨克森，他是一位杰出的传记作家，正是他对本书的中肯意见和建议，才使本书有了框架与雏形。

当然，我还要感谢自己在KPCB公司的同僚们。正是他们对企业家

致　谢

的承诺，无时无刻不激励与鞭策着我努力前行，他们是迈克·艾伯特、伯鲁克·拜尔斯、艾瑞克·冯、宾·戈登、马莫恩·哈米德、温·谢赫、诺亚·克努夫、兰迪·科米萨、玛丽·米克、穆德·罗加尼、泰德·施莱恩和贝斯·艾登伯格。还要感谢苏·比列里、艾利克斯·伯恩斯、朱丽叶·德布比尼、阿曼达·达克沃斯、鲁兹·贾萨耶里和斯科特·莱尔斯。此外，还要特别感谢雷·内尔·罗德斯、辛迪·张和欧勒·米拉利亚孜孜不倦的支持及蒂娜·凯斯为本书精心制图，正是他们的奉献，使得本书变得更加完善，更加栩栩如生。

OKR的四个"利器"是本书的骨架，它在CFR的辅助与丰富下显得更加丰满，更加富有价值。但若没有围绕OKR和CFR的在实际工作和生活中展开的具体案例，那么本书就会显得异常空洞。因此，在这里我要对故事的讲述者致以特别的感谢，感谢他们慷慨无私的经验分享。

在这方面，我想首先从盖茨基金会团队开始表达我的谢意，无论是创立之初还是发展到今天，盖茨基金会的成员始终都致力于突破死亡的边界，不遗余力地挽救生命于危难。感谢你们：比尔、梅琳达、帕蒂·斯托尼斯菲、拉里·科恩、布里奇特·阿诺德、西尔维娅·马修斯·伯维尔、苏姗·德斯蒙德–赫尔曼、马克·苏兹曼和安科尔·沃拉。你们的成就如同一部史诗，吸引着我们迫不及待地去翻阅。

接下来，我要感谢我最喜爱的爱尔兰摇滚明星波诺，他通过发起一场全球性的运动，与疾病、贫穷和腐败进行抗争。感谢你，波诺，感谢你的团队成员杰米·德拉蒙德、戴维·雷恩、露西·马修、博比·施莱弗、盖尔·史密斯、肯·韦伯，也感谢你们精心开展的ONE运动。

下面，我还要特别强调一下对谷歌团队的感谢。没错，正是由于拉里·佩奇、谢尔盖·布林和埃里克·施密特创立了谷歌公司，才有了21世纪结构化目标设定的原型。就连安迪·格鲁夫本人也对谷歌团队执行OKR的决心和成效印象深刻。当然，我不会忘记现在还有10万多名谷歌公司在职和曾经的员工正在全球传播这一方法，感谢他们！同时，也要感谢桑达尔·皮查伊、苏姗·沃西基、乔纳森·罗森伯格、克里斯托斯·古德洛、蒂姆·阿姆斯特朗、拉亚·阿亚加里、肖娜·布朗、克里斯·戴尔、贝斯·多德、萨拉尔·卡曼加、温妮·金、瑞克·克劳、希希尔·梅赫罗特拉、艾琳·诺顿、鲁斯·波拉特、布莱恩·拉科夫斯基、拉姆·谢里拉姆、埃丝特·孙、马特·苏斯金、阿斯特罗·特勒和肯特·沃克。

最后，我想要感谢的是英特尔公司。无论是过去，还是现在，英特尔的领袖们对事物的看法都非常富有见的，并且都有一颗兼容并蓄的心。我要感谢戈登·摩尔、莱斯·瓦达斯、伊娃·格鲁夫、比尔·达维多、戴恩·艾利奥特、吉姆·拉里和凯西·鲍威尔，以及首席执行官布莱恩·科兹安尼克、史蒂夫·罗杰斯、凯利·凯利，以及安迪·格鲁夫的长期行政助理特里·墨菲。

我还要向下列曾为本书的完稿付出过辛劳的朋友表达我由衷的谢意，他们是：

来自Remind公司的布雷特·科普夫、戴维·科普夫和布莱恩·格雷；

来自Nuna医疗科技的吉妮·金、戴维·陈、卡蒂亚·古斯曼、尼克·宋和桑杰伊·西瓦内桑；

来自减肥宝公司的迈克·李和戴维·李；

来自财捷集团的阿迪克斯·泰森、斯科特·库克、布拉德·史密斯、

致 谢

雪莉·惠特利和奥尔加·布雷洛夫斯基；

来自Adobe公司的唐娜·莫里斯、尚塔努·纳拉因和丹·罗森斯韦格；

来自Zume公司的朱丽叶·柯林斯和亚历克斯·加登；

来自Coursera公司的莱拉·易卜拉欣、达芙妮·科勒、吴恩达、瑞克·莱文和杰夫·马格金加达；

来自Lumeris公司的安德鲁·科尔、阿特·格拉斯哥和迈克·朗；

来自施耐德电气公司的赫威·库里尔和莎伦·亚伯拉罕；

来自沃尔玛公司的约翰·布拉泽斯、贝基·施密特和安吉拉·克里斯特曼；

来自可汗学院的奥利·弗里德曼和萨尔·汗。

此外，那些为OKR的有效执行与推广，以及为本书的撰写提供过独到见解、忘我投入和巨大贡献的专家，也值得我在此表达我深深的感激与敬意，他们是亚历克斯·巴尼特、特蕾西·贝尔特兰、伊森·伯恩斯坦、乔希·贝尔辛、本·布鲁克斯、约翰·布拉泽斯、亚伦·布库斯、艾维·乔伊、约翰·楚、罗杰·科恩、安格斯·戴维斯、克里斯·德图拉、帕特里克·福利、尤韦·希根、阿诺德·许、杰纳勒尔·汤姆·科尔迪茨、科里·克雷克、乔纳森·莱塞、亚伦·李维、凯文·路易、丹尼斯·莱尔、克里斯·梅森、阿米莉亚·梅里尔、迪普·尼萨尔、比尔·彭斯、斯蒂芬妮·皮梅尔、菲利普·波特洛夫、奥雷利·理查德、戴维·洛克博士、蒂莫·萨尔茨西德、杰克·施密特、艾琳·夏普、杰夫·史密斯、蒂姆·斯塔法、约瑟夫·铃木、克里斯·比利亚尔、杰夫·韦纳、克里斯蒂娜·沃特克和杰西卡·伍德尔。

当然，怎么也无法忘记感谢的，还有BetterWork公司的首席执行官道格·丹尼林和目标导向团队的全体成员。正是他们对"better works"（更好地工作）的使命的践行，才有了OKR和CFR的不断推进。他们不仅在自己的工作中真正做到了每天进步一点点，而且在推行OKR和CFR的过程中也跟其他人一样孜孜不倦。

此外，我还要特别感谢一些特别的朋友。这些年来，我有幸与他们共事，他们追求卓越生活的品质与态度成为我学习的榜样，其中包括吉姆·巴克斯代尔、安迪·贝希托尔斯海姆、杰夫·贝佐斯、斯科特·库克、约翰·钱伯斯、比尔·乔伊和克尔·斯里达尔。很遗憾的是，安迪·格鲁夫、比尔·坎贝尔和史蒂夫·乔布斯已经离开了我们，虽然他们的肉体已消殒，但他们的精神却会被我们永远铭记。

我还要衷心地感谢杰夫·科普隆，作为团队的核心，他又一次证明了"执行力就意味着一切"这一箴言。

我还要感恩我的双亲。其实，早在我邂逅OKR之前，我的父亲卢·杜尔就是我心目中的英雄，他让我深刻领悟了专注、承诺、高标准和高志向的价值（还有RMA，即科学的精神态度和面貌）。我的母亲罗斯玛丽·杜尔则无条件地帮助我将这些形而上的理论付诸实践，内化于我的心中。

最后，我要向我的妻子安娜，以及女儿玛丽和埃丝特表达我永恒且无以言表的感激之情。她们的耐心、鼓励和爱，是我成功完成这一漫长而又充满挑战的项目的坚强后盾。正是她们的存在，时刻提醒着我每天生活的价值和真谛所在。

注 释

第1章　当谷歌遇见OKR

1　Steven Levy, *In the Plex: How Google Thinks, Works, and Shapes Our Lives* (New York: Simon & Schuster, 2011). In some cases, the key result is binary, either done or not: "Complete onboarding manual for new hires."

2　Lisa D. Ordóñez, Maurice E. Schweitzer, Adam D. Galinsky, and Max H. Bazerman, "Goals Gone Wild: The Systematic Side Effects of Overprescribing Goal Setting," *Academy of Management Perspectives*, February 1, 2009.

3　Edwin Locke, "Toward a Theory of Task Motivation and Incentives," *Organizational Behavior and Human Performance*, May 1968.

4　"The Quantified Serf," *The Economist,* March 7, 2015.

5　Annamarie Mann and Jim Harter, "The Worldwide Employee Engagement Crisis," gallup.com, January 7, 2016. Worldwide, only 13 percent of employees are engaged. Moreover, according to Deloitte, it's not getting better; engagement levels are no higher today than they were ten years ago.

6　Dice Tech Salary Survey, 2014, http://market ing.dice.com/pdf/Dice_TechSalarySurvey_2015.pdf.

7　Annamarie Mann and Ryan Darby, "Should Managers Focus on Performance or Engagement?" *Gallup Business Journal*, August 5, 2014.

8 *Global Human Capital Trends 2014,* Deloitte University Press.

9 "Becoming Irresistible: A New Model for Employee Engagement," *Deloitte Review*, Issue 16, January 26, 2015.

10 Teresa Amabile and Steven Kramer, *The Progress Principle: Using Small Wins to Ignite Joy, Engagement, and Creativity at Work* (Boston: Harvard Business Review Press, 2011).

11 Ordóñez, Schweitzer, Galinsky, and Bazerman, "Goals Gone Wild."

12 Levy, *In the Plex.*

13 Eric Schmidt and Jonathan Rosenberg, *How Google Works* (New York: Grand Central Publishing, 2014).

14 Levy, *In the Plex.*

15 Schmidt and Rosenberg, *How Google Works.*

16 *Fortune,* March 15, 2017.

第2章　OKR之父

1 Frederick Winslow Taylor, *The Principles of Scientific Management* (New York and London: Harper & Brothers, 1911).

2 Andrew S. Grove, *High Output Management* (New York: Random House, 1983).

3 Peter F. Drucker, *The Practice of Management* (New York: Harper & Row, 1954).

4 Robert Rodgers and John E. Hunter, "Impact of Management by Objectives on Organizational Productivity," *Journal of the American*

Psychological Association, April 1991.

5 "Management by Objectives," *The Economist*, October 21, 2009.

6 Grove, *High Output Management*.

7 Andrew S. Grove, iOPEC seminar, 1978. For one contemporary example, Larry Page is an aggressive introvert.

8 Tim Jackson, *Inside Intel: The Story of Andrew Grove and the Rise of the World's Most Powerful Chip Company* (New York: Dutton, 1997).

9 *New York Times*, December 23, 1980.

10 *New York Times*, March 21, 2016.

11 *Time*, December 29, 1997.

第 3 章 "粉碎行动"——英特尔公司的故事

1 Tim Jackson, *Inside Intel: The Story of Andrew Grove and the Rise of the World's Most Powerful Chip Company* (New York: Dutton, 1997).

2 "Intel Crush Oral History Panel," Computer History Museum, October 14, 2013.

第 4 章 利器 1：对优先事项的聚焦和承诺

1 Andrew S. Grove, *High Output Management* (New York: Random House, 1983).

2 "Lessons from Bill Campbell, Silicon Valley's Secret Executive Coach," podcast with Randy Komisar, soundcloud.com, February 2, 2016, https://soundcloud.com/venturedpodcast/bill_campbell.

3 Stacia Sherman Garr, "High-Impact Performance Management: Us-

ing Goals to Focus the 21st-Century Workforce," Bersin by Deloitte, December 2014.
4. Donald Sull and Rebecca Homkes, "Why Senior Managers Can't Name Their Firms' Top Priorities," London Business School, December 7, 2015.
5. Peter F. Drucker, *The Practice of Management* (New York: Harper & Row, 1954).
6. Grove, *High Output Management*.
7. Mark Dowie, "Pinto Madness," *Mother Jones*, September/October 1977.
8. Lisa D. Ordóñez, Maurice E. Schweitzer, Adam D. Galinsky, and Max H. Bazerman, "Goals Gone Wild: The Systematic Side Effects of Overprescribing Goal Setting," Harvard Business School working paper, February 11, 2009, www.hbs.edu/faculty/Publication%20Files/09-083.pdf.
9. Stacy Cowley and Jennifer A. Kingson, "Wells Fargo Says 2 Ex-Leaders Owe $75 Million More," *New York Times*, April 11, 2017.
10. Grove, *High Output Management*.
11. I bid.
12. I bid.

第5章 聚焦：Remind的故事

1. Matthew Kraft, "The Effect of Teacher-amily Communication on Student Engagement: Evidence from a Randomized Field Experiment,"

Journal of Research on Educational Effectiveness, June 2013.

第 6 章 做出承诺：Nuna 医疗科技的故事

1. Steve Lohr, "Medicaid's Data Gets an Internet- ra Makeover," *New York Times*, January 9, 2017.

第 7 章 利器 2：团队工作的协同和联系

1. Based on BetterWorks' analysis of 100,000 goals.
2. Wakefield Research, November 2016.
3. "How Employee Alignment Boosts the Bottom Line," *Harvard Business Review*, June 16, 2016.
4. Robert S. Kaplan and David P. Norton, *The Strategy-Focused Organization: How Balanced Scorecard Companies Thrive in the New Business Environment* (Boston: Harvard Business School Press, 2001).
5. Donald Sull, "Closing the Gap Between Strategy and Execution," *MIT Sloan Management Review*, July 1, 2007.
6. Interview with Amelia Merrill, people strategy leader at RMS.
7. Laszlo Bock, *Work Rules!: Insights from Inside Google That Will Transform How You Live and Lead* (New York: Grand Central Publishing, 2015).
8. Andrew S. Grove, *Only the Paranoid Survive: How to Identify and Exploit the Crisis Points That Challenge Every Business* (New York: Doubleday Business, 1996).

9 Peter Drucker, *The Practice of Management* (New York: Harper & Row, 1954).

10 Andrew S. Grove, *High Output Management* (New York: Random House, 1983).

11 Edwin Locke and Gary Latham, "Building a Practically Useful Theory of Goal Setting and Task Motivation: A 35-Year Odyssey," *American Psychologist*, September 2002.

12 Interview with Laszlo Bock, former head of Google's People Operations.

第 9 章 连接：财捷集团的故事

1 http://beta.fortune.com/worlds-most-admired-companies/intuit-100000.

2 Vindu Goel, "Intel Sheds Its PC Roots and Rises as a Cloud Software Company," *New York Times*, April 10, 2016.

第 10 章 利器 3：追踪问责制

1 Teresa Amabile and Steven Kramer, *The Progress Principle: Using Small Wins to Ignite Joy, Engagement, and Creativity at Work* (Boston: Harvard Business Review Press, 2011).

2 Daniel H. Pink, *Drive: The Surprising Truth About What Motivates Us* (New York: Riverhead Books, 2009).

3 Peter Drucker, *The Effective Executive: The Definitive Guide to Getting the Right Things Done* (New York: Harper & Row, 1967).

4 Research by Gail Matthews, Dominican University of California, www.dominican.edu/dominicannews/study-highlights-strategies-for-achieving-goals.

5 Stephen R. Covey, *The 7 Habits of Highly Effective People* (New York: Simon & Schuster, 1989).

6 "Don't Be Modest: Decrypting Google," *The Economist*, September 27, 2014.

7 Giada Di Stefano, Francesca Gino, Gary Pisano, and Bradley Staats, "Learning by Thinking: How Reflection Improves Performance," Harvard Business School working paper, April 11, 2014.

第12章 利器4：挑战不可能

1 Steve Kerr, "Stretch Goals: The Dark Side of Asking for Miracles," *Fortune*, November 13, 1995.

2 Podcast with Randy Komisar, soundcloud.com, February 2, 2016.

3 Jim Collins, *Good to Great: Why Some Companies Make the Leap ... and Others Don't* (New York: HarperCollins, 2001).

4 Edwin A. Locke, "Toward a Theory of Task Motivation and Incentives," *Organizational Behavior and Human Performance* 3, 1968.

5 Edwin A. Locke and Gary P. Latham, "Building a Practically Useful Theory of Goal Setting and Task Motivation: A 35-Year Odyssey," *American Psychologist*, September 2002.

6 Andrew S. Grove, *High Output Management* (New York: Random House, 1983).

7 "Intel Crush Oral History Panel," Computer History Museum, October 14, 2013.

8 William H. Davidow, *Marketing High Technology: An Insider's View* (New York: Free Press, 1986).

9 Steven Levy, "Big Ideas: Google's Larry Page and the Gospel of 10x," *Wired*, March 30, 2013.

10 Eric Schmidt and Jonathan Rosenberg, *How Google Works* (New York: Grand Central Publishing, 2014).

11 Levy, "Big Ideas."

12 nterview with Bock.

13 Locke and Latham, "Building a Practically Useful Theory of Goal Setting and Task Motivation."

14 iOPEC seminar, 1992.

第13章　延展：谷歌浏览器的故事

1 Laszlo Bock, *Work Rules!: Insights from Inside Google That Will Transform How You Live and Lead* (New York: Grand Central Publishing, 2015).

2 I bid.

3 https://whatmatters.com/sophie.

第14章　延展：YouTube的故事

1 Belinda Luscombe, "Meet YouTube's Viewmaster," *Time*, August 27, 2015.

2   Satya Nadella, company-ide email to Microsoft employees, June 25, 2015.

第15章 持续性绩效管理：OKR和CRF

1   "Performance Management: The Secret Ingredient," Deloitte University Press, February 27, 2015.
2   "Global Human Capital Trends 2014: Engaging the 21st Century Workforce," Bersin by Deloitte.
3   www.druckerinstitute.com/2013/07/measurement-yopia.
4   Josh Bersin and BetterWorks, "How Goals Are Driving a New Approach to Performance Management," Human Capital Institute, April 4, 2016.
5   Andrew S. Grove, *High Output Management* (New York: Random House, 1983).
6   "Former Intel CEO Andy Grove Dies at 79," *Wall Street Journal*, March 22, 2016. When I met with my boss at Intel, it wasn't for him to inspect my work, but rather to figure out how he could help me achieve my key results.
7   Annamarie Mann and Ryan Darby, "Should Managers Focus on Performance or Engagement?" *Gallup Business Journal*, August 5, 2014.
8   Sheryl Sandberg, *Lean In: Women, Work, and the Will to Lead* (New York: Knopf, 2013).
9   Josh Bersin, "Feedback Is the Killer App: A New Market and Man-

agement Model Emerges," *Forbes*, August 26, 2015.

10 Josh Bersin, "A New Market Is Born: Employee Engagement, Feedback, and Culture Apps," joshbersin.com, September 19, 2015.

11 "Becoming Irresistible: A New Model for Employee Engagement," *Deloitte Review*, issue 16.

第18章 文化

1 https://rework.withgoogle.com/blog/five-keys-to-a-successful-google-team.

2 Teresa Amabile and Steven Kramer, "The Power of Small Wins," *Harvard Business Review*, May 2011.

3 The study was conducted by the Boston Research Group, the Center for Effective Organizations at the University of Southern California, and Research Data Technology, Inc.

致 敬

1 Ken Auletta, "Postscript: Bill Campbell, 1940–2016," *The New Yorker*, April 19, 2016.

2 Eric Schmidt and Jonathan Rosenberg, *How Google Works* (New York: Grand Central Publishing, 2014).

3 Miguel Helft, "Bill Campbell, 'Coach' to Silicon Valley Luminaries Like Jobs, Page, Has Died," *Forbes*, April 18, 2016.

4 Podcast with Randy Komisar, soundcloud.com, February 2, 2016.

译后记

OKR：击中要害
——风险投资大王话管理

本书的作者约翰·杜尔是一个传奇人物，被誉为"风险投资之王"。作为全世界具有传奇色彩的风险投资家之一，约翰从1980年开始就参与了硅谷众多成功企业的早期投资，同时也担任过多家上市公司的董事，其中包括谷歌和亚马逊等世界知名企业。

OKR这个管理工具源自英特尔公司，据说是由安迪·格鲁夫创造的。作者约翰·杜尔第一次使用OKR是在20世纪70年代，那时，他在英特尔担任工程师。后来，约翰加入了风险投资公司KPCB，并开始在美国的高科技企业传播推广OKR管理方法。

1999年的秋天，约翰·杜尔到访谷歌，那时，谷歌刚刚创业不久。约翰向谷歌公司投资了1 180万美元，持有12%的股份，因此加入了谷歌董事会，并在谷歌公司推广和实施OKR系统。谷歌公司创始人拉里·佩奇对这套方法大加褒扬，认为OKR是约翰在多年前送给谷歌的一份"厚礼"。OKR帮助谷歌实现了10倍速增长，让谷歌公司"整合全球信息"这一伟大使命变得更加触手可及。

为什么英特尔、谷歌等美国高科技企业热衷于应用OKR管理系统，而不是使用传统的KPI（关键绩效指标）和BSC（平衡记分卡）等绩效管理方法呢？

从严格意义上来说，OKR是目标管理方法，而不仅仅是绩效管理方法。和目标管理方法相比，后者更注重绩效结果考核，更关心考核结果与薪酬的结合。而OKR则有很大的不同，作者将OKR定义为一种目标管理方法，"它有助于确保公司上下一起聚焦于解决重要的难题"。

"目标管理"这个概念最早是由管理大师彼得·德鲁克在《管理的实践》一书中提出的，德鲁克认为任何企业都必须建立起真正的团队，并且把每个人的努力融合为共同的力量。企业的每一个人都会有不同的贡献，但是，所有的贡献都必须是为了实现共同的目标。这也是OKR所强调的：集中众人的智慧和力量以达成共同的目标。

然而，企业管理最大的难题之一恐怕就是集中所有人的力量为了共同的目标而奋斗，这也是领导者在推广和应用传统KPI、BSC等绩效管理工具时所遇到的最大挑战。

具体而言，领导者通常会在以下三个方面面临选择的难题：如何将个人目标与团队目标结合起来？如何将定量目标和定性目标结合起来？如何将短期目标和长期目标结合起来？对于这三个目标管理的难题，OKR则提供了独特的思维视角。

OKR将团队目标和个人目标紧密连接在一起

组建高绩效团队是企业走向卓越的必要条件，然而，在制定团队目标时，我们常常很为难：是个人目标优先，还是团队目标优先？因为，如果过于注重个人的目标和贡献，则可能会影响团队达成共同目标；如果只注重团队目标，则可能让个人"搭便车"，影响团队成员的整体积极性。

谷歌多年来一直跟踪研究团队绩效，在分析了100多个团队绩效情况的基础上，谷歌发布了研究结果，发现团队高绩效的驱动因素是团队"情绪智能"的平均水平，以及团队成员之间沟通的密切程度。心理学家认为，"情绪智能"的核心特征是社会合作，是良好的人际关系。列纳德·蒙洛迪诺在《潜意识：控制你行为的秘密》一书中指出："我们通常以为人区别于其他物种的首要特征是智商，但真正的首要特征是社会智商。人类之所以能够取得伟大的成就，理解和合作能力是首要因素。"

OKR目标管理方法强调的正是团队成员之间的合作和参与，通过建立透明的目标管理体系，团队成员将他们的个人目标与团队、公司的总目标联系起来，明确交叉和相互依赖的部分，并与其他团队进行协调。OKR通过将每个员工的目标与团队、企业目标相连接，让员工体悟到自己的工作给企业整体目标带来的贡献，提升了工作意义，激发了员工的创新力和参与激情。

OKR强调定性目标与定量目标相结合

OKR由两部分构成——目标和关键结果，二者恰好是定性和定量的有机结合。作者指出,目标就是个人、团队和企业想达成的事情。目标应该是重要的、清晰具体的、具有行动导向并且能鼓舞人心的。如果设计合理并且实施得当,目标能够有效地防止思维和执行过程出现模糊不清的情况。而关键结果是一个衡量指标,它可以监督我们如何达到目标。有效的关键结果是具体的、有时间限制的、有挑战性的,最重要的是,它们是可衡量和可检验的。

作者强调,好的OKR系统都是由数据驱动。它们接受定期检查、客观评分和持续的重新评估——所有这些都是基于不需要感性判断的问责精神。一个不太好的关键结果会触发行动使它回到正轨,或者在必要的时候修改或替换它。应当说,对比其他绩效管理工具,OKR更强调定性和定量紧密结合,目标和结果紧密融合。通过目标的可视化,结果的可追踪,帮助企业有效提升执行力。

OKR更加注重长期目标

许多企业在实施目标管理时过于强调短期目标,常常把每周、每月的考核结果和薪酬关联起来,以此来调动员工的工作积极性。我们不能完全否定短期考核的效果,但是,我们研究发现,如果企业在目标管理中过于强调短期目标达成结果,就会影响员工的长期目标导向,让员工们变得非常短视。

OKR比较注重长期目标的实现,鼓励员工在制定目标时尽量"向前看",唯有着眼于未来,才能聚焦工作重点,不至于"只见树木,不见森林"。但是,OKR并不是不关注短期结果,而是很好地协调了长期目标与短期目标之间的关系。通常,OKR将关键结果的审核周期确定为一个季度。比如，谷歌公司每一个季度都会评估它是否达到了当季度的关键结果。如果没有完成，则会深入分析影响结果达成的原因，找出差距，制订下一季度的改进方案。如果是长期目标，比如一年或更长时间的目标，那么就要随着工作的进展而对关键结果进行相应调整。这背后的管理逻辑是，一旦关键结果全部完成，目标的实现就是水到渠成的；相反，如果目标没有实现，那说明最初的OKR设计可能存在问题，接下来就需要反思设定的目标是否合理。

为了鼓励员工致力于长期目标的达成，OKR管理方法不提倡将关键结果达成情况与薪酬结合，不鼓励将关键结果与奖金挂钩，这样能让员工把注意力放在公司或团队的整体目标上，而不是急功近利，只考虑个人利益和短期结果。

另外，本书的写作风格也是一种创新。在理论层面，作者本人系统地解释了OKR的主要特征。在实践层面，书中选取了谷歌、比尔及梅琳达·盖茨基金会、YouTube、Adobe、Zume等企业或组织的不少经典案例，让这些致力于推广OKR管理方法的企业领导者现身说法，分享了在推广OKR过程中遇到的各种困难和挑战，以及解决这些挑战的"绝招"。比如，从Zume比萨公司的案例中，我们可以看到这家用机器人做比萨的公司在各个运营环节如何部署OKR，从厨房管理、用户下单，到市场营销和销售，全流程应用OKR，快速提高企业的业绩。

多项心理学的研究表明，通过制定具体的、有挑战性的目标，能大大提高生产力，但是，应用这一研究成果并不容易。谷歌等科技公司的实践表明，OKR这一管理工具将有效地帮助企业制定并聚焦于有挑战性的目标，推动企业持续获得高绩效。同时，在数字经济时代，OKR将大有用武之处，对于像谷歌这种崇尚数据的企业来说，OKR是一个灵活的、数据驱动的工具，它可以让团队更加开放透明——开放资源、开放系统、开放网络，从而助力企业从传统企业转型为数字企业。

在本书的翻译过程中，葛蕾蕾、郭泓辛、胡晓东、李霞（对外经济贸易大学）、焦冠哲（对外经济贸易大学）、任碧波（北京大学）、王泓霖（中国人民大学）、王萌（北京大学）、谢靖宜、杨政银（宁波诺丁汉大学）、杨倩、余凯（北京大学）、张兰兰、张欢（对外经济贸易大学）等人参与了初译、二译，感谢他们的辛勤付出和努力工作。

当下，互联网、物联网的迅猛发展颠覆了许多企业的传统商业模式，企业向数字化企业转型势在必行。谷歌等高科技公司的实践证明，OKR是一种强有力的目标管理工具，企业领导者们不妨试一试这一新兴的管理工具，它可能会重塑企业文化，助力企业从优秀走向卓越。

曹仰锋　王永贵

2018年10月12日